个人理财

（第2版）

许 棣 主 编

廖玲玲 黎秋华 副主编

清华大学出版社

北 京

内 容 简 介

本书结合商业银行的个人理财业务与中国人民银行对个人理财业务的规范要求，按项目、模块、任务的结构编写。全书共包含十一个项目，分别为认识个人理财规划、客户财务分析、现金规划、消费规划、投资规划、教育规划、保险规划、税收规划、退休规划、遗产规划和综合理财规划。每个项目下设有知识目标、能力目标、思政目标、案例导入、知识拓展、案例分析、思政专栏、实训活动、项目小结、项目训练等模块，理论结合实务，使读者明确理财规划师岗位的各项工作任务及其操作方法。

本书提供丰富的教学课件，可作为高职高专金融类、财会类专业学生的教学用书，也可供从事银行个人理财工作的人员阅读学习。

图书在版编目(CIP)数据

个人理财 / 许棣主编. —2 版. —北京：清华大学出版社，2023.3
ISBN 978-7-302-62485-1

Ⅰ. ①个… Ⅱ. ①许… Ⅲ. ①私人投资－高等职业教育－教材 Ⅳ. ①F830.59

中国国家版本馆 CIP 数据核字(2023)第 017045 号

责任编辑：高 岫
封面设计：孔祥峰
版式设计：思创景点
责任校对：马遥遥
责任印制：杨 艳

出版发行：清华大学出版社
    网 址：http://www.tup.com.cn，http://www.wqbook.com
    地 址：北京清华大学学研大厦 A 座   邮 编：100084
    社 总 机：010-83470000   邮 购：010-62786544
    投稿与读者服务：010-62776969，c-service@tup.tsinghua.edu.cn
    质 量 反 馈：010-62772015，zhiliang@tup.tsinghua.edu.cn
印 装 者：三河市铭诚印务有限公司
经 销：全国新华书店
开 本：185mm×260mm   印 张：16   字 数：379 千字
版 次：2019 年 2 月第 1 版 2023 年 5 月第 2 版   印 次：2023 年 5 月第 1 次印刷
定 价：59.00 元

产品编号：100384-01

第 2 版前言

改革开放以来，我国的经济迅猛发展，人民的收入水平不断提高。1978 年全国居民人均年可支配收入是 171 元，2022 年已提高到 36 883 万元，增长了 215.7 倍。在居民个人和家庭财富不断积累的同时，国家社会保障制度、住房制度、医疗制度、教育体制等法律法规也日渐完善，随之而来的是个人或家庭承担的支出比例逐年提高。

经济的发展和各项体制改革使人们不得不更多地关注自己的财务状况，越来越多的人希望通过合理安排个人财务以确保日后生活达到独立、安全和自主的状态。而面对日益复杂的市场环境和法律法规体系，一般的个人或家庭所掌握的理财知识很难使他们从个体生命周期的角度对个人或家庭财务进行全面、综合的规划。因此，需要商业银行提供专业的个人理财规划服务。

个人理财规划是商业银行提供的一项综合的金融服务业务。个人理财规划师通过分析和评估客户各方面的财务状况，与客户共同确定其理财目标，并最终帮助客户制定出合理的和可操作的理财方案。个人理财规划是针对客户一生而不是某个阶段的理财规划。

本书共包含十一个项目，分别为认识个人理财规划、客户财务分析、现金规划、消费规划、投资规划、教育规划、保险规划、税收规划、退休规划、遗产规划和综合理财规划。本书着眼于我国金融企业实际发展的需要，根据职业教育的特点，以工作任务为中心，以业务流程为重点，整合理论知识和专业技能，突出银行理财规划的技能训练，通过案例导入、工作流程图等形式体现教学内容与工作岗位的关联性，使学生明确所学内容，了解个人理财规划师岗位的各项工作任务及其操作方法。

鉴于国内商业银行个人理财市场的变化，结合习近平在党的二十大报告中强调的"人才是第一资源、创新是第一动力，深入实施科教兴国战略、人才强国战略、创新驱动发展战略"，编者在对《个人理财(第 2 版)》的修订编写中，做了以下方面的修改和补充，突出了如下特点。

1. 融入专业思政教学目标和思政专栏

针对我国目前把立德树人作为职业教育的重要目标，在书中增加"思政目标""思政专栏"栏目，主要从职业素养、职业道德、爱国主义、劳动教育、传统文化、良好社会风尚等方面来融合思政教学，使专业知识与思政内容进行深度融合，从而有利于实现教学目标。

2. 对使用过程中发现的不足进行修改

对初版使用过程中，各方反馈存在的问题和不足进行修改，同时对教材配套的课件、教案等进行重新修订，力争为各学院的广大教师和学生提供一本完善的教材。

3. 对数据、案例进行更新

对书中的数据、案例进行更新，使其更符合目前商业银行个人理财市场的变化。

本书提供配套的电子课件和习题答案，以方便教学，读者可通过扫右侧二维码获取。

电子资料

本书由许棣担任主编，负责拟定编写大纲；廖玲玲、黎秋华担任副主编，参与制定教材整体框架和编写思路；施维参加编写。具体编写分工为：许棣编写项目一、项目二、项目四、项目五、项目九；廖玲玲编写项目三、项目八、项目十一；黎秋华编写项目六、项目十；施维编写项目七。全书最终由许棣、廖玲玲负责总编撰、修改并定稿。

本书在修订过程中采纳了各学院广大师生反馈的意见和建议。由于商业银行个人理财业务的不断发展变化，本书难免存在疏漏与不足之处，敬请专家、学者不吝赐教，恳请广大读者批评指正。如果在学习和阅读本书的过程中有任何意见和建议，欢迎与编辑联系，邮箱地址：191850239@qq.com。

编　者

2023 年 3 月

目 录

项目一 认识个人理财规划 ……………1

模块一 个人理财规划基础知识……2

任务一 个人理财规划
概述 …………… 2

任务二 个人理财规划的
标准流程 ……… 8

任务三 树立正确的理财
理念 ………… 10

任务四 认知理财规划师… 13

模块二 个人理财规划的理论
基础 …………… 14

任务一 生命周期理论 … 15

任务二 货币时间价值
理论 ………… 17

模块三 建立客户关系与评价
客户的风险属性 … 23

任务一 建立客户关系 … 23

任务二 评价客户的风险
属性 ………… 29

项目训练 ……………… 33

项目二 客户财务分析 ………35

模块一 收集客户信息 ……… 36

任务一 收集收入与支出
信息 ………… 37

任务二 收集资产与负债
信息 ………… 40

任务三 收集其他财务
信息 ………… 43

任务四 收集非财务性
信息 ………… 45

模块二 编制客户财务表 ……… 47

任务一 个人资产负债表的
编制 ………… 47

任务二 个人现金流量表的
编制 ………… 49

模块三 客户财务状况分析 …… 51

任务一 财务状况综合
分析 ………… 52

任务二 财务比率分析 … 54

任务三 财务目标分析 … 56

项目训练 ……………… 64

项目三 现金规划 ………66

模块一 客户现金需求分析 …… 67

任务一 现金规划的相关
知识 ………… 67

任务二 编制现金流量表… 70

模块二 制定现金规划 ………… 74

任务一 现金规划一般
工具 ………… 74

任务二 现金规划融资
工具 ………… 77

任务三 制定现金规划
方案 ………… 83

　　项目训练 ···················· 85

项目四　消费规划·············**88**

　模块一　住房消费规划··········· 89

　　任务一　住房规划········· 90

　　任务二　贷款方式的确定··· 92

　　任务三　还款方式的确定··· 97

　　任务四　住房投资规划···102

　模块二　汽车消费规划········· 105

　　任务一　汽车消费概述···106

　　任务二　汽车消费贷款
　　　　　　方案···········106

　　项目训练·················· 110

项目五　投资规划·············**112**

　模块一　投资规划基础工作···114

　　任务一　客户信息收集···114

　　任务二　客户信息整理与
　　　　　　分析···········118

　模块二　投资规划工具的选择····127

　　任务一　典型的金融投资
　　　　　　工具···········127

　　任务二　实物及其他投资
　　　　　　工具···········131

　模块三　投资风险教育与资产
　　　　　配置···········132

　　任务一　投资风险教育····132

　　任务二　客户资产配置····133

　　项目训练·················· 135

项目六　教育规划·············**136**

　模块一　教育规划概述············137

　　任务一　教育规划的种类
　　　　　　及特征············138

　　任务二　教育规划的
　　　　　　步骤···········140

　模块二　制定教育规划·········143

　　任务一　确定子女教育目标
　　　　　　及所需费用·······143

　　任务二　选择适当的教育
　　　　　　规划工具·········145

　　任务三　制定教育规划
　　　　　　方案···········149

　　项目训练·················· 150

项目七　保险规划·············**152**

　模块一　保险理财需求··········154

　　任务一　保险理财概述····154

　　任务二　保险理财需求
　　　　　　分析···········157

　模块二　制定保险规划·········160

　　任务一　保险规划工具····160

　　任务二　制定保险规划
　　　　　　方案···········164

　　项目训练·················· 170

项目八　税收规划·············**172**

　模块一　个人理财相关税收·······174

　　任务一　我国个人所得税
　　　　　　制度···········174

　　任务二　个人理财的相关
　　　　　　税种···········175

　　任务三　金融投资相关的
　　　　　　税收···········180

　模块二　制定税收规划·········182

　　任务一　税收优惠·······182

任务二　制定税收规划
方案 ……………… 183

项目训练 ……………………… 187

项目九　退休规划 ………………… 189

模块一　养老需求分析 ………… 190

任务一　退休养老概述 … 190

任务二　退休养老需求
分析 ……………… 193

模块二　制定退休规划 ………… 197

任务一　制定退休规划
概述 ……………… 197

任务二　退休规划工具
选择 ……………… 199

项目训练 ……………………… 204

项目十　遗产规划 ………………… 206

模块一　遗产与遗产规划的基本
知识 ……………… 207

任务一　界定遗产的
范围 ……………… 207

任务二　明确遗产规划的
内容 ……………… 212

模块二　制定遗产规划 ………… 215

任务一　收集客户信息 … 215

任务二　选择遗产规划的
工具 ……………… 218

任务三　制定遗产规划并
定期修整 ……… 221

项目训练 ……………………… 225

项目十一　综合理财规划 ………… 228

模块一　综合理财规划基础
知识 ……………… 229

模块二　综合理财规划实务 …… 232

任务一　个人单身期的理财
规划 …………… 233

任务二　家庭形成期的理财
规划 …………… 236

任务三　家庭成长期的理财
规划 …………… 239

任务四　家庭成熟期的理财
规划 …………… 242

项目训练 ……………………… 246

参考文献 …………………………… 247

认识个人理财规划

🔍 知识目标

1. 熟悉个人理财规划的含义、目标、原则和主要内容。
2. 掌握个人理财规划的基本流程。
3. 了解培养财商对树立正确理财观念的重要性。
4. 了解国内外理财规划师的职业情况。
5. 掌握个人生命周期各阶段的特征和理财重点。
6. 掌握货币时间价值的含义，以及现值和终值的计算。
7. 掌握如何建立和界定与客户的关系。

🔍 能力目标

1. 树立正确的理财观念。
2. 能够判断客户所处的生命周期，并进行理财需求分析，确定理财目标。
3. 能够计算货币现值、终值等；运用货币时间价值理论对客户进行理财规划。
4. 能够按照专业流程建立和界定与客户的关系。

🔍 思政目标

1. 培养学生珍惜国家经济发展带来的富裕生活，懂得大学生对国家负有的责任。
2. 认识理财规划对个人、家庭、社会的重要意义，培养学生的职业素养和职业道德。
3. 培养尊重客观规律，能站在客户的角度思考、处理问题的能力。
4. 培养与人建立良好人际关系的能力。

 案例导入

大学毕业后如何规划未来的人生

赵某和黎某是大学刚毕业走向社会的一对恋人，他们对未来的人生感到很茫然。人的一生中需要面对如求职就业、结婚成家、生育孩子、教育子女、买房、买车、税费缴纳、子女结婚成家、退休养老、遗产传承等诸多问题。而这些事情什么时间做，应当怎样做，运用何种标准来做？

面对未来的人生和家庭，赵某和黎某做了多种考虑，也看了很多真实的案例报道，如"从千万富翁到街头艺人""×××为何走入破产境地"等，为了避免重蹈这些人的覆辙，就必须思考如何规划未来的家庭生活，他们很希望得到专业人士的帮助。

思考：每个人在毕业后走入社会时，都会面对与赵某和黎某相同的关于人生规划的问题，对于这些问题，你是如何考虑的？又打算如何规划呢？

模块一　个人理财规划基础知识

随着我国经济的不断发展，居民收入水平大幅度提高，同时物价上涨导致生活成本不断攀升，教育、医疗、住房、养老等支出也越来越高，使人们面临更为复杂的财务问题，这些因素将直接改变个人和家庭财富的分配。

以节俭为主的传统理财模式，已经不能适应新形势下的理财需要。金融市场中股票、基金、债券、保险等各类理财产品层出不穷，个人理财成为人们必须面对的问题。而个人理财规划将跨越家庭的整个生命周期，对家庭各项财产资源统筹规划，满足人们不同阶段的需求。

任务一　个人理财规划概述

一、个人理财与个人理财规划相关定义

(一) 个人理财的定义

最早给个人理财定义的组织是国际理财规划师协会(IAFP)，它认为个人理财就是"在分析个人及其财务现状、能力的基础上，作为有偿服务向其提供具体的计划、建议、行动策略和方案，以实现其财务目标"。美国注册理财规划师协会(ICFP)对个人理财的定义是："整

理客户的个人信息和财务信息，制定一个策略方案，有建设性地管理收入、资产和债务，从而实现其短期和长期的目标"。个人理财规划成功的关键是注重和定期检查计划执行情况，保证实现客户的目标。美国注册理财规划师标准委员会则认为，个人理财是"确定能否和如何通过科学地管理财务资源，实现个人人生目标的过程"。

综上所述，不同的个人理财定义并无本质区别，只是侧重点或阐述角度有所不同。个人理财就是在了解、分析客户情况的基础上，根据其人生、财务目标和风险偏好，通过综合有效地管理其资产、债务、收入和支出，实现理财目标的过程。

(二) 个人理财规划的定义

个人理财规划是根据客户财务与非财务状况，运用规范的方法并遵循一定程序为客户制定切合实际、可操作的某一方面或一系列相互协调的规划方案，包括现金规划、消费规划、投资规划、教育规划、保险规划、税收规划、退休规划、遗产规划等。个人理财规划基于人的整个生命周期，是一个长期的过程；同时，理财规划又是一项综合服务，它由专业理财人员通过明确客户的理财目标，分析客户的生活、财务状况，从而帮助客户制定出可行的理财方案，强调的是全方位、个性化、长期规划的综合性服务。

二、个人理财规划的目标与原则

(一) 个人理财规划的目标

理财目标是指客户通过理财规划所要实现的目标或满足的期望，理财目标必须具备可计量性、时间性的特征。个人理财的目的是实现个人或家庭的理财目标，并最终实现终身的财务安全、自主和自由。所以说，理财规划的最终目标是实现财务安全，追求财务自由。

财务安全是指个人或家庭对自己的财务现状有充分的信心，认为现有的财富足以应对未来的财务支出和其他生活目标的实现，不会出现大的财务危机。财务自由是指个人或家庭的收入主要来源于主动投资而不是被动工作，当投资可以完全覆盖个人或家庭发生的各项支出时，不再为生活费用而工作，投资收入成为主要收入来源，这时就达到了财务自由，人们可以拥有理想的生活方式。

(二) 个人理财规划的原则

作为一名合格的理财规划师，在为客户进行理财规划的过程中，必须要注意遵循一定的原则，概括起来主要有以下几个方面。

1. 整体规划

理财规划是一个长期的、综合性的过程，作为理财规划师不能单一地考虑实现客户某个理财目标，而是要根据客户的财务状况、非财务状况及其变化，进而提出符合客户实际和预期目标的整体规划，这是理财规划师开展工作的基本原则。

2. 提早规划

由于货币具有时间价值，通过提早规划，尽量利用复利"钱生钱"的功能，可以减轻各阶段的经济压力，实现财富的积累。事实上，能否通过理财规划达到预期的财务目标，与金钱多少的关联度并没有人们通常想象的那么大，但与时间长短有很直接的关系，因此理财规划师要与客户充分沟通，让客户了解早做规划的好处。

3. 现金保障优先

一般来说，个人或家庭进行理财规划时，需要建立日常生活消费储备和意外现金储备，以防发生突发事件而束手无策。因此建立完备的现金保障，是进行理财规划的关键环节。

4. 风险管理

理财规划首先应该考虑的因素是风险，而不是收益。在进行理财规划时，应充分考虑各种可能出现的风险，合理利用理财规划工具规避和防范风险，在做好风险管理基础之上追求收益最大化。

5. 消费、投资与收入相匹配

在收入一定的情况下，消费与投资支出的关系是此消彼长的。如何处理消费、资本投入与收入之间的矛盾，形成资产的动态平衡，确保在投资达到预期目标的同时保证生活质量的提高，应是理财规划师需要认真权衡的。

6. 家庭类型与理财策略相匹配

不同家庭形态，其财务状况与风险承受能力各不相同，对理财需求和理财规划的内容也不尽相同。一般来说，青年家庭的风险承受能力比较强，理财规划的核心策略为进攻型；中年家庭的风险承受能力中等，理财规划的核心策略为攻守兼备型；老年家庭的风险承受能力比较弱，因此理财规划的核心策略为防守型。

三、个人理财规划的内容

根据个人理财的含义，我们可以知道个人理财规划的内容一般包括现金规划、消费规划、投资规划、教育规划、保险规划、税收规划、退休规划和遗产规划，这也构成了本书的主要内容。

(一) 现金规划

现金规划是指将客户的资金存放于流动性强、收益率低的资产上，以应对日常购买商品、货物、劳务或偿还债务的需求，以及近三个月的不时之需。按照流动性的高低，可将现金规划的工具分为现金、储蓄和货币市场基金三种。

1. 现金

现金是现金规划的重要工具。现金的流动性非常强，但由于通货膨胀的因素，持有现金不仅收益率低，且会随着时间的推移贬值。因此，为了保持一定的流动性而持有现金，客观上会损失部分收益。

2. 储蓄

储蓄是指个人或家庭的可支配收入减去必要支出后剩余的那部分收入。从微观层面上讲，通常指人们在银行等金融机构的存款。

3. 货币市场基金

货币市场基金是指投资于货币市场上短期(一年以内，平均期限 120 天)有价证券的一种投资基金。该基金资产主要投资于短期货币工具，如国库券、商业票据、银行定期存单、银行承兑汇票、政府短期债券、企业债券等短期有价证券。

（二）消费规划

消费规划指个人在决定理财前，先预计一年的主要开支，以更合理地规划理财目标。消费是指某一时期个人或家庭用于消费品的总支出，而在个人或家庭的消费计划中，购房和购车等是家庭消费中非常重要的消费支出，本书将重点阐述这部分内容。

（三）投资规划

这里所讲的"投资规划"仅指金融投资，个人所拥有的资金并不能完全用于金融投资，若有贷款，要考虑先还贷款(房贷和车贷)。如果在未来一年内有自用资产之外的必须支付的大额开销，例如保险费、学费和旅游支出等，也应该提前预留。除此以外，慎重起见，在进行投资规划前，一般应该预留一部分资金作为紧急预备金，剩下的资金才可以用于金融投资。

金融投资一般需要构建投资组合，这就需要依赖不同的投资工具。投资工具根据其期限长短、风险收益的特征与功能的不同，大体可以分为四类：货币市场工具、固定收益的资本市场工具、权益证券工具和金融衍生工具。对于个人客户而言，单一品种的投资产品很难满足其对资产流动性、回报率及风险等方面的要求，而且个人往往也不具备从事金融投资的专业知识和信息优势。因此，可根据自身的风险偏好与投资回报率需求聘请理财规划师，通过合理的资产配置，使投资组合既能够满足自身的流动性要求与风险承受能力，同时又能获得充足的回报。

（四）教育规划

教育投资是一种人力资源投资，它不仅可以提高人的文化水平与生活品质，更重要的是，它可以使受教育者在现代社会激烈的竞争中占据有利的位置。从内容上看，教育投资可分为客户自身的教育投资和对子女的教育投资。子女的教育投资又分为基础教育投资和高等教育投资，高等教育投资通常是所有教育投资中花费较高的一项。

（五）保险规划

保险规划是指个人或家庭为了生活安全、稳定，转移人身伤害、疾病、火灾等风险事故所造成的损失，而购买保险产品的计划。人的一生很可能会面对一些不期而至的风险，比如人身风险、财产风险和责任风险。为了避免、管理这些风险，人们可以通过购买保险来满足自身的安全需要。

保险规划主要包括两大类：一是政府的社会保障部门提供的社会保险，包括养老保险、医疗保险和失业保险，以及雇主提供的雇员团体保险；二是商业保险，作为社会保险的补充，包括人寿保险、意外伤害保险、健康保险、财产保险、责任保险等。除此之外，市场上还有一些具备融资、投资功能的保险产品。保险规划的目的在于通过对经济状况和保险需求的分析，选择合适的保险产品，并确定合理的投保期限和金额。

（六）税收规划

税收规划是指在税收行为发生前，在不违反法律法规的前提下，通过对纳税主体的经营活动或投资行为等涉税事项做出事先安排，以达到少纳税和延期纳税的目的。我国目前可以利用的个人税务规划策略主要有充分利用税收优惠政策递延纳税时间等。

（七）退休规划

退休规划是一种以筹集养老金为目标的综合性金融服务。当人们退休后，作为收入主要来源的工资薪金收入就会停止，如何在退休后的余生中保持原有的生活水平，就成了每个人都要面临的现实问题。因此，退休规划可谓是人生最重要的财务规划之一。

在我国，退休金的筹集主要还是依靠自己，着手越早，退休时相对也会越轻松。退休规划是一个长期的过程，不是简单地通过在退休之前存一笔钱就能解决的，因为通货膨胀会不断侵蚀个人的积蓄。所以说，退休规划的三大黄金法则就是越早越好、敢于投资、拥有房产。

（八）遗产规划

遗产规划是指当事人在其活着时通过选择遗产规划工具和制订遗产计划，将拥有或控制的各种资产或负债进行合理规划，从而保证在自己去世后或丧失行为能力时尽可能实现个人为其家庭所做的理想安排。

 思政专栏

中国居民家庭财富的历史回望

据 2022 年 5 月 27 日泽平宏观和新湖财富联合发布的《中国财富报告 2022》显示，总量层面，2021 年中国居民财富总量达 687 万亿元人民币，2005—2021 年年均复合增速高达 14.7%，财富增速远超美国和日本。户均资产约 134.4 万元，中国居民财富规模仅次于美国。结构层面，金融资产占比较低，实物资产占近七成。2021 年中国实物资产占总财富比重高达 69.3%，主要表现为房地产，全国住房市值达到 476 万亿元；金融资产占比 30.7%。在金融资产中，现金和存款占比超五成。受"储蓄文化"的影响，中国居民投资偏保守，2005—2008 年现金和存款占比曾高达 78%，但随着中国金融市场不断深化而有所下降，到了 2021 年其

占比仍有 53%。权益资产和公募基金占比约 19%，资产分散性和多元化不足。

中国在 2010 年超过日本，成为仅次于美国之后的世界第二大经济体以来，其 GDP 已经十一年位居第二，期间居民家庭的财富每年都在不断增长。

回望历史，2018 年与中华人民共和国成立初期相比，根据国家统计局的数据，1949 年我国居民人均可支配收入仅为 49.7 元，2018 年居民人均可支配收入达到 28 228 元，名义增长 566.6 倍，扣除物价因素实际增长 9.2 倍，年均实际增长 6.1%。1956 年我国居民人均消费支出仅为 88.2 元，2018 年居民人均消费支出达到 19 853 元，名义增长 224.1 倍，扣除物价因素实际增长 28.5 倍，年均实际增长 5.6%。按照 2010 年农村贫困标准，1978 年末我国农村贫困人口 7.7 亿人，2018 年末我国农村贫困人口减少至 1 660 万人，比 1978 年末减少约 7.5 亿人。

2021 年 5 月 27 日，招商银行携手贝恩公司联合发布《2021 中国私人财富报告》。报告指出，2020 年，面对新冠感染疫情冲击和复杂严峻的国内外环境，中国率先在全球主要经济体中恢复经济正增长，GDP 首次突破百万亿元人民币，逆势增长 2.3%，成为全球经济阴霾下的一抹亮色。

2020 年，中国个人持有的可投资资产总体规模达到 241 万亿元人民币，2018—2020 年年均复合增长率为 13%，重新回归两位数增长。

中国高净值人群规模及其持有的可投资资产，增速较往年均持续上涨。2020 年，中国高净值人群 262 万人，与 2018 年相比增加了约 65 万人，年均增长率由 2016—2018 年的 12% 升至 2018—2020 年的 15%。

资料来源：招商银行《2021 中国私人财富报告》、泽平宏观和新湖财富《中国财富报告 2022》。

思考:

通过对我国居民家庭财富的历史回望，思考国家的发展与大学生个人的发展的关系。

正如国防部新闻发言人所说，我们不是生活在一个和平的时代，只是生活在一个和平的国家。大学生在为国家繁荣富强的发展感到自豪，分享国家发展的物质财富的时候，不能忘记肩负对国家的责任和使命。在追求物质财富的同时，不要忘记提升自己精神财富的积累。

实训活动

1. 分组讨论，你有哪些人生目标，并思考人生和人生目标的关系。
2. 实地走访调查不同职业、年龄的人，了解他们的理财目标。

任务二   个人理财规划的标准流程

在理财规划师为客户提供理财服务时，为了保证服务的专业水准以及遵守职业道德的要求，客观上需要一个标准的程序对个人理财规划工作进行规范。为此，国际注册金融策划师理事会制定了一个规范理财规划从业者服务的标准流程。个人理财规划的标准流程分为6个步骤，如图1-1所示。

图 1-1   个人理财规划的标准流程

一、建立和界定与客户的关系

个人理财规划要求以客户的利益为导向，从客户的角度出发帮助客户做出合理的财务决策。理财规划师的理财规划服务都是基于从客户处所获取的各种信息，所以理财规划服务是以与客户建立关系为起点的，与客户关系界定得是否清晰、建立客户关系时表现得是否好都直接决定了后面各步工作的质量和效率。

与客户建立联系的方式有多种，例如与客户面谈、电话交谈、网络联系等，与客户面谈是最基本，也是最重要的一种方式。理财规划师在与客户面谈时，要注意收集客户的各种信息，主动向客户解释理财规划的有关知识和背景，以及理财规划师本人的基本情况，帮助客户了解个人理财的作用和风险，避免客户提出一些过高的期望和目标。通过与客户面谈，理财规划师应对客户的咨询目的、财务目标、基本信息和投资偏好等有一个大致的了解。

在建立客户关系的过程中，需要特别注意语言沟通技巧和非语言沟通技巧。语言技巧方面，应该注意尽量使用专业化的语言，涉及投资回报率等财务指标问题时，不应给出过于确定的承诺，避免因达不到目标而承担不必要的法律责任；非语言沟通技巧方面，应该注意眼神、面部表情、身体姿势、手势等的合理运用。

二、收集客户信息并分析理财目标或期望

收集客户信息是为了分析其理财目标或期望。理财规划师在与客户面谈时，还需要采用数据调查表来协助客户信息的收集。客户在填写调查表前，理财规划师应对有关项目进行解释，同时要将客户信息录入电脑保存，以便下一步分析客户的财务状况。

在充分收集了客户信息后，理财规划师需要与客户确定客户的目标与期望。将客户的目标按照期限进行分类，1年以内的为短期目标，1~10年的为中期目标，10年以上的为长期目标。针对客户提出的目标，分析其中的不足之处，评估目标的可行性，一旦发现存在不具备可行性的目标，应及时指出并给予专业性意见。

三、分析客户当前的财务状况

客户当前的财务状况是达到未来理财目标的基础。理财规划师在提出理财方案之前必须客观地分析客户当前的财务状况，主要包括个人/家庭资产负债表分析、个人/家庭现金流量表分析以及财务比率分析。

个人/家庭资产负债表分析主要是对客户特定时点(目前)所掌握的各种资源和所负担的各种债务情况进行分析；个人/家庭现金流量表分析是对客户在一定期间内的收入与支出情况进行分析；财务比率分析是在资产负债表和现金流量表所提供数据的基础上，以财务比率的形式更直观地反映客户现行的财务状况。

分析客户当前财务状况的最后一步，是在财务分析基础上，结合调查表所收集的客户信息，准备客户的现金预算表，其主要是对客户未来收入与支出的估计。

四、制定综合个人理财规划

理财规划师在此之前已做了大量的数据收集与分析工作，并确定了客户的期望与目标，接下来要为客户制定一个综合的理财规划方案。在制定综合理财规划方案时，理财规划师需要遵循一定的步骤。

(1) 确保已经掌握了客户必要的信息。

(2) 采取一定措施，保证客户当前的财务安全。

(3) 应当进一步确认客户的目标和要求。

(4) 提出个人理财综合规划策略，以满足客户未来的财务目标。

综合理财规划是具有一系列基本要素的规范性报告，理财规划师要以书面形式呈递给客户，并取得客户对执行综合理财规划的授权。

五、执行综合个人理财规划

一份综合的个人理财规划书本身是没有意义的，只有通过执行该计划才能让客户的财务目标成为现实。为了确保计划的执行效果，个人理财规划师应该遵循三个原则：准确性、有效性、及时性。

综合个人理财规划要真正得到顺利执行，还需要制订一个详细的实施计划，确定实施步骤，列出实施的时间表。在执行中，个人理财规划师还要注意以下一些问题。

(1) 整个过程中都应当主动与客户进行沟通和交流，让客户亲自参与到计划的制订和修改过程中。

(2) 获得客户的执行授权。

(3) 妥善保管个人理财规划的执行记录。

六、监控综合个人理财规划的实施

综合个人理财规划的执行过程中，任何宏观或微观的变化都会对财务计划的执行效果造成影响。因此，理财规划师必须定期对该计划的执行和实施情况进行监控和评估，并就实施结果与客户进行沟通，必要时还可以对计划进行适当的调整。

理财规划师在综合个人理财规划的评估过程中要遵循以下步骤。

(1) 回顾客户的理财目标与要求。

(2) 评估财务与投资策略。

(3) 评估当前投资组合的资产价值和业绩。

(4) 评判当前投资组合的优劣。

(5) 调整投资组合。

(6) 及时与客户沟通并获得客户授权。

(7) 检查策略是否合理。

✎ 实训活动

1. 分组到银行实地观摩理财客户经理的工作流程，了解职业要求。

2. 上网收集个人理财报告，了解理财报告的格式、主要内容和特点。

任务三　树立正确的理财理念

一、理财理念与理财误区

(一) 节俭与理财

误区一：理财就是节衣缩食，省吃俭用

正确观点：要树立理财既要开源又要节流的理念

节俭是中华民族的传统美德，但省吃俭用就是理财吗？一位老太太拿攒了一辈子的积蓄买了一套房，而她享受这套房的时日又有多少呢？另一位老太太年轻时背负了房贷，可她一辈子享受到了房子带给她的诸多好处。第一位老太太得到了房子，却没有太多时日享用，也没有改变她拮据的生活状况，这不是理财的真谛。

理财是开源节流，要节俭，更要开源，仅仅靠节省无法获得最终的财务自由。正确的理财观念是既要增加收入，又要减少不必要的支出，这样才会产生事半功倍的效果。

(二) 投资与理财

误区二：理财就是生财，就是投资赚钱

正确观点：树立既要保值，又要增值的理财理念

有些人投资股票，购买基金、债券等，获得不菲的收益。但是，理财就是投资赚钱吗？

解决这个问题，首先要弄明白"投资"和"理财"能否等同看待。投资关注的只是如何"钱生钱"，让钱增值的问题；而理财的内容比投资宽泛得多，理财不仅考虑增值，还要考虑钱的安全性，在安全的基础上，才能谈投资赚钱。个人理财的实质是个人资产分配合理和投资收益最大化，而投资的实质是使现有财产增值。投资只是理财的一个组成部分，个人理财首先是对个人财务的计划和妥善安排，在此基础上，再通过合理投资实现财富增值。

（三）贫富与理财

误区三：穷人钱少谈不上理财；富人钱多不需要理财

正确观点：树立不论贫富都需要理财的理念

有些人认为，自己没有什么钱，无财可理；而一些家庭比较富裕的人，也会产生富人是否需要理财的疑问。有位成功的企业家，小时候家境贫困，他说："穷和苦不怕，但要有理财的想法。"俗话说得好，创业难，守业更难。现实生活中，有很多"百万财富付之东流"的案例。守住财富，不让财富在无形中溜走，也是人生理财的课题，所以，无论贫富，理财都应是伴随每个人一生的大事。

（四）发财与理财

误区四：理财就是发财

正确观点：理财不是一朝一夕而是一生孜孜以求的事业

不少人觉得自己一旦开始理财就意味着马上能够走上发财致富之路，有的人甚至会幻想短时间内将一点积蓄翻几倍，这很明显是对理财的作用认识不足。理财并不是赌博，也不是高风险的投机，而是将收益率、风险、时间，再结合个人情况做一个最优的平衡。想通过理财来发大财，对于大部分人都不可能，跑赢通货膨胀，再有稳定持续的收益，就已经是不错的理财结果了。

（五）人生与理财

误区五：理财只是一时的行为

正确观点：树立一生理财的理念

生活中处处有理财，每个人都应具备理财的意识，养成健康的理财习惯，并懂得理财是一个长期积累的过程，需要恒心和毅力。理财的最终目的是让人生每一个阶段的财务都是安全的，生活都是有保障的，生活品质都处在理想的状态。

二、财商教育与理财观念的培养

（一）财商的含义

财商是指一个人认识、创造和管理金钱的能力。财商是理财的智慧，它包括两方面的能力：一是正确认识金钱及金钱规律的能力；二是正确应用金钱及金钱规律的能力。财商是与智商、情商并列为现代社会能力中三大不可或缺的素质。可以这样理解，智商反映人作为自然人的生存能力；情商反映社会人的社会生存能力；而财商则是人作为经济人在经济社会中的生存能力。

现代社会，人们对金钱的态度、获取和管理金钱的能力，对于人们能否生活得富足、幸福影响越来越大。换句话说，财商对于人们来说，其重要性将超过智商、情商。财商被越来越多的人认为是实现成功人生的关键。

(二) 财商教育

财商教育是通过对有关金钱知识的学习和相关实践活动的体验，让学生树立正确的金钱观、财富观和价值观，培养学生生存与发展的能力，对养成其独立思考和创新的意识等都有十分重要的意义。同时，通过财商教育，可以让学生了解劳动的价值和父母工作的意义，学习生存和理财的本领，培养分享、互助和关爱精神，建立对于家庭和社会的责任感。

财商是指一个人认识、创造和管理金钱的能力，财商是理财的智慧，它包括两方面的能力：一是正确认识金钱及金钱规律的能力；二是正确应用金钱及金钱规律的能力。财商教育的目标是培养学生正确的金钱观念和基本的理财技巧，它能够解决学生在实际生活中面临的关于金钱与财富的问题。

 知识拓展

理财的高境界

如果要说理财境界高的典范，那么美国的比尔·盖茨当之无愧，理由如下。

第一，能赚钱。比尔·盖茨凭借其对计算机程序软件行业做出的巨大贡献，曾成为世界首富，并保持多年。

第二，能花钱。比尔·盖茨的家不仅绿意浓浓、华丽壮观，而且遍布高科技和高智能化设施，绝对是设计界的杰作！从1990年开始，盖茨花费5 300万美元，经过7年时间的精心打造，建成了这座宅邸。该宅邸有24个浴室、6个厨房、7套睡房、1个图书馆、1个宴会厅，还有一片养殖着鲑鱼的人工湖。

第三，比尔·盖茨最为人们敬重之处，就是他将辛苦赚来的钱财用于更有意义的慈善事业，为全社会造福。比尔·盖茨说，如果一个人在巨额的财富上死亡，是一大耻辱。

资料来源：柴效武. 个人理财[M]. 北京：清华大学出版社，2015.

 实训活动

1. 实地调查周围人们的理财观念，分析树立正确理财观念的重要意义。
2. 学生分组，讨论财商、智商、情商在个人成功的道路上哪个更重要。
3. 谈谈自己理解的人生正确的金钱观。

任务四　认知理财规划师

一、理财规划师的前景

经过多方调研和行业权威机构的数据统计，截至 2016 年底，中国理财市场总规模已达百万亿元，同比增长速度超过 20%。中国大陆拥有一千万可投资资产的高净值家庭数量已经达到 75 万户，拥有一亿可投资资产的超高净值家庭数量已经到 6 万户。随着高净值客户人群规模和财富的快速增加，他们的理财观念逐渐从创富转换为守富，对专业的理财规划需求存在明显缺口。因此，能够为高净值客户提供专业理财服务的优秀理财规划师有着广阔的市场发展前景。

预计到 2030 年，中国金融资产规模将达到 800 万亿元以上。目前国内年收入达 30 万元以上的家庭超过 2 000 万户，理财市场规模非常庞大。与此形成对比的是，我国专业理财人员的严重不足，缺口已经达到了 30 万人。理财规划师将成为国内最具有吸引力的职业之一。

二、理财规划师的类型

(一) 注册金融策划师

注册金融策划师(certified financial planner，CFP)由 CFP 标准委员会考试认证，是目前国际上金融领域最权威的个人理财水平资格证书。

(二) 特许金融分析师

特许金融分析师(chartered financial analyst，CFA)的认证单位是美国投资管理与研究协会。CFA 进入中国的时间为 1999 年，目前已经成为我国金融从业人员考试的热门。

(三) 注册财务策划师

注册财务策划师(registered financial planner，RFP)的认证单位是中国香港注册财务策划师协会，其资格在英国、德国、加拿大、澳大利亚等国家均被认可。认证项目被列入上海市紧缺人才培养工程项目之一，适合从事金融、保险、证券、财务、银行、律师、房地产等行业或对个人理财有兴趣的人士。

(四) 国际认证财务顾问师

国际认证财务顾问师(registered financial consultant，RFC)的认证单位是美国国际认证财务顾问师协会。

（五）特许财富管理师

特许财富管理师(chartered wealth manager，CWM)的认证单位是美国金融管理学会。它是美国三大理财规划师证书之一，在美国银行从业人员中，CWM 证书持有者的比例最高。CWM 强调的是营销实用技能、信息交流和国际沟通能力，注重实务，所以 CWM 更加大众化。

三、中国理财规划标准的两级资格认证体系

中国个人理财师标准委员会实行 AFP 和 CFP 两级资格认证标准体系，两者的目标定位和分工区别如下。

AFP 培训课程共计 108 学时，学习课程包括"个人理财""投资规划""个人风险管理与保险规划""个人税务与遗产筹划""员工福利"与"退休计划"，同时特别强调 CFP 职业道德与执业标准、客户价值取向及行为特性、理财规划与法律、经济学基础等内容。

学员通过 AFP 专门化培训，应达到的标准是：了解现代理财理论，基本掌握各项理财工具，具备为客户服务的基本技能和崇高的理财规划职业道德。通过结业考试，学员可获得"理财师培训合格证书"，从而符合申请参加 AFP 资格考试的要求，最终考试合格成为具备 AFP 持照水准的中国本土化理财师。

学员完成 AFP 培训后，可参加第二阶段高级理财规划(CFP)课程的培训，共计 132 小时，课程包括"投资规划""个人风险管理与表现规划""个人税务与遗产规划"和"员工福利与退休" 4 门专业课，同时加设 48 小时的综合案例分析及演练。

完成 CFP 培训后，学员应该掌握现代理财理论，熟练运用各项理财工具，提高为客户服务的综合技能，具有崇高的理财职业道德。通过结业考试，学员可获得"国际理财培训合格证书"，并申请参加 CFP 资格考试，最终考试合格成为具备 CFP 持照水准的国际化理财师。

 实训活动

1. 登录 CHFP 理财规划师专业委员会官网，查询 CHFP 的认证标准和要求等。
2. 学生分组，讨论如何规划自己的职业生涯。

模块二　个人理财规划的理论基础

个人理财规划的理论基础，主要是生命周期理论和货币时间价值理论。个人理财是贯穿个人一生的活动，是把个人未来必须面临的教育、医疗、保险、购房、纳税、养老、遗产继承等方面的事项统筹考虑，提前筹划、安排，这样才能达到最终的理财目标，即终身的财务安全和有品质的生活。

任务一　生命周期理论

生命周期理论是个人理财的核心理论，该理论的主要内容是将个人按其不同的年龄和家庭特征划分为不同的生命周期。理财规划师根据客户的不同生命周期，在客户一生有限的经济资源约束下，求解基于终身消费效用最大化的问题。

一、生命周期的概念

生命周期理论对消费者的消费行为提供了全新的解释，该理论指出，自然人是在相当长的时间内计划个人的储蓄消费行为，实现生命周期内收支的最佳配置。也就是说，一个人将综合考虑其当期收入、未来收入，以及可预期的开支、工作时间、退休时间等诸多因素，并决定目前的消费和储蓄，以保证其消费水平在一生中保持相对平稳的状态，而不至于出现大幅波动。

生命周期可划分为个人单身期、家庭形成期、家庭成长期、家庭成熟期和家庭衰退期 5 个阶段。生命周期每个阶段的特征和财务状况如表 1-1 所示。

表 1-1　生命周期每个阶段的特征和财务状况

项目	个人单身期	家庭形成期	家庭成长期	家庭成熟期	家庭衰退期
特征	参加工作至结婚	结婚到新生儿诞生	小孩出生直到上大学	子女工作到家长退休	从夫妻退休到一方去世
家庭形态	以父母家庭生活为重心	择偶结婚，有学前子女	子女上小中学、进入高等教育阶段	子女独立	以夫妻两人为主
收入支出	收入比较低，消费支出大	收入以薪水为主，支出随子女诞生而增加	收入以双薪为主，支出稳定，子女上大学后负担重	双薪收入达到巅峰，准备退休金的黄金时期	理财以移转性收入为主，变现维持生计，支出有所增加
储蓄	几乎没有储蓄	收入稳定而支出增加，储蓄低水平增加	收入增加，支出稳定，储蓄稳步增加	收入处于巅峰阶段，支出相对较低，储蓄增长最佳时期	支出大于收入，储蓄逐步减少
资产	资产较少甚至净资产为负	积累资产有限，追求高风险收益投资	积累资产逐年增加，注重投资风险管理	资产达到顶峰，降低投资风险	变现投资资产，支付各类费用，投资以固定收益为主
负债	有负债(如贷款、父母借款)	承担房贷	承担房贷	房贷余额减少，退休前结清所有负债	无大额、长期负债

二、生命周期与客户需求、理财目标分析

理财师可以根据生命周期的不同，了解、掌握处于不同生命周期阶段的客户其职业生涯阶段特点，家庭收支、资产负债状况，以及主要财务问题和理财需求，进而实现理财目标也有所侧重。

1. 个人单身期的理财目标

该阶段的主要目标是增加收入，控制支出，日常注重开源节流，可以兼职增加收入，做好消费计划，严格执行；制订储蓄计划，进行强制储蓄，尽快积累人生的第一桶金；在收入状况好转后可以参与基金定投、股票基金等理财活动。

2. 家庭形成期的理财目标

该阶段家庭成员增加，收入呈上升趋势，家庭有一定风险承受能力，同时购房贷款需求较高，消费支出增多。因此，该阶段建议在保持流动性前提下配置高收益类金融资产，如股票基金、货币基金、流动性高的银行理财产品等。

3. 家庭成长期的理财目标

该阶段子女教育金需求增加，购房、购车贷款仍保持较高需求，成员收入稳定，家庭风险承受能力进一步提升。因此，该阶段建议依旧保持资产流动性，并适当增加固定收益类资产，如债券基金、浮动收益类理财产品。

4. 家庭成熟期的理财目标

养老金的筹措是该阶段的主要目标，家庭收入处于巅峰，支出降低，财富积累加快。因此，该阶段建议以资产安全为重点，保持资产稳定，进一步增加固定收益类资产的比重，减少持有高风险资产。

5. 家庭衰退期的理财目标

养老护理和资产传承是该阶段的核心目标，家庭收入大幅降低，储蓄逐步减少。因此，该阶段建议进一步提升资产安全性，将80%以上的资产投资于储蓄及固定收益类理财产品，同时购买长期护理类保险。

总体来看，客户理财需求同生命周期息息相关，理财师要根据客户生命周期的不同阶段，结合其风险承受能力及风险主观承受意愿，将产品或产品组合的流动性、收益性与安全性同客户需求相匹配，最终形成合理、可行的理财方案，并对方案进行定期检视、适当调整，从而保证客户的资产安全和理财目标顺利实现。

三、不同生命周期阶段的理财策略选择

个人理财规划的制定与所处的生命周期阶段和财务状况密切相关，要使自己的财富得到有效保值和增值，就需要明确自身所处的财务发展阶段，结合实际情况，适时制定可行的理财规划。通过以上分析，可以得到各个财务生命阶段的财产情况、理财目标和风险承受能力的汇总表，进而得出相应的理财策略，人生不同阶段的理财策略选择如表1-2所示。

表 1-2　人生不同阶段的理财策略选择

阶段	财产变化	主要目标	风险承受能力	信贷运用	资产配置	保险安排
个人单身期	收入较少	本人教育投资、成家准备	很强	信用卡、消费信贷	货币、活期存款、定期存款	医疗险、意外险、寿险
家庭形成期	相对稳定	购房、负担学前子女教育	较强	信用卡、住房贷款	债券、股票、基金定投	寿险、储蓄险
家庭成长期	超过支出	子女教育、置换房产、财富增值	较弱	信用卡、汽车贷款	多元投资	养老险、定期寿险、教育年金储蓄
家庭成熟期	开始减少	为子女购房做准备	弱	还清贷款	增持债券	长期看护险、养老险
家庭衰退期	大幅减少	健康投资、退休养老	很弱	无贷款、住房抵押贷款	减少股票	领退休年金、领养老保险金

实训活动

1. 学生分组，走访调查处于不同生命周期阶段的客户，收集该客户的家庭情况，分析其家庭特征。

2. 学生各自判断自己家庭所处的生命周期阶段，说说该阶段的理财策略选择。

任务二　货币时间价值理论

货币的时间价值是个人理财业务的基础理论之一，几乎涉及所有的理财活动，有人称货币时间价值为理财的"第一原则"。时间价值是资源稀缺性的体现，表现在信用货币体制下，即当前所持有的货币比未来等额的货币具有更高的价值。

一、货币时间价值概念与影响因素

（一）货币时间价值的概念

货币的时间价值是指货币在无风险的条件下，经历一定时间的投资和再投资而发生的增值，或者是货币在使用过程中由于时间因素而形成的增值，也被称为资金时间价值。

同等数量的货币或现金流在不同时点的价值是不同的，货币时间价值就是两个时点之间的价值差异。比如，在年初存入银行 10 000 元，当存款利率为 3% 的情况下，到年终其价值变为 10 300 元，其中 300 元即是货币的时间价值。而货币具有时间价值，主要是因为以下三点。

(1) 现在持有的货币可以用作投资，从而获得投资回报。

(2) 货币的购买力会受到通货膨胀的影响而降低。

(3) 未来的投资收入预期具有不确定性。

(二) 货币时间价值的影响因素

1. 时间

时间的长短是影响货币时间价值的首要因素，时间越长，货币的时间价值越明显，比如：将 1 000 元存入银行，期限为 1 年，利率为 1.5%，1 年后的货币价值为 1 015 元。其中的 15 元为利息收入，是投资者放弃当前的消费而投资应该得到的相应补偿，也就是货币时间价值。如果将 1 000 元存入银行，期限为 3 年，利率为 2.75%，3 年后的货币价值为 1 082.50 元。可见，时间越长，货币的时间价值就越高。

2. 单利和复利

单利的计算始终以最初的本金为计算收益的基数，而复利则以本金和利息为基数计息，从而产生利上加利、息上添息的收益倍增效应。

3. 收益率和通货膨胀率

收益率是决定一笔货币在未来增值程度的关键因素，而通货膨胀率则是使货币购买力缩水的反向影响因素。

二、货币时间价值的计算

(一) 利息计算

利息指的是在一定时期内，资金拥有人将其资金的使用权转让给借款人后所得到的报酬。利息的计算公式为

$$I=P\times r\times t$$

其中，I 表示利息，P 表示本金，r 表示利率，t 表示存款年数。

1. 单利法

单利法是指在规定的时间内只就本金计算利息，每期的利息收入在下一期不作为本金，不产生利息的一种计息方法。单利法下的本利和计算公式为

$$F=P(1+r\times t)$$

其中，F 表示单利本利和，t 表示利率获取时间的整数倍。

单利的性质：若以每期单利 r 计息，那么在投资期间，每一度量期产生的利息是固定的。

【例 1-1】赵先生将 1 000 元现金存为银行定期存款，期限为 3 年，利率为 3%，采用单利法计算，每年的利息是多少？

第一年的利息 $I=P\times r\times t=1\,000\times3\%\times1=30(元)$

第二年的利息 $I=P\times r\times t=1\,000\times3\%\times1=30(元)$

第三年的利息 $I=P\times r\times t=1\,000\times 3\%\times 1=30$(元)

赵先生将 1 000 元现金存入银行,以单利法计息,每年的利息均为 30 元,3 年存期的利息合计 90 元。

2. 复利法

复利法是将上期利息计入本期本金一并计息,即按本利计息,是一种本生利、利也生利的计息方法。复利法下的本利和计算公式为

$$F=P(1+r)^t$$

其中,F 表示复利本利和,P 表示本金,r 表示利率,t 表示利率获取时间的整数倍。

复利的性质:若以每期复利 r 计息,那么在投资期间,不同度量期产生的利息不同。

【例1-2】赵先生将 1 000 元现金存为银行定期存款,期限为 3 年,利率为 3%,采用复利法计算,每年的利息是多少?

第一年的本利和 $F=P(1+r)^t=1\,000\times(1+3\%)^1=1\,030$(元),则第一年获得的利息是 30 元。

第二年的本利和 $F=P(1+r)^t=1\,000\times(1+3\%)^2=1\,060.9$(元),则第二年获得的利息是 30.9 元。

第三年的本利和 $F=P(1+r)^t=1\,000\times(1+3\%)^3=1\,092.73$(元),则第三年获得的利息是 31.83 元。

赵先生将 1 000 元现金存入银行,以复利法计息,第一年获得的利息是 30 元,第二年获得的利息是 30.9 元,第三年获得的利息是 31.83 元,3 年存期的利息合计 92.73 元。

3. 单利和复利性质比较

(1) 单利的利息并不作为投资资金再赚取利息;而复利这种计息方式,每个时刻得到的利息都用来投资以赚取更多的利息。

【例1-3】刘先生将 5 000 元现金存为银行定期存款,期限为 5 年,利率为 6%,采用单利法计算,5 年后的本利和是多少?

$$F=P(1+r\times t)=5\,000\times(1+5\times 6\%)=6\,500(元)$$

刘先生将 5 000 元现金存为银行定期存款,采用单利法计算,5 年后的本利和是 6 500 元。

【例1-4】刘先生将 5 000 元现金存为银行定期存款,期限为 5 年,利率为 6%,采用复利法计算,5 年后的本利和是多少?

$$F=P(1+r)^t=5\,000\times(1+6\%)^5=6\,691.13(元)$$

刘先生将 5 000 元现金存为银行定期存款,采用复利法计算,5 年后的本利和是 6 691.13 元。

(2) 单利和复利的另一个差别是它们的增长形式不同。就单利而言,它在相同时期增长的绝对金额为常数,如【例1-1】的计算所示;而对复利来说,它增长的相对比率保持为常数,如【例1-2】计算所示。

(二)货币时间价值计算

1. 计算时间价值基本量

通过利息的单利计算和复利计算,我们知道,不同时点上的货币额不能直接进行比较。

因为相同货币值在不同时点上有不同的价值，因此，为了比较在不同时刻发生的现金流动，必须将各个不同时刻的现金流累积或贴现到同一时刻，然后再进行比较。

通常一个利息问题包括4个基本量(见图1-2)：原始投入的本金，相当于现值；投资时间的长度；利率；本金在投资期末的累积值，相当于终值。

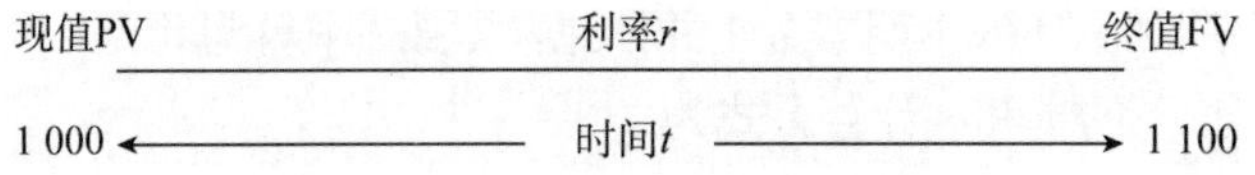

现值PV   利率r 终值FV

1 000 ←———— 时间t ————→ 1 100

图1-2　利息问题包括的4个基本量

(1) 现值。货币现在的价值，即期间发生的现金流在期初的价值，通常用 PV 表示。

(2) 终值。货币在未来某个时间点上的价值，即期间发生的现金流在期末的价值，通常用 FV 表示。一定金额的本金按照单利计算若干期后的本利和，称为单利终值；一定金额的本金按照复利计算若干期后的本利和，称为复利终值。

(3) 时间。货币价值的参照系数，通常用 t 表示。

(4) 利率(或通货膨胀率)。影响金钱时间价值程度的波动要素，通常用 r 表示。

【例1-5】郭先生拿出1 000元投资某基金产品，利率为10%，那么一年后郭先生获得的金额将是多少？

解析：题目中，1 000 元即为现值 PV，10%为利率 r，1 年为时间 t，1 年后的收益为终值 FV。

$$FV=PV(1+r\times t)=1\,000\times(1+1\times10\%)=1\,100(元)$$

2. 单利终值和单利现值

(1) 单利终值。计算单利终值的公式为

$$FV=PV(1+r\times t)$$

【例1-6】利率为5%，拿出 10 000 元进行投资，一年后将会得到多少收益？
$$FV=PV(1+r\times t)=10\,000\times(1+5\%\times1)=10\,500(元)$$
按单利计算，拿出 10 000 元进行投资，一年后将会得到 10 500 元。

(2) 单利现值。计算单利现值的公式为

$$PV=FV/(1+r\times t)$$

【例1-7】利率为5%，想保证自己通过一年的投资得到 10 000 元，请问当前应该投资多少钱？

$$PV=FV/(1+r\times t)=10\,000/(1+5\%\times1)=9\,523.81(元)$$

按单利计算，想保证通过一年的投资得到 10 000 元，当前应该投资 9 523.81 元。

3. 复利终值和复利现值

(1)复利终值。计算复利终值的公式为

$$FV=PV(1+r)^{t}$$

【例 1-8】投资 100 元,报酬率为 10%,按复利计算,10 年可积累多少钱?

$$FV = PV(1+r)^t = 100 \times (1+10\%)^{10} = 259.37(元)$$

按复利计算,10 年可积累 259.37 元。

(2) 复利现值。计算复利现值的公式为

$$PV = FV/(1+r)^t$$

【例 1-9】面额 100 元、期限 10 年的零息债券,当市场利率为 6% 时,其目前的价格是多少?

$$PV = FV/(1+r)^t = 100/(1+6\%)^{10} = 55.84(元)$$

按复利计算,10 年的零息债券目前的价格是 55.84 元。

4. 年金的终值和现值

年金是指在一定期限内,时间间隔相同、不间断、金额相等、方向相同的一系列现金流,用 C 表示。比如:每个月定期定额缴纳的房屋贷款月供;每个月定期定额购买基金的月投资额款;零存零取的银行存款;消费信贷的分期付款;向租房者每月固定收取的租金;退休后每月固定从社保部门领取的养老金。

根据等值现金流发生的时点不同,年金可以分为期初年金和期末年金。在进行计算的时候,还需要区分年金的终值和现值。期初年金是发生在当期期初的现金流,最典型的是学费、保费、房租、养老金;期末年金是发生在当期期末的现金流,最典型的是工资。年金一般不特别说明都默认为期末年金。

1) 期末年金现值和终值

(1) 期末年金现值的计算公式为

$$PV = \frac{C}{r}\left[1 - \frac{1}{(1+r)^t}\right]$$

【例 1-10】某投资项目从今年起每年年末可获收入 1 850 元,假定年利率为 6%,3 年收益的总现值是多少?

解析:已知 $t=3$,$r=6\%$,$C=1\,850$,求 PV。

$$PV = \frac{C}{r}\left[1 - \frac{1}{(1+r)^t}\right] = \frac{1\,850}{6\%} \times \left[1 - \frac{1}{(1+6\%)^3}\right] = 4\,945(元)$$

该投资项目 3 年收益的总现值是 4 945 元。

(2) 期末年金终值的计算公式为

$$FV = \frac{C\left[(1+r)^t - 1\right]}{r}$$

【例 1-11】李女士未来 2 年内每年年末存入银行 10 000 元,假定年利率为 10%,每年付息一次。则该笔投资 2 年后的本利和是多少?

解析:已知 $t=2$,$r=10\%$,$C=10\,000$,求 FV。

$$FV = \frac{C\left[(1+r)^t - 1\right]}{r} = \frac{10\,000 \times \left[(1+10\%)^2 - 1\right]}{10\%} = 21\,000\,(元)$$

李女士该笔投资 2 年后的本利和，即期末年金终值是 21 000 元。

2) 期初年金现值和终值

(1) 期初年金现值的计算公式为

$$PV_{BEG} = \frac{C}{r}\left[1 - \left(\frac{1}{1+r}\right)^t\right](1+r)$$

【例 1-12】某公司租入设备，每年年初付租金 10 000 元，共 5 年，利率 8%，租金的现值为多少？

解析：已知 $t=5$，$r=8\%$，$C=10\,000$，求 PV_{BEG}。

$$PV_{BEG} = \frac{10\,000}{8\%} \times \left[1 - \left(\frac{1}{1+8\%}\right)^5\right] \times (1+8\%) = 43\,121\,(元)$$

该公司租入设备，租金的现值为 43 121 元。

(2) 期初年金终值的计算公式为

$$FV_{BEG} = \frac{C}{r}[(1+r)^t - 1](1+r)$$

【例 1-13】吴先生每年初存入住房基金 15 000 元，利率为 10%，5 年后的本息和为多少？

解析：已知 $t=5$，$r=10\%$，$C=15\,000$，求 FV_{BEG}。

$$FV_{BEG} = \frac{15\,000}{10\%} \times \left[(1+10\%)^5 - 1\right] \times (1+10\%) = 100\,734\,(元)$$

吴先生每年初存入的该笔住房基金，5 年后的本息和为 100 734 元。

货币时间价值的计算过程比较烦琐，通常可以使用以下两种方法：使用理财计算器，这是最简单和有效的方法；利用复利表，表里包括复利现值系数和复利终值系数。熟练地使用复利表，应该是个人理财规划师在没有专业理财计算器的条件下必备的专业技能。

 实训活动

1. 李先生将 1 000 元存入银行，银行的利率是 5%，计算 5 年后单利终值是多少？

2. 利率为 5%，李先生想通过一年的投资得到 10 000 元，那么他当前应投资多少元？

3. 现有资金 10 000 元，若用其购买某个 5 年期收益为 5% 的理财产品，则复利终值是多少？

4. 钱女士的儿子 5 年后出国留学需要 20 万元，某理财产品以复利计息，利率为 3%，请问钱女士现在需要多少现金来购买该理财产品(复利现值)？

5. 张先生希望在未来 10 年内每年底获得 1 000 元，若年利率为 8%，这笔年金的终值是多少？

6. 秦小姐目前有资产 50 万元，若将它投入利率为 3% 的基金产品中，那么 10 年后她可以获得多少钱？

模块三　建立客户关系与评价客户的风险属性

个人理财规划规范流程包括：建立客户关系；收集客户信息、判断客户目标和期望；分析客户财务状况，评价客户的风险属性，以及为客户制定个人理财规划方案。在模块中仅介绍建立客户关系与评价客户的风险属性。

任务一　建立客户关系

个人理财规划规范流程的第一步是建立理财规划师与客户的关系。只有通过这一步骤，个人理财规划师才能全面了解客户的财务状况，从客户的角度出发帮助客户做出合理的财务决策。

一、与客户面谈

建立客户关系的方式有多种，例如与客户面谈、电话交谈、网络联系等，与客户面谈是最基本也是最重要的一种方式。

（一）初次面谈的准备

与潜在客户的面谈是建立客户关系的一种重要方式。初次面谈尽管不一定能建立稳定的客户关系，但却可以使个人财务规划师全面地了解客户，判断双方合作的可能性，同时使客户对个人理财规划有更深入的认识。

初次面谈，个人理财规划师应该尽量了解和判断客户的财务目标、投资偏好、风险态度和承受能力，甚至更多的信息。此外，在初次面谈时，个人理财规划师还应该尽量向客户解释规划个人财务的作用、目标和风险，以帮助双方在进一步的个人理财规划中更为有效地进行沟通。

在初次面谈前，个人理财规划师应该做好以下准备。

1. 明确与客户面谈的目的，确定谈话的主要内容

面谈的主要内容包括需要询问的问题和要传达给客户的信息。个人理财规划师与客户的初次见面，通常是要了解客户的基本情况，同时需寻求与之进一步合作的可能性。面谈时所获得的信息是否全面、正确十分重要。

个人理财规划师应尽量先将拟定的谈话大纲用书面的形式加以列示,同时根据客户回答问题的若干可能制定进一步的交谈内容。这样,才可以在面谈时处于主动地位,从而保证谈话的质量。

2. 准备好所需要的背景资料

背景资料包括有关的宏观经济指标、个人理财规划提案的样本、个人理财规划师资历、以前服务过的客户的主要情况、客户对自己的评价等。

3. 为面谈选择合适的时间与地点

一般而言,与客户面谈的地点应该定在个人理财规划师的办公室,因为这种环境有利于形成一种专业化的气氛,可以提高客户对个人理财规划师及其公司的信任程度。初次交流,时间不宜过长,应该控制在 1 小时之内。

4. 确认客户是否有财务决定权,是否清楚自己的财务状况

如果客户对自己的财务信息并不了解,将无法保证所收集信息的准确性,最终将影响个人理财规划师的判断和建议。当然弄清这个问题有时需要一些交流和沟通的技巧,因为客户可能会表述不清,或者不愿意透露这方面的情况。

5. 通知客户需要携带的个人资料

需要携带的个人资料包括投资凭证、保险单、房贷合同等。同时,应告知客户面谈大约所需的时间和地点安排。

(二) 初次面谈信息共享的问题

1. 需要向客户了解的信息

面谈时需要向客户收集的信息一般包括事实性信息和判断性信息两个方面。事实性(定量)信息:关于客户事实性的描述,如工资收入、年龄等。判断性(定性)信息:无法用数字来表示的信息,常常带有主观性,如客户对风险的态度、客户的性格、客户未来的工作前景等。一般来说,此类信息较难收集,但却对整个财务信息状况有着重要的影响,并且也是对不同客户提出客观建议的根据。此外,很多判断性信息并不能在客户的回答中直接得出,而是需要理财规划师加以分析和判断,这类信息称为推论性信息。

这三类信息的区别,可以通过表 1-3 来说明,表中列出了客户对投资计划中购买股票的几种可能回答以及它们所属的信息种类。

表 1-3 客户信息分类

事实性(定量)信息	我今年的年收入约 15 万元, 预计今后每年将递增 5%	关于客户事实性的描述, 如工资收入、年龄等
判断性(定性)信息	我不希望在我的投资计划中存在股票这种投资方式	无法用数字来表示的信息, 常常带有主观性, 如客户对风险的态度、客户的性格、客户未来的工作前景
推论性信息	我不希望承担太大的风险, 对股票所知有限, 希望了解这方面的知识后再做决定	信息并不能在客户的回答中直接得出, 而需要从业人员加以分析和推断

2. 需要向客户披露的信息

在个人理财规划的过程中，每个客户都希望知道如果按照个人理财规划的建议去实施计划，能够获得多少收益并承担多大的风险。因此，个人理财规划师有义务向客户解释有关的基本知识和背景，以帮助其了解个人理财规划的作用和风险，避免个人理财规划方案中出现一些不切实际的期望和目标。

(1) 向客户说明理财规划行业与其他投资顾问行业的区别与联系。

(2) 向客户说明理财规划师在整个理财规划中的作用，即帮助客户实现理财目标。

(3) 向客户解释个人理财规划的整个流程。

(4) 向客户说明其他一些事项，包括向客户介绍自己的专业能力和工作经验；个人理财规划的费用与计算；个人理财规划过程和实施所涉及的其他人员；个人理财规划的后续服务及评估。

(三) 迎接客户

理财规划师应提前到达面谈地点，等待客户的到来。客户进门时，要问候客户，并准确称呼客户姓氏、职称，或者称呼某先生或女士等。

在交换名片时，双手递出自己的名片，如果客户也同时递出名片时，注意要左手递出自己的名片，同时右手接过对方的名片，认真看过后，放入自己的名片夹中。

关闭自己的手机等通信工具，或调为振动，以免在交谈中被电话打断。

(四) 会谈内容的安排

在与客户进行面谈前，理财规划师尽量拟定书面提纲，明确和预测谈话内容，并确定将要谈到和可能谈到的问题及其先后顺序。这样才能不偏离主题，提高谈话的质量，取得理想的效果。

1. 正式面谈的步骤和内容

(1) 介绍所在机构及本人的职业资格等。

(2) 向客户解释什么是理财规划，为什么要制定理财规划以及规划的内容。

(3) 收集客户家庭情况、工作情况、收入与支出状况等信息。

(4) 在已有信息的基础上，引导客户编制客户月(年)度收入支出表。

(5) 通过计算流动性比率，最终确定现金及现金等价物的额度。

2. 沟通过程应注意事项

(1) 一般与客户见面后，并不直接进入正题。谈话时，要给客户较多发表意见的机会，不要过多使用专业化的语言。

(2) 沟通方式可以是幽默的、赞美的，态度一定要真诚。

(3) 适当寒暄能够使谈话氛围轻松愉快，令客户心情愉悦，但要因人而异，适度为好。

二、沟通技巧

在个人理财规划过程中，与客户面谈的最终目标是与客户建立服务关系，并获得有关的财务信息。因此，个人理财规划师在会面中其实一直处在被客户评价的地位。其言谈举止都将影响客户的决定和获得信息的有效性。因此是否能够有效沟通，将直接关系到今后合作关系的进展，以及个人理财规划服务的效果。

(一) 提问的技巧

1. 开放式提问

开放式提问是指问题提得比较笼统，范围不固定，给回答者很大的回旋余地。开放式提问能够创造轻松的谈话氛围，使客户畅所欲言。比如"您以前的理财方式有哪些""您觉得哪种理财方式最好""您希望今后采用哪些理财方式"。开放式提问多在与客户交谈的前期使用，以便让客户能够自由、毫无拘束地说出自己的想法，这样便于理财规划师了解更多的客户信息。

2. 封闭式提问

封闭式提问是指限制客户的回答，答案有唯一性，范围较小，一般可以用"是"或"不是""有"或"没有""对"或"不对"等肯定或者否定的词语作答。在面谈中，使用封闭式提问可以引导客户，比如"您以前有没有了解过理财规划？""您是不是经常出差"等。封闭式提问能够让客户按照指定的思路回答问题，但难以得到问句以外更多的信息，不利于真实情况的获得。

(二) 非语言沟通技巧

非语言沟通是指除了语言以外的表现，包括着装、眼神、面部表情、身体状态、手势等。

1. 标准的职业形象

在客户不了解理财规划人员究竟具备什么能力的时候，他通常是通过其外在的形象来判断他是否专业。所以理财规划师的着装要专业、整洁、有气质，外在的形象能够约束人们的内心精神，专业的着装对理财规划师有一定的塑造作用。

2. 热情积极的态度

在与客户的会面中，理财规划人员要时刻保持热情积极的态度，保持微笑，表现自信、友善、专业的形象。微笑要与眼神、语言、身体姿态相结合。

3. 真诚的赞美

在和客户交谈的过程，巧妙地赞美客户往往能够拉近与客户的距离。一句简单的赞美也许会令对方感到开心、舒畅，自然而然就可以化解双方的生疏感。赞美不能夸大其词，应真诚、自然、有事实根据。

4. 建立同理心

"同理心"指能易地而处、设身处地理解他人的情绪，感同身受地体会身边人的处境，并可恰当地回应其需要。在制定个人理财规划的过程中，"同理心"就是站在客户的立场上，同情、理解、关怀客户，了解客户的需求，并尽量予以满足，从而最大限度地帮助客户，使客户感到理财规划师是和自己站在一起的。

合理地运用"同理心"能够让理财规划师在判断客户决策路径的过程中，充分地认识客户的情绪、感受及需要，最终形成以客户需求为导向的理财规划模式。

三、目标客户细分

理财规划师面对的客户具有不同的文化、风俗、地域和社会背景，这些因素会影响客户个人的投资观念和财务目标，所以，必须对目标客户市场进行细分。

客户市场细分是指按照客户的需求或特征，将客户市场分成若干个市场，并针对不同的市场设计个性化服务的过程。这里主要介绍依据客户的不同心理特征，对目标市场细分的理论和模型。

（一）客户个性偏好分析模型

客户个性偏好分析模型的假设十分简单，菲利普斯和伯奎斯特认为"所有的个体都在寻找一种能够实现生活意义和价值的方式"。基于此，这个模型是建立在马斯洛的自我价值实现理论基础上的。自我价值实现理论将分析对象直接指向单个客户，因此常常被作为客户市场细分的依据。

客户个性偏好分析模型将客户分为 4 种类型，如表 1-4 所示。

表 1-4　客户个性偏好分析模型

客户类型	性格特征
现实主义者	实事求是、仔细、客观、有节制、独立、理性、量化分析问题、准确、精细、有条理、理论性、系统性、善于反省、拘谨、保守、明智、彻底、有序、节约、谨慎、讲究方法、注重细节、耐心、善于分析
理想主义者	个性化、友善、大方、信任他人、积极上进、敏感、情绪化、相信直觉、仁慈、善于接受新事物、热情、专注、谦虚、想象力丰富、有教养、乐于助人、有同情心、合作、忠心、开放、愿意协助、乐观、善良
行动主义者	有野心、愿意竞争、主动、积极行动、有目标、自信、行动迅速、有决心、精力充沛、愿意承担风险、强硬、有回应、热切、充满热情、有组织能力、有进取心、有控制能力、勇敢
实用主义者	灵活、无限制、多样化、合作、因地制宜、明智、试探、可通融、适应性强、友善、喜欢社交、谦虚、有见地、创造性、谦让、有洞察力

资料来源：陈工孟，郑子云. 个人财务策划[M]. 北京：北京大学出版社，2003.

（二）客户心理分析模型

1. 荣格模型

荣格模型是瑞士心理学家卡尔·荣格在 1920 年提出的，其将人的心理分为 4 种基本类型：直觉型、思想型、内在感应型和外在感应型，如表 1-5 所示。

表 1-5   荣格模型

类型	典型行为	衣着特点
直觉型	· 高尚但有些冷漠、客观 · 常常改变主意或离题 · 有丰富想象力,能想出许多新方法 · 在做决定和解决问题时有新思路并付诸行动 · 不会在原有项目上止步不前,对新的项目更有兴趣 · 行动时会将未来可能发生的事情考虑在内	难以预测;常常变换衣着式样,并且按照自己的理念和想象选择十分新潮或是十分过时的穿着
思想型	· 工作认真有效率,但形象保守 · 说话语调缺乏变化 · 对表达要点简单陈述 · 工作有序,办事准确 · 与人谈话时会询问交谈次序 · 对解决问题和决定有相当大的兴趣,同时谨慎分析和权衡数据	保守、正式;服饰搭配协调但缺乏色彩和新意
内在感应型	· 热情友善,有时过于热情 · 在处理问题时,有时不能区分工作事务和个人事务 · 有时会询问别人的福利状况 · 喜欢交谈,在做决定之前希望能够征求每个人的意见	着装十分个性化,随意选择,常常出人意料;喜欢色彩鲜艳、非正式的衣服,有许多自己喜欢的有设计感的服装
外在感应型	· 态度有时粗鲁且多变化 · 说话直接,目的明确,并希望别人和自己行动一致 · 习惯打断别人的话题和控制谈话内容 · 无耐心 · 通常独自决定一件事情,不喜欢考虑他人的意见	休闲而简单的服装,穿着整洁而不夸张

资料来源:陈工孟,郑子云. 个人财务策划[M]. 北京:北京大学出版社,2003.

2. Keirsey 和 Bates 模型

Keirsey 和 Bates 将荣格模型的 4 种分类加以细化,将客户的心理分成了 8 种类型,如表 1-6 所示。

1) 精力充沛因素

(1) 外向型(E)——喜欢从外部环境(他人、行为或事物)获得力量。

(2) 内向型(I)——喜欢从内心世界(想法、感情或印象)获得力量。

注:更确切地说,精力充沛只是这类客户特征的一个方面。这一分类主要判断的目标是来自其内心世界还是外部环境。

2) 注意力因素

(1) 感官型(S)——从五官获取信息,并重视信息的真实性。

(2) 直觉型(N)——用"第六感"来获得信息,并无意识地察觉可能发生的情况。

3) 做决定因素

(1) 思考型(T)——喜欢分析和组织信息,从而得出合乎逻辑的、客观的决定。

(2) 感觉型(F)——喜欢分析和组织信息,但会根据个人的价值取向而定。

4) 生活方式因素

(1) 理智型(J)——喜欢有计划和有条理的生活。

(2) 感知型(P)——喜欢灵活和自然的生活。

注：另一种划分方法是分析"封闭因素"，客户是否喜欢自由的生活方式。

表 1-6 Keirsey 和 Bates 模型中 8 种心理类型的特征描述

外向型(E)	内向型(I)	感官型(S)	直觉型(N)
· 喜欢社交	· 不喜欢社交	· 经验主义	· 相信感觉
· 见识广博	· 低沉	· 看重过去	· 着眼未来
· 外露的	· 内敛的	· 现实主义	· 投机主义
· 知识广泛	· 知识精深	· 卖力的	· 有灵感的
· 相互作用	· 独立集中	· 实际的	· 好高骛远
· 消耗精力	· 保留精力	· 实事求是	· 花哨的
· 对外部事物感兴趣	· 对内心作用有兴趣	· 讲究效率	· 幻想主义
· 人际关系多样化	· 人际关系有限	· 看重事实	
思考型(T)	**感觉型(F)**	**理智型(J)**	**感知型(P)**
· 客观	· 主观的	· 安定的	· 不确定的
· 有原则	· 重价值的	· 一成不变	· 渴望获得更多信息
· 有政治观念	· 感情丰富	· 事先计划	· 灵活的
· 有法治观念	· 亲密的	· 循规蹈矩	· 行动中随时调整
· 有准则	· 个人的	· 封闭的	· 听任命运的安排
· 公正	· 仁慈	· 目标明确	· 考虑各种选择
· 分门别类	· 统一协调	· 有计划	· 自由自在
· 标准化	· 非标准化	· 完整的	· 喜欢尝试
· 批判的	· 赞扬的	· 坚定的	· 允许新的事物出现
· 善于剖析	· 有同情心	· 全神贯注	· 时间充裕
· 有所分配的	· 全心全意	· 要求立即行动	· 对事态静观其变

资料来源：陈工孟，郑子云. 个人财务策划[M]. 北京：北京大学出版社，2003.

 实训活动

学生分组，模拟与客户面谈的场景，进行接待、提问，收集客户信息，对客户进行细分，针对不同性格特征的客户有针对性地设计不同的沟通和服务方式。

任务二 评价客户的风险属性

金融市场上的各种投资工具都可以用收益和风险两个主要特征来描述。个人理财规划在进行资产分配时，如果不把客户的风险态度考虑进去，就无法帮助客户进行正确的资产配置；让客户意识到并了解自己的风险态度对提高金融从业人员的服务质量至关重要。

一、风险的含义

风险是投资预期收益的不确定性。风险是一个客观概念，这就意味着风险是可以被度量的。当某一行为或环境使收入或损失无法确切地被预测时，风险暴露就产生了。

下面这个例子有助于读者清楚地了解风险的概念。表1-7中有两组投资，一个为1元投资的风险，一个为100元投资的风险。1元和100元的投资金为风险的本质提供了一个简单的示例。

表1-7　对风险概念的诠释举例

项目	1元投资		100元投资	
	结果	可能性	结果	可能性
	−1元	0.5	−100元	0.5
	+1元	0.5	+100元	0.5
损失概率	0.5		0.5	
期望值	−1×0.5+1×0.5＝0		−100×0.5+100×0.5＝0	

一开始，两组投资在两个重要方面是一致的：首先，损失的概率都是0.5；其次，两组投资的期望结果都是0元。就这两个特性而言，从长远看，两组结果是一样的，然而，我们会发现两组投资有很大的区别，因为结果的可能范围是完全不同的：在较小的一组中，只有1元的损失；而在较大的一组中，可能会有100元的损失。因此，尽管两组都有风险，但因为100元的投资与预期值之间的差异更大，所以它的风险更高。

二、客户的风险特征

风险是对预期的不确定性，同样的风险不同的主体会有不同的感受，因此，每个客户对待风险的态度是不一样的。对于一个喜欢冒险的人来说，期望值、可能结果的范围变动大会显得很有吸引力，这类人称为风险喜好者。相反，一个不愿意承担损失的人会害怕参与这样的投资，这类人称为风险厌恶者，处于这两类人之间的称为风险中性者。

1. 风险偏好

风险偏好是反映客户主观上对待风险的态度，也是一种不确定性在客户心理上产生的影响。研究表明，大多数人属于风险厌恶者，这主要源于人们对于安全感的追求。人们不愿意接受损失构成了他们厌恶风险的基本原因，这种倾向被称为损失厌恶。

人们对待风险的态度中最核心的部分是不愿意承担损失。理财规划师在判断客户的风险偏好时，采用风险态度自我评估法。

理财规划师可以问以下类型的问题：首先，可以询问客户整体性的问题，比如"你认为自己是风险厌恶者还是风险喜好者"；其次，可以询问客户对待特定风险所做出的反应，比如"做出风险投资决策后是否难以入睡""是否将风险视为机遇而非危险""投资决策是否经过深思熟虑"等。这种方法主要通过揭示或明确客户对待风险的态度来判断其风险承受能力。

2. 风险认知度

风险认知度是反映客户主观上对风险的基本度量，这也是影响人们对风险态度的心理因素。比如房地产市场和股票市场都具有很高的风险，但几年前，我国股票市场持续下跌而房地产市场持续增长，结果有不少人不能正确评估房地产市场和股票市场的风险。

从直觉出发，一般人都认为投资收益的可变性是对风险的度量。具体而言，一项投资的风险来自两个方面：一方面是未来收益低于预期水平，另一方面是投资本金缩水。对普通人而言，投资本金缩水最接近他们对"风险"这一概念的直觉认识，因此一项承诺保持本金不受损失的产品会让大多数投资者感到比较安全。而对于专业投资人员而言，在进行投资组合时，由于每天都要进行常规的资产预算，因此倾向于将无法到达预期收益率的可能性视为一项投资的风险。

3. 实际风险承受能力

实际风险承受能力是反映风险客观上对客户的影响程度，同样的风险对不同的人影响是不一样的。比如同样用 10 万元炒股票，其风险是客观的，但对于一个仅有 10 万元养老金的退休人员和一个拥有百万资产的年轻人来说产生的影响是截然不同的。

客户的风险态度是指投资者对不同的收益—风险配比所持有的态度，即是宁愿接受较低的收益而回避风险，还是追求高收益率而愿意承担高风险。前者称为风险厌恶者，后者称为风险喜好者。风险厌恶者和风险喜好者在生活中的主要区别如表 1-8 所示。

表 1-8　风险厌恶者和风险喜好者在生活中的主要区别

风险厌恶者	风险喜好者
· 将风险视为危险	· 将风险视为挑战或机遇
· 倾向于高估风险	· 倾向于低估风险
· 喜欢较低的可变性	· 喜欢较高的可变性
· 在一个情景假想中容易朝着坏的方向进行自我暗示(即强调损失的可能性)	· 在一个情景假想中容易朝着好的方向进行自我暗示(即强调收益的可能性)
· 倾向于悲观	· 倾向于乐观
· 偏好秩序	· 偏好模棱两可
· 不喜欢变化	· 喜欢变化
· 相对于不确定性更喜欢确定性	· 相对于确定性更喜欢不确定性

三、不同生命周期阶段的风险承受能力特点

不同生命周期的风险承受能力特点如表 1-9 所示。

(1) 个人单身期：收入低，支出大，可投资金额少，但由于年轻，抗风险能力强。

(2) 家庭形成期：家庭收入以双薪为主，收入增加，支出也增加，家庭财力较弱，但抗风险能力较强。

(3) 家庭成长期：家庭生活趋于稳定，收入增加的同时支出也在增加，抗风险能力中等。

(4) 家庭成熟期：家庭已经完全稳定，家庭收入达到顶峰，支出减少，家庭资产积累达到顶峰，但由于年龄增大，抗风险能力较低。

(5) 家庭衰退期: 家庭进入空巢期, 收入下降, 支出结构发生变化, 医疗费用提高, 其他费用下降, 抗风险能力低。

表 1-9   不同生命周期阶段风险承受能力特点

阶段	可支配收入	支出	抗风险能力
个人单身期	低	高	高
家庭形成期	中	高	中高
家庭成长期	高	高	中
家庭成熟期	高	中	中低
家庭衰退期	低	中	低

案例分析

杨先生, 32 岁, 研究生毕业, 广告公司策划经理。妻子林曦, 29 岁, 本科毕业, 外企行政人员。两人有一个 3 岁的儿子杨乐。

要求: 判断杨先生的生命周期处于什么阶段, 以及该阶段风险承受能力的特点。

解析: 根据生命周期理论得知, 杨先生的家庭处于家庭成长期。风险承受能力特点是可支配收入高, 支出高, 抗风险能力中等。

实训活动

如果采用 10 分制, 你将给自己的风险偏好打几分? 其中 1 分表示完全的风险厌恶者, 10 分表示完全的风险喜好者。利用这个方法, 模拟为客户测定风险类型。

项目小结

1. 个人理财的基本知识, 包括个人理财的含义、个人理财规划的目标、原则和主要内容。

2. 个人理财规划规范流程包括: 建立客户关系; 收集客户信息、判断客户目标和期望; 分析客户财务状况, 评价客户的风险属性, 以及为客户制定个人理财规划方案。在模块中仅介绍建立客户关系与评价客户的风险属性。

3. 个人理财规划的理论基础, 包括生命周期理论、货币的时间价值及客户的风险属性。

4. 通过学习, 建立正确的理财观念, 认识培养财商的重要性, 对理财的职业前景有一定的认识, 并能尽早规划自己的职业生涯。

项目训练

一、单选题

1. 关于理财观念，下列说法正确的是(　　)。

    A. 理财是有钱人的事情   B. 学生没有收入来源，不需要理财

    C. 理财应该提早规划   D. 理财就是投资，赚取收益

2. 我们说美国人喜欢冒险，中国人追求平安是福，这反映了客户(　　)方面的风险特征。

    A. 风险分布   B. 风险认知度

    C. 风险偏好   D. 实际风险承受能力

3. (　　)是指客户通过理财规划所要实现的目标或满足的期望。

    A. 理财目标   B. 投资目标   C. 理财目的   D. 投资目的

4. "收入低，消费大；资产较少，甚至净资产为负"指的是生命周期中的(　　)。

    A. 个人单身期   B. 家庭形成期   C. 家庭成长期

    D. 家庭成熟期   E. 家庭衰退期

5. "从结婚到子女出生，家庭成员随子女出生而增加"是指(　　)。

    A. 个人单身期   B. 家庭形成期   C. 家庭成长期

    D. 家庭成熟期   E. 家庭衰退期

6. "从子女出生到完成学业为止，家庭成员固定"是指(　　)。

    A. 个人单身期   B. 家庭形成期   C. 家庭成长期

    D. 家庭成熟期   E. 家庭衰退期

7. "家庭成员随子女独立而减少"是指(　　)。

    A. 个人单身期   B. 家庭形成期   C. 家庭成长期

    D. 家庭成熟期   E. 家庭衰退期

8. "家庭成员只有夫妻两人"是指(　　)。

    A. 个人单身期   B. 家庭形成期   C. 家庭成长期

    D. 家庭成熟期   E. 家庭衰退期

9. 张先生存入银行 10 000 元，2 年后连本带息取出，假如年利率为 5%，那么按照单利终值计算，可以获得的本利和为(　　)元。

    A. 10 500   B. 11 025   C. 11 000   D. 20 000

10. 下列不属于个人理财规划总体目标的是(　　)。

    A. 投资收益   B. 财务安全   C. 财务自由   D. 财务自主

二、多选题

1. 理财师在为客户提供理财服务的过程中，应遵循的原则有(　　)。

    A. 家庭类型与理财策略相匹配   B. 现金保障优先

    C. 消费、投资与收入相匹配   D. 追求收益优于风险管理

2. 下列关于货币现值和终值的说法中，正确的是(　　)。

    A. 终值计算是现值计算的逆运算

    B. 现值是未来货币收入在目前时点上的价值

    C. 货币投资的时间越早，在一定时期期末所积累的金额就越高

    D. 期限越长，利率越高，终值就越大

3. 根据货币的时间价值理论，影响终值大小的因素主要有(　　)。

    A. 市盈率   B. 投资年限

    C. 资产/负债比率   D. 投资收益率

4. 生命周期理论把家庭分为(　　)。

    A. 个人单身期   B. 家庭形成期

    C. 家庭成长期   D. 家庭成熟期

    E. 家庭衰退期

5. 家庭形成期的财务特征是(　　)。

    A. 收入以双薪为主   B. 支出随成员增加而上升

    C. 储蓄随成员增加而下降   D. 家庭支出负担大

6. 家庭成长期的财务特征是(　　)。

    A. 收入以双薪为主

    B. 支出随成员固定而趋于稳定

    C. 在子女上大学前储蓄增加

    D. 可积累的资产逐年增加，要开始控制投资风险

7. 家庭成熟期的财务特征是(　　)。

    A. 收入达到巅峰   B. 支出随成员减少而降低

    C. 退休金储蓄增加   D. 可积累的资产逐年增加

8. 家庭衰退期的财务特征是(　　)。

    A. 以理财和转移性收入为主   B. 医疗支出提高而其他支出降低

    C. 大部分情况下支出大于收入   D. 变现资产来应付退休后的生活开销

9. 成家立业后会面临(　　)三大人生重任。

    A. 结婚生子   B. 子女教育

    C. 父母赡养   D. 自己退休

10. 退休后主要的理财任务是(　　)。

    A. 积极投资   B. 稳健投资

    C. 合理支出积蓄   D. 不断花钱享受生活

三、简答题

1. 简述个人理财的含义。

2. 简述个人理财规划的原则和内容。

3. 简述生命周期各阶段的理财目标有哪些。

客户财务分析

知识目标

1. 掌握个人财务信息和非财务信息的内容及收集整理方法。
2. 熟悉编制客户家庭财务报表的方法。
3. 掌握个人资产负债表、现金流量表的编制方法。
4. 掌握计算分析财务比率的方法。
5. 掌握对客户财务状况进行综合分析、帮助客户确立财务目标的方法。

能力目标

1. 能够根据客户资料编制资产负债表、现金流量表。
2. 能够根据资产负债表和现金流量表，计算客户的财务比率，对其财务状况进行综合分析，帮助客户确立财务目标。

思政目标

1. 培养遵守财务制度的工作作风和对待工作严谨的工作态度。
2. 培养遵纪守法的职业底线。

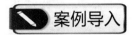 案例导入

一笔不落坚持记账 40 年，见证时代变迁

68 岁的马连发和 66 岁的王路珑共同牵手走过了 41 载人生路。这对夫妇有个习惯——坚持记家庭账本，小到日常柴米油盐的花销，大到买家具、买车、买房，每一笔支出和收入都记得清清楚楚。

"我们记账的目的很简单，就是看看收入多少，结余多少，储蓄了多少，供日常花销参考。"王路珑是学着奶奶、妈妈的样子，将每天的日常花销、收入都工工整整地记在本子上。"你看，我今天买了些什么，是用支付宝、微信还是现金支付都有标注的，每天回到家的第一件事就是翻开本子记账。"目前，夫妻俩共保存了 14 本家庭账本，其中 6 本是家里长辈从 1976 年记到 1985 年的，另外 8 本是夫妻俩从 1983 年至今记录的。

"我们记账这 40 年正好见证了改革开放的 40 年，这些年我们老百姓的生活有了更多的获得感和幸福感！"马连发说。每每翻看泛黄的账本和密密麻麻的数字，他都不禁感慨改革开放以来家庭收入和生活水平的巨大变化。

资料来源：编者根据《青岛晚报》有关资料整理编写。

思考：你有记账的习惯吗？记账与理财有什么关系呢？

为了做好个人的理财规划，理财规划师对客户的个人信息需要进行准确、完整、全面的了解，这些信息与客户的财务安排息息相关。这些信息可以分为财务信息和非财务信息，每一类信息都可以通过列表的方式进行归纳整理，之后进行系统的总结分析。理财规划师对客户进行财务分析的业务流程，如图 2-1 所示。

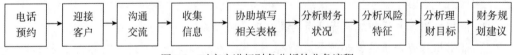

图 2-1　对客户进行财务分析的业务流程

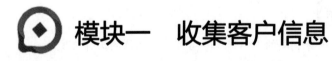 模块一　收集客户信息

收集、整理客户信息，是了解客户的财务状况，进行理财规划的基础。需要收集、整理的客户信息包括客户的财务信息和非财务信息。

财务信息是指客户的收支状况、资产负债状况和其他财务安排，以及这些信息的未来变化情况，了解和掌握这些信息是进行理财规划的重要基础。客户的财务信息多体现为数据，建议理财规划师根据客户的类型设计财务数据调查表，由客户自行填写或通过询问客户后由理财工作人员填写。

任务一 收集收入与支出信息

一、客户的家庭收入

(一) 家庭收入概述

家庭收入是指整个家庭剔除所有税款和费用后的可自由支配的纯所得,一般而言,由经常性收入和非经常性收入组成。

经常性收入包括工资薪金收入、养老金和年金收入等。经常性收入的特点是:无论是从取得时间还是从获得金额上,都具有一定的稳定性。

非经常性收入包括自雇收入和投资收入。自雇收入主要来自客户的稿酬、劳务费等方面;投资收入主要来源于客户的实业投资、金融投资、不动产投资和艺术品投资等几个方面。非经常性收入的特点是:无论是从取得时间上还是从获得金额上,都带有不稳定性。

(二) 家庭收入的具体内容

- 工作所得:全家所有成员的工资、奖金、补助、福利、红利等收入。
- 经营所得:自有产业的净收益,如生意、佣金、店铺等的收入。
- 各种利息:存款、放贷、其他利息收入。
- 投资收益:租金、分红、资本收益、其他投资收益等。
- 偶然所得:中奖、礼金等收入。

(三) 收集客户收入资料

收集客户收入的资料,可以通过填写如表 2-1 所示的表格完成。

表2-1 客户目前年收入

收入项目	本人	配偶	其他成员	总计
工资和薪金				
自雇收入				
奖金及佣金				
养老金及年金				
投资收入				
其他收入				
总收入				

说明:①此处的收入均为税后收入;②如果客户的子女已经财务独立,则子女的收入不纳入统计。

二、客户的家庭支出

(一) 家庭支出概述

家庭支出是指全家所有的现金支出。家庭支出主要包含经常性支出和非经常性支出。

经常性支出主要指客户家庭生活中满足衣食住行且按期支付的生活费用,经常性支出从金额和时间上都是相对稳定的。

非经常性支出主要是指客户日常生活中不定期、不定额出现的费用支出,支出金额和时间都没有规律,属于或有支出。

(二) 家庭支出的具体内容

- 日常开支:饮食、服饰、房租、水电、交通、通信、赡养、纳税、维修等开支。
- 投资开支:储蓄、保险、债券、股票、基金、外汇、房地产等各项目的投资支出。
- 其他消费:学费、培训费、休闲、保健、旅游等开支。

(三) 收集客户支出资料

收集客户支出的资料,可以通过填写如表 2-2 所示的表格完成。

表 2-2　客户目前年支出

支出项目	明细	金额
房子	租金/抵押贷款支出(包括保险和纳税)	
	修理、修配和装饰支出	
家电、家具及大件消费	购买和维修支出	
汽车	贷款支出	
	汽油及维护费用	
	保险费、车船税等	
	过路费、停车费等	
日常生活开支	水电气等费用	
	通信费	
	交通费	
	日常生活费用	
	外出就餐费	
	其他	
购买衣物开支	衣服、鞋子及配饰支出	
个人护理支出	化妆品、头发护理、美容健身支出	
休闲和娱乐费用	度假花费	
	其他娱乐和休闲花费	
商业保险费用	人身保险费用	
	财产保险费用	
	责任保险费用	

(续表)

支出项目	明细	金额
医疗费用		
其他项目支出		
总支出		

三、收入与支出的变化趋势分析

(一) 收入分析

1) 工资收入

该收入比较稳定，但是收入的调整有限，且面临失业而导致收入中断的风险。

2) 经营收入

该收入空间比较广泛，但随业绩的高低有所波动，且经营不善会导致破产而丧失该部分收入。

3) 投资收入

该部分收入一般较高，但波动较大，一旦投资不当，损失将会非常惨重。

4) 偶然收入

该收入是随机的，数量上也不稳定。

(二) 支出分析

1) 消费支出

该支出属于可变动支出，是个人比较容易控制的一部分支出，每月的变动性较大。

2) 投资支出

该支出包括房地产投资等，这部分支出由个人和信贷机构通过合约的形式固定下来，是不可变动的。

3) 偿债支出

该支出包括个人信贷的利息部分或偿还的短期贷款，这部分支出同投资支出一样，也是不可变动的。

4) 其他支出

该支出主要指一些临时性支出，这部分支出变动性较大。

 知识拓展

记日常收支账是理财的开始

理财首先要弄清楚自己的财务状况：总资产、总负债、净资产、每月收入、每月支出和结余等。个人理财管理可以帮助我们轻松弄清楚这些烦琐的问题，所以个人理财管理是理财的第一步。那么，如何迈出这一步呢？

对于个人而言，首先要学会记录自己的收支情况和财务状况，好处如下：记账可以让你在消费时变得很理智；记账可以让你养成精打细算的好习惯；记账可以让你学会安排复杂的事务；记账可以让你学会管理和规范自己；记账可以改变你对生活的认识，从而改变生活态度；记账可以改变你对金钱的认识，使用好每一分钱；记账可以改变你对理财的认识，产生创造财富的想法。

实训活动

收集、整理、记录自己的日常收入和支出账目，学会分析收支情况，管理好个人日常的收支。

任务二　收集资产与负债信息

资产与负债情况是理财规划师衡量客户财务状况是否安全的重要指标，因此，在理财规划服务中，理财规划师必须清楚了解客户的资产与负债情况，并且预测客户资产与负债未来可能发生的变化。

一、家庭资产

(一) 家庭资产的含义

家庭资产是指家庭所拥有的能以货币计量的财产、债权和其他权利。其中，财产是指各种实物、金融产品等明显的资产；债权是指外人或机构所欠家庭成员的金钱或财物，即家庭借出去到期可收回的钱物；其他权利是指无形资产，如各种知识产权、股份等。家庭资产应具有合法性，即家庭资产是通过合法的手段或渠道取得，并从法律上来说拥有完全的所有权。

(二) 家庭资产的分类

1. 按能否产生收入及收入多少划分

(1) 使用性资产是每天生活要使用的资产，包括家具用品、衣服、书籍和食品等。使用性资产不会产生收入，但可以供个人消费，而且会因为损耗而不定时更换。

(2) 投资性资产是指那些能够带来收益或准备将来使用的资产。一般来说，这部分资产的收益较高，但风险也较大，如股票、债券、基金、期货、艺术品和以保值、增值为目的的房产及收藏品投资。

(3) 流动性资产是指可以适时应付紧急支付或投资机会，或可以适时变现的资产，如现金、活期储蓄、短期票据等。流动性资产几乎不产生收益或收益很少。

2. 按流动性划分

1) 金融资产

金融资产是指现金及能够带来收益的金融投资，包括现金、银行存款、股票、债券、基金、保险等。

(1) 现金及现金等价物，包括现金、活期银行存款、定期银行存款、其他类型银行存款、货币市场基金、人寿保险现金收入等。这类资产容易变现，价值损失很小，流动性很强。

(2) 其他金融资产，包括债券、股票及权证、基金、期货、人民币理财产品、保险理财产品、证券理财产品、信托理财产品等。这类资产通常具有高收益，但风险也比较高。

2) 实物资产

实物资产是指有具体实物形态的资产，包括动产和不动产，还包括家庭大件物品，如住房、汽车、家具和家电、珠宝和收藏品及其他个人资产等。

(三) 收集客户家庭资产的资料

收集客户家庭资产的资料，可以通过填写资产总表完成，如表2-3所示。

表2-3 资产总表

项目	所有人	取得时间	初始金额/元	现值/元	年收益率/%
流动资产					
现金					
活期存款					
定期存款					
货币市场基金					
人寿保险现金收入					
流动资产合计					
其他金融资产					
股票					
债券					
基金					
期货					
人民币理财产品					
保险理财产品					
证券理财产品					
信托理财产品					
其他					
其他金融资产合计					
实物资产					
自住房					
投资的房地产					
汽车					

(续表)

项目	所有人	取得时间	初始金额/元	现值/元	年收益率/%
家具和家电					
珠宝和收藏品					
其他个人资产					
实物资产合计					
资产总计					

二、家庭负债

(一) 家庭负债的含义

家庭负债是指家庭的借贷资金，是客户由于过去的经济活动形成的、需要在日后偿还的债务。未来债务的清偿会引起家庭的现金流出或现金资产的减少。

(二) 家庭负债的分类

根据到期时间长短，个人负债可分为短期负债和长期负债。

(1) 短期负债包括：信用卡贷款；应付电话费、水费、电费；应付租金；应付税款，包括房产税税款、所得税税款等；应交保险金；到期债务等。

(2) 长期负债包括：消费信贷；汽车贷款、装修贷款；住房按揭；投资贷款；助学贷款等。

(三) 收集客户家庭负债的资料

收集客户家庭负债的资料，可以通过填写负债总表完成，如表2-4所示。

表2-4　负债总表

项目	原负债总额/元	现负债总额/元	偿还情况		年利率/%
			偿还频率/%	偿还金额/元	
短期负债					
公共事业费用					
租金支出					
医药费用					
银行信用卡支出					
旅游和娱乐支出					
汽车和其他支出					
其他消费支出					
税务支出					
保险费支出					
其他短期负债					
短期负债合计					
长期负债					

(续表)

项目	原负债总额/元	现负债总额/元	偿还情况		年利率/%
			偿还频率/%	偿还金额/元	
自住房贷款					
房地产投资贷款					
汽车贷款					
家具/用具贷款					
房屋装修贷款					
教育贷款					
长期负债合计					
负债总计					

任务三　收集其他财务信息

一、社会保障信息

社会保障信息主要指政府实施的社会保障计划和企业实施的补充养老保障计划。政府实施的社会保障计划包括养老保险、失业保险、基本医疗保险、工伤保险、生育保险和社会救济、社会福利计划等。企业实施的补充养老保障计划主要是企业年金。

社会保障信息可以让理财规划师从另一个角度对客户进行区分，对于已经退休的客户和还未退休的客户，他们在养老金支出和养老金收入、企业年金支出和企业年金收入方面是完全不同的。已经退休的客户，每月获得一定的退休金收入和年金收入，同时不再有保险金和年金支出，但尚未退休的客户，只有保险金和年金支出，而没有退休金收入和年金收入。理财规划师需要明确这些信息。

对客户社会保障信息的收集可以通过填写社会保障信息表完成，如表 2-5 所示。

表 2-5　社会保障信息表

社保类型	内容(项目)	本人	配偶
养老社会保险	开始支出时间		
	当前年支出金额		
	以往年支出总额		
	未来年支出金额		
	退休后可获得金额		
其他社会保险	失业保险		
	基本医疗保险		
	工伤保险		
	生育保险		

(续表)

社保类型	内容(项目)	本人	配偶
企业年金	持有人		
	年支出金额		
	参加日期		
	以前年支出总额		
	未来年支出金额		
	收益		
	现值		
	未来可享受金额		

二、风险管理信息

风险管理信息主要是指客户保险保障的情况。这里提到的风险是可以保障、转嫁的风险，即可以通过风险管理、购买保险理财产品达到防范或转移。

对客户风险管理信息的收集可以通过填写风险管理信息表完成，如表 2-6 所示。

表 2-6　风险管理信息表

保险类型	被保险人或财产种类	保险公司	保单号码	投保金额	保险费	备注
人寿伤残保险	本人					
	配偶					
	未成年子女					
	家庭其他成员					
健康保险	本人					
	配偶					
	未成年子女					
	家庭其他成员					
财产与其他保险	住房					
	家居财产					
	汽车					
	第三者责任					
	其他					

三、遗产管理信息

遗产管理信息主要有：个人是否拟定了遗嘱，遗嘱的形式和内容是否合法，是否使用遗产信托管理资产，对目前的遗产分配安排有何疑问等。

对客户遗产管理信息的收集可以通过填写遗产管理信息表完成，如表 2-7 所示。

表 2-7 遗产管理信息表

相关事项	本人	配偶
是否拟定了遗嘱		
遗嘱的形式和内容是否合法		
是否使用遗产信托管理资产		
对目前的遗产分配安排有何疑问		

任务四 收集非财务性信息

非财务性信息是指除财务信息以外的客户基本信息情况，其中与理财规划有关的信息包括客户的姓名和性别、出生日期和地点、职业和职称、健康状况、婚姻状况、子女信息、工作的安全程度等。

非财务性信息能够帮助理财规划师进一步了解客户，直接影响到理财计划的制订。对客户非财务性信息的收集可以采取调查问卷或测试的方式，如对客户投资偏好的测试、对客户风险承受能力的测试等。

一、基本信息的收集

（一）姓名和性别

客户的姓名必须与有效身份证件上的姓名完全一致。性别资料也很重要，因为性别不同其退休年龄也不同，所需购买的保险、收入变动情况和社会保障情况等都不同。

（二）职业和职称

职业和职称信息可以帮助我们确定客户的收入水平和收入稳定程度。如果从事比较稳定的职业，收入也比较稳定；如果具备一定的职称，收入可能会更高一些。所以，根据职业和职称信息，可以判断收入水平、收入稳定程度及未来收入的情况，以便制定更合适的方案。

（三）工作的安全程度

工作的安全程度是指所从事的工作对个人的生命和健康状况的影响。如果从事的工作危险性比较高，容易受伤甚至死亡，则应该重点关注保险保障计划，并增加保险的购买额度。

（四）出生日期和地点

出生日期主要用于衡量年龄，而年龄对于确定理财目标和制订周全的保险计划都有重要的意义。

出生地点一般用于判断客户的理财观念及性格特征。例如发达国家的人们理财观念比较成熟，其国内的理财市场、理财工具也相对比较完善，即金融市场比较健全，所以大众可选择的理财产品比较多，同时也更容易接受风险、收益都相对比较高的理财工具。而对中国人来说，目前大部分人仍然比较保守，在投资项目上仍持比较谨慎的态度。

（五）健康状况

这方面的信息一般包括本人、配偶、子女(主要是财务尚未独立的子女)和家庭中其他需要供养人员的健康状况,因为这些人的健康状况对于制订保险计划和做现金准备有重要影响。如果家庭中有生病人员,则需要准备的现金和现金等价物等流动性比较强的资产数量就应高于一般家庭。

（六）子女信息

子女信息主要包括子女的数量、年龄、教育程度、健康状况及婚姻状况等，这些信息对理财计划的制订和安排都有影响。一般来说，子女的数量多并且年龄小，则教育规划就相对重要；若子女的身体健康状况比较差，则保险规划就比较重要；如果子女已经成年，并且收入也较高，那么该家庭不仅没有负担，还可能在急需使用资金时得到子女的支持；如果子女尚未成婚，则要考虑子女结婚时需要一笔可观的支出，尤其是在我国，父母将子女的婚事看得非常重要，所以有必要考虑这些问题。

（七）婚姻状况

婚姻状况一般包括未婚、已婚、离婚或者再婚四种。婚姻状况对于衡量家庭的收入水平、收入变动情况及财务负担等都很重要，应根据不同情况准备现金数量、设定收入支出比例，以及制定理财目标。例如，对于有孩子的离异家庭，如果子女的抚养权属于自己，则会对家庭的财务状况产生一定的影响；对于未婚的青年人来讲，理财目标之一就是建立家庭，并需要购置房产和家居设备等。

对于个人的非财务信息可以通过填写非财务性信息表进行整理，如表 2-8 所示。

表 2-8　非财务性信息表

项目	本人	配偶	其他成员
姓名			
出生年月			
出生地点			
职业			
职称			
工作单位			
工作安全程度			
退休日期			
婚姻状况			
健康状况			
家族病史			
家庭地址			

二、心理和性格特征信息

由于受不同文化、风俗、地域和社会背景的影响，人和人之间的性格表现出很大的不同，这使得其在理财过程中形成了不同的观念。例如，敢于承担风险的人往往比较偏向证券投资，保守性格的人则往往偏向于储蓄。所以，不同的心理和性格特征决定了每个人的收入构成和投资方向不同。

理财规划人员可通过日常的交流了解客户的心理和性格特点，并予以记录，以便在制订理财计划时作为参考因素。

学生分组，调查某客户的家庭财务情况，收集财务与非财务信息，完成收入表、支出表、资产表、负债表的数据整理。

 # 模块二　编制客户财务表

客户财务状况分析是整理客户的所有资产与负债，统计家庭的所有收入与支出，最后生成家庭资产负债表和现金流量表，并据此对客户的财务状况进行分析。

任务一　个人资产负债表的编制

一、个人资产负债表的构成

个人资产负债表是指反映个人或家庭在某一时点上的资产和负债状况的财务报表。个人资产负债表中相关项目的关系为

$$资产＝负债＋净资产$$

从个人资产负债表中可以得到以下信息：①家庭资金来源的构成，包括债务和权益，家庭与外部发生的经济往来关系等；②家庭的财务实力、短期偿还债务的能力、资产结构的变化情况和财务状况的发展趋向；③家庭资产评估的主要资料；④家庭资产净值(净资产)。

二、个人资产负债表的格式

资产负债表采用账户式，即表的左边是资产项目，右边是负债项目和净资产项目，左边是资产合计，右边是负债与净资产的总和。资产负债表的具体格式如表2-9所示。

表2-9 资产负债表

姓名: 日期: 单位: 元

资产	金额	负债	金额
流动资产		**短期负债**	
现金		公共事业费用	
活期存款		租金支出	
定期存款		医药费用	
货币市场基金		银行信用卡支出	
人寿保险现金收入		旅游和娱乐支出	
流动资产合计		汽车和其他支出	
其他金融资产		其他消费支出	
股票		税务支出	
债券		保险费支出	
基金		其他短期负债	
期货		**短期负债合计**	
人民币理财产品		**长期负债**	
保险理财产品		自住房贷款	
证券理财产品		房地产投资贷款	
信托理财产品		汽车贷款	
其他		家具/用具贷款	
其他金融资产合计		房屋装修贷款	
实物资产		教育贷款	
自住房		**长期负债合计**	
投资的房产		**(Ⅱ)负债合计**	
汽车			
家具和家电			
珠宝和收藏品			
其他个人资产			
实物资产合计			
(Ⅰ)资产合计		**净资产=(Ⅰ)-(Ⅱ)**	

三、个人资产负债表的编制步骤

第一步,列出资产清单,按资产的流动性分类,包括流动资产、其他金融资产、实物资产。

第二步,列出负债清单,按到期时间长短(年、月、季)分为短期负债和长期负债。

第三步,计算出净资产,净资产等于资产减去负债。

 实训活动

学生 4 人为一组，根据收集的客户家庭信息，编制该客户的家庭资产负债表。

任务二 个人现金流量表的编制

客户个人现金流量表反映了客户家庭在一段时间内的现金流入、流出情况。

一、个人现金流量表的构成

现金流量表根据会计等式"收入－支出＝结余"编制而成，用来说明在过去一段时间内，客户的现金收入和支出情况。报表内容由收入、支出、结余三部分组成，集中反映了客户家庭的收支对比状况，它是理财规划师了解和分析客户家庭收入支出情况的重要依据。编制现金流量表一般以年为周期，也可以按月编制。

二、个人现金流量表的格式

现金流量表的格式如表 2-10 所示。

表 2-10 现金流量表

单位：元

收入项目	金额	占比	支出项目	金额	占比
1. 现金流入			2. 现金流出		
1.1 工资、薪金收入			2.1 日常消费支出		
工资			食物支出		
薪金			日用品支出		
津贴			服装鞋帽支出		
其他			享受型支出		
1.2 财产经营现金收入			通信费用支出		
现金股利			交通费用支出		
租赁收入			人际交往支出		
生产经营收入			住宅相关支出		
其他			其他		
1.3 不固定的现金收入			2.2 投资支出		
劳务收入			购买股票支出		
信息咨询收入			购买国债支出		
其他			购买投资基金支出		
1.4 债权现金收入			对外放款		
银行存款利息			房地产投资		
国债利息			其他		

(续表)

收入项目	金额	占比	支出项目	金额	占比
向他人放贷利息			2.3 偿还债务		
其他			2.4 其他支出		
1.5 收回投资取得的现金					
股票投资本金					
债券投资本金					
其他					
1.6 对外举债取得的现金					
1.7 其他现金收入					
退休金					
救济金					
遗赠			3. 汇率折算差额		
遗产继承					
其他					
			4. 现金净流量(1−2+3)		

三、个人现金流量表的编制

第一步，确定现金流入，包括工资、稿费、利息收入、股票分红等。

第二步，记录现金支出，包括固定支出和可变支出。

第三步，计算净现金流量，净现金流量等于现金流入减去现金支出。

 思政专栏

从财务的角度看东方甄选为什么能崛起

2021年"双减"政策之下(减轻义务教育阶段学生作业负担; 减轻学生校外培训负担), 新东方开启了转型之路，并陆续向乡村学校捐赠了20万套桌椅，这次捐赠花费将近1亿元。开始转型做直播的新东方、助农的新东方，继续践行公司的那句校训："从绝望中寻找希望。"

东方甄选开播了，数据惨淡。俞敏洪甚至也做好了亏损5年的打算，转型做直播确实比较艰难。东方甄选在半年之内反复挣扎，因为刚开始根本不了解供应链、选品，连直播平台怎么操作都不知道。

面对低谷期，俞敏洪认为，如果只是构建一个赚钱的商业模式，卖昂贵单品，不符合他的另外一个标准：帮助到最基层的人群，直接惠及一线农民，帮助滞销农产品走向城镇，在带货中融入知识普及，对新东方来说它不算是一个180度的转型，其实是利用了新东方原有的一些东西，比如信誉度、知识的积淀。

2021年12月开始直播，2022年6月东方甄选火了，知识和直播带货的融合开拓了一条独特的出路。根据新抖数据显示，2022年6月，东方甄选直播间销售额为6.81亿元，成为抖

音平台该月唯一销售额突破6亿元的直播间。"做东方甄选很难说是一个战略，事情做成了就是战略，做不成再大的战略也没用。所以，东方甄选最多就是在摸索一条出路。从情怀来说，我们坚持做为社会带来好处的事情，做一件对的事情。"俞敏洪在自己的微信公众号"老俞闲话"上写道。

东方甄选直播间销售平台的成功建立只是第一步，未来新东方将重点投入供应链建设与自营产品培育，并在终端对优质农业公司进行投资。"我们希望把农业公司进一步拉动起来，一个农业公司背后涉及很多基层农民的发展，我们很愿意做这样的事情。"

有专业人士分析了东方甄选最重要的崛起秘诀，因为东方甄选背后是新东方，人们认同新东方这个品牌，并且把对新东方品牌的这种情感渗透到了东方甄选。新东方退出教培行业，做了两件事：一是捐出了大量的课桌椅给贫困山区的学校；二是不欠员工的工资和学员的学费。它退了钱，为员工买了保险，给了员工遣散费，没有欠员工的钱；该退的学费一分不少的都退了，如果有孩子报名学习新东方的课程，因为转型课程没有学完，新东方一分钱都不退的话，家长就会起来维权、抱怨，等等，也会不再关注新东方，更不会关注东方甄选了。

从财务的角度分析，新东方从来不把预收款当成收入，新东方的预收款是单独存放的，一旦企业突然面临大的危机，企业账上的钱实际是没有花掉的，企业还是可以将其用来度过危机的。由此可见，一个合规的企业可以系统健康地长期获得利益；一个不合规的企业，其前期投入的营销成本、建设成本将会全部打水漂。

新东方转型大获成功，遭遇危机后，表面看是对客户和员工的态度值得称赞，深层是财务制度的合规合法。

资料来源：根据南方周末网相关资料整理而来。

思考：

1. 学会遵守劳动纪律和企业的规章制度，做一名遵纪守法的职业人。

2. 在国家民族复兴的道路上，企业家应不断履行社会责任，肩负起对国家经济发展的使命。

 实训活动

学生4人为一组，根据收集的客户家庭信息，填写完成该客户的现金流量表。

模块三　客户财务状况分析

理财规划师在编制完客户的个人资产负债表和现金流量表后，接下来首先要根据其提供的数据进行财务分析，尤其是要将客户未来的收入和支出项目进行比较，了解客户期望实现的消费支出和实际收入之间的差距。其次，理财规划师还要依据客户的资产负债表和现金流量表所提供的数据，计算财务指标，并为客户进行财务比率分析。通过财务比率分析，理财规划师可以为客户找出改善财务状况和实现财务目标的方法，以实现客户最终的理想目标。

任务一 财务状况综合分析

一、资产负债表分析

通过对资产负债表的分析，可以全面了解客户的资产负债情况，掌握客户实际的财务状况。如果对客户以往的资产负债表进行分析，还能从中找出客户资产负债情况的发展趋势和特点。因此，对客户的资产负债表进行全面深入分析，是为客户制定理财方案的必要基础。

(一) 资产分析

资产是指客户拥有所有权的各类财富。客户拥有资产规模的大小和资产定价方式有着密切关系，如采用历史成本法和采用重置成本法确定出的资产规模有着明显差距。在理财规划中，为了客观真实地反映客户的资产情况，对资产价值一般以当前市场公允价值为定价依据。

1. 现金类资产分析

现金类资产包括持有现金、各种类型银行存款、货币市场基金等。现金类资产流动性高、收益性很低，一般作为现金规划的工具。

2. 其他类资产分析

其他类资产投资性明显，收益性较高，但风险相对也较大，所以要根据客户的风险承受能力进行具体分析。

(二) 负债分析

根据偿还时间长短，负债可细分为短期负债、中期负债和长期负债。短期负债是指 1 年以内需要偿还的负债；中期负债是指 2~3 年需要偿还的负债；长期负债是指 5 年以上需要偿还的负债。

为了避免到期无法支付债务的情况出现，理财规划师对客户负债的测算应本着谨慎性的原则进行，对于尚未确定数额的负债，要帮助客户进行评估测算，并尽量选取较大的数值填写资产负债表。短期负债比较多，就要提高资产的流动性；如果中长期负债比较多，保持适当的资产流动性即可。

(三) 净资产分析

净资产是客户的资产减去负债总额后的余额，是客户真正拥有的财富价值。

1. 净资产规模分析

净资产越多，说明客户家庭拥有的财富越多。如果客户净资产为负数，说明客户家庭财务状况不好，甚至面临财务危机。

2. 扩大净资产规模的方法

扩大净资产规模的方法包括开源节流、提高资产流动性、偿还债务等。

3. 净资产的结构分析

一般来说，家庭的净资产应为正，并且不低于一定数值。但净资产的数值大并不意味着资产结构合理，如果净资产占总资产比例过大，说明家庭的部分资产没有充分利用；如果净资产占总资产比例过低，则说明该家庭应该利用储蓄投资的方式提高净资产比率；如果净资产占总资产比例为负值，对这样的家庭来说，尽快提高资产流动性并偿还债务是当务之急。

二、现金流量表分析

现金流量表全面反映了客户一定时期的收入与支出情况。客户资产负债情况的变化首先体现在现金流入、流出的变化上。现金流量表从某种意义上说要比资产负债表重要得多，因此，理财规划中，我们必须要十分重视对现金流量表的分析。

（一）对计算出的净现金流量进行分析

若净现金流量大于 0，说明日常有一定的积累；若净现金流量等于 0，说明收入与支出平衡，日常无积累；若净现金流量小于 0，说明日常入不敷出，意味着要动用以往的储蓄或借债。

（二）帮助客户进行财务诊断

通过对现金流量表进行分析，可以找到对个人收支平衡进行控制的方法，即解决如何开源节流的问题。提高家庭收入主要可以考虑从以下几个方面进行。

1. 增加工作收入

(1) 在原有工作上力求获得晋升加薪。

(2) 论时或论件计酬时，以加班或增加工作量来增加收入。

(3) 兼第二份职业。

(4) 寻找待遇更好的工作机会。

(5) 营销能力强者，可寻找以业绩佣金为主的工作来提高收入。

2. 增加理财收入

(1) 理财收入＝金融资产×投资报酬率，当客观环境出现利息调高、股市上涨、房租上涨等情况时，拥有相关资产的人，其理财收入就会增加。

(2) 投资时若能顾及节税的规划，或是利用手续费打折时投资，所省下的钱也可以当作理财收入。

(3) 以借款扩大投资，当投资报酬率高于借款利率时，财务杠杆的运用会使得理财收入大幅度上扬。

3. 降低生活支出

(1) 节省不必要的开支，如少上餐馆、少买衣服，不买短期内用不着的东西。

(2) 善用折扣，在打折时以较低的价格购买商品。

(3) 多乘大众运输工具，如公交车、火车等，可节省交通费。

(4) 制定支出预算，大额消费或旅游支出应事前计划，按预算执行。

(5) 使用公共资源，以逛公园、去图书馆的方式节省休闲支出。

 **实训活动**

学生 4 人为一小组，收集客户家庭信息，通过编制的资产负债表、现金流量表，进行财务综合分析。

任务二　财务比率分析

理财规划师依据客户的个人资产负债表和现金流量表所提供的数据，为客户进行财务比率分析。通过财务比率分析，理财规划师可以为客户找出改善财务状况和实现财务目标的方法，以实现客户最终的理想目标。

一、结余比率

结余比率是指一定时期内(通常为一年)结余与税后收入的比值，反映了家庭提高净资产水平的能力。就个人而言，只有税后收入才是真正可支配的收入，所以在计算结余比率时，应采用税后收入作为计算标准。结余比率的计算公式为

$$结余比率＝结余/税后收入$$

还有与之相关的另一个指标——月结余比率，即每月结余与收入的比值，通过衡量每个月的现金流状况来细致反映家庭的财务情况。一般认为结余比率保持在 0.3 较为适宜。

例如，某家庭的税后收入 500 000 元，年终结余 200 000 元，则结余比率=200 000/500 000=0.4，这说明该家庭在满足支出后留存了 40%的税后收入，可以用于储蓄和投资，可增加家庭净资产规模。

我国居民具有偏重储蓄的传统，一般百姓家庭都比较谨慎，储蓄资金以备不时之需。对于刚毕业的大学生而言，这个比率尤为重要。为避免成为"月光族"或"啃老族"，建议将每月工资的 30%存入银行，其余部分再用来进行消费，强制储蓄，积累资产。

二、投资与净资产比率

投资与净资产比率是指投资资产与净资产的比值，反映家庭通过投资提高净资产水平的能力。投资资产包括资产负债表中"其他金融资产"的全部项目、"实物资产"中的房地产投资和以投资为目的储藏的黄金与古玩字画等收藏品投资。投资与净资产比率的计算公式为

$$投资与净资产比率＝投资资产/净资产$$

一般认为投资与净资产比率保持在 0.5 较为适宜，既可保持合理的资产增长，又不至于面临过多的风险。

例如，某家庭的投资资产 500 000 元，净资产 1 000 000 元，则投资与净资产比率＝500 000/1 000 000＝0.5，说明该家庭的净资产中有一半是由投资组成的，投资比例适宜。

对于个人和家庭而言，除了收支结余外，增加投资收益是提高投资与净资产比率的另外一个重要途径，甚至是主要途径。投资还伴随着风险，投资规模越大，面临的资产损失风险就会越高，因此要时刻保持清醒的头脑，控制投资资产的占比合理。对于刚毕业参加工作的年轻人，要敢于尝试投资，其投资规模受制于自身较低的投资能力，投资与净资产比率也相对较低，一般为 0.2 上下属于正常，建议从风险相对较低的理财产品做起，不断积累经验，加快自己积累财富的速度。

三、流动性比率

流动性比率是指流动资产与每月支出的比值，反映家庭短期支付能力的强弱。流动资产是指在保持资产价值不受损失的情况下变为现金的能力。在计算时，流动资产是资产负债表中的"现金及现金等价物"等项目。流动性比率的计算公式为

流动性比率＝流动资产/每月支出

通常情况下，流动性比率的数值变化范围在 3～6。流动性比率是制定客户现金规划的重要指标，如果客户的工作稳定，收入来源有保障，建议保留 3～4 倍的现金备付金；如果客户的工作不稳定，收入来源没有保障，建议保留 5～6 倍的现金备付金，以应对日常的生活开支和不时之需。

四、清偿比率

通常情况下清偿比率是指净资产与总资产的比值，反映家庭综合偿债能力的高低。清偿比率的计算公式为

清偿比率＝净资产/总资产

通常情况下，清偿比率的数值变化范围在 0～1，一般来说，家庭的清偿比率应该高于0.5，保持在 0.6～0.7 较为适宜。

例如，某家庭的净资产 650 000 元，总资产 1 000 000 元，则清偿比率＝650 000/1 000 000＝0.65，这说明该家庭总资产中净资产所占比例较高，即使面临较大的还款压力，也有足够的能力通过变现资产来清偿。

如果清偿比率太低，就说明对外债务是其拥有资产的主体，甚至日常开支也依靠借债来解决，就该家庭而言，一旦出现债务到期或收入水平降低的情况，就很容易面临损失资产甚至资不抵债的困境。清偿比率也不宜过高，过高的清偿比率意味着家庭负债很少或者没有负债，这说明该家庭没有合理利用负债来扩大个人资产规模，其财务结构需要进一步优化。

五、资产负债比率

资产负债比率是指负债总额与总资产的比值，显然这一比率与清偿比率密切相关，同样可以衡量家庭的综合偿债能力。通常情况下，资产负债比率的数值变化范围在 0～1，其计算

公式为

$$资产负债比率＝负债总额/总资产$$

六、负债收入比率

负债收入比率也称为债务偿还收入比率，是指到期需支付的债务本息和与同期税后收入的比值，它是反映一定时期(如 1 年)财务状况良好程度的指标。西方国家使用税前收入额，而我国尚没有税前还债的规定，所以计算是采用税后收入额。负债收入比率的计算公式为

$$负债收入比率＝到期需支付的债务本息和/同期税后收入$$

一般认为，0.4 是负债收入比率的临界点，过高则容易发生财务危机。计算负债收入比率在选定测算周期时，需根据客户的具体情况判断。对于收入和支出都相对稳定的客户来说，选用 1 年作为测算周期更有助于反映其财务状况；对于收入和支出都相对不稳定的客户来说，选用较短的测算周期(如月、季)更能准确反映其财务状况。

七、即付比率

即付比率是指流动资产与负债总额的比值，反映客户利用可随时变现资产偿还债务的能力，计算公式为

$$即付比率＝流动资产/负债总额$$

流动资产通常为资产负债表中的"现金与现金等价物"项目。一般情况下，即付比率应保持在 0.7 左右。

例如，某客户的流动资产总值为 680 000 元，负债总额为 1 000 000 元，则其即付比率为680 000/1 000 000＝0.68。说明该客户具有利用可随时变现资产偿还债务的能力。

 实训活动

根据客户资料编制财务报表，在财务报表基础上，对客户家庭财务状况进行财务比率分析。

任务三　财务目标分析

确定客户的财务目标是个人财务规划过程中关键的一环。每个人最基本的财务需求来自消费，消费包括日常衣食住行的各项开支和休闲娱乐的消费，消费之后剩余的收入可以作为储蓄或者通过投资增加资产以支付未来的消费；然而未来的消费除了需要资产的支持之外，还需要保险的保障。如果现阶段的消费过高，即过度消费，将会增加达到财务目标的难度，要达到长期或短期的财务目标，必须把消费控制在合理的水平。

个人理财规划师先要估计和确定客户的需求，分析客户当前的财务状况；同时，应该帮

助客户认识合理的目标和消费水平在个人财务规划中的重要性，从而使其自发地制订和执行消费计划与投资计划。这样，个人理财规划师才能和客户一起共同制定合理而可行的个人财务目标，而理财目标的确定将为整个理财规划指明方向。

一、财务目标的内容

寻求个人理财规划服务的客户有着各种各样的财务目标，短期的目标如控制日常生活开支、进行储蓄和购买消费品等；中期的目标可能是为养育子女或为子女筹集教育经费，也可能是购买自用住宅；长期的目标则可能是实现投资收益最大化、过上安逸的退休生活和做好遗产规划，从而为继承人留下较多的资产以支持他们的生活等。理财规划师是帮助客户实现上述理财目标的人。根据人生财务目标的内容，可以把人生可能的财务目标分为以下 5 类。

（一）实现收入和财富的最大化

财富指的是个人拥有的现金、投资和其他资产的总和。要积累个人财富，个人支出就必须小于其收入，所以说，个人财富的最大化最终是通过增加收入和适当控制支出实现的。增加收入的途径可以是寻找更高薪水的工作或者进行投资等，具体的方式取决于个人的能力、兴趣和价值观念。控制支出的方法主要是把所有支出项目进行细分，在力保不可控支出的前提下，尽量降低不必要的可控制支出，比如过多的服装费用或旅游费用等。

（二）进行有效消费

个人收入通常有两个用途：消费和储蓄(储蓄之后会转化为投资)。由于消费开支常常占用了个人收入的大部分，所以对这部分资金的有效使用是十分重要的。通过学习一定的个人财务规划技术，比如保存好个人的财务记录、进行现金预算、合理使用信用额度、购买适当的保险和选择合理的投资工具等，就可以控制个人的日常开支，实现有效消费。

（三）满足对生活的期望

人的一生中除了保证生存的必要支出以外，还有各种各样的人生目标。足够的储蓄，拥有自己的房产和汽车，没有负债以达到财务的安全和自主，有一份高薪的工作，这些都可以成为人生目标。这些目标往往难以同时实现，因此必须在这些目标中进行选择和规划。对于个人来说，这种规划必须有一个"终身"的视角，也就是说，人们应该分清在个人/家庭生命周期的不同阶段，什么是最重要的必须实现的目标，而什么目标对当前而言较为次要，从而合理、全面地安排自己及家庭当前的生活。

（四）确保个人财务安全

财务安全是指个人对其现有的财务状况感到满意，认为拥有的财务资源可以满足其所有的必要开支和大部分期望实现的目标。这时，个人对其财务方面的事务有较强的信心，不会因为资金的紧缺而感到忧虑和恐惧。一般来说，确保个人财务安全的标准有：①有一份稳定而充足的收入；②工作上有发展的潜力；③有退休保障；④有充足的紧急备用金以备不时之需；⑤有一定的房产(如果是分期付款，则要有足够的资金来源还款)；⑥购买了合适的保险；⑦有实物资产方面的投资；⑧有合理的金融投资组合；⑨制定了有效的投资规划、税收规划和遗产规划。不同的人对财务安全的要求会有所差别，以上标准只能作为参考。

(五) 为退休后的生活和遗产传承积累财富

对于许多人来说，为退休后的生活提供保证是他们进行储蓄的最终目的。由于退休后收入会减少，而个人往往已经习惯了原有的生活状态，所以为了不降低生活水平，个人需要在未退休前将一部分收入作为退休基金留作他日所用。此外，在一些较为传统的国家，为子女留下一份相当数额的财产(遗产)也是个人的重要目标之一。

二、财务目标的种类和特点

(一) 财务目标的种类

按照目标制定的频率和实现时间的长短区分，理财目标可以分为以下几种。

1. 短期目标

短期目标是指那些需要客户每年制定和修改，并在较短时期内(一般 1 年以内)实现的目标，如日常生活开支调整、购买计算机等。

短期理财规划活动包括：为自己和其他家庭成员准备一张个人理财信息列表和可利用理财服务组织列表；确定与未来需求相关的理财目标；监督最新经济状况来确定与个人理财规划状况相关的各种行动。

2. 中期目标

中期目标是指那些制定后在必要时可以进行调整，并希望在一定时期内(一般 1~5 年)实现的目标，如购买汽车、筹集购房首付款、筹集出国深造经费及子女教育经费等。

中期理财规划活动包括：根据各种理财目标规划，确认达到这些目标所需的存款金额；明确未来 1~5 年家庭成员应该进行的各种理财规划行动。

3. 长期目标

长期目标是指那些一旦确定就需要客户通过长期(一般 5~10 年或更长时期)的计划和努力才能实现的目标。

最典型的长期理想目标包括：就业、创业等职业生涯规划，买车、买房等超大件消费品购置规划。

4. 终身目标

终身目标或称永久目标，是指客户对其生命周期不同阶段的全部乃至终身的生活目标所制定的规划。

终身理财目标包括：退休后的生活保障和遗产管理等。

人生不同阶段理财目标与特征如表2-11所示。

表 2-11　人生不同阶段理财目标与特征

个人状况 与特征	短期目标 (小于 1 年)	中期目标 (1～5 年)	长期目标 (5 年以上)	终身目标
单身	• 完成大学学业 • 偿还汽车贷款	• 到国外度假 • 偿还教育贷款 • 回学校读研究生	• 在市郊购买度假住房 • 储备退休金	终身全面考虑
夫妇无子女	• 每年度假 • 购买新车	• 重新装修住房 • 构建股票投资组合	• 购买退休住房 • 储备退休金	终身全面考虑
夫妇有子女	• 增加人寿保 　险额度 • 增加储蓄	• 增加投资 • 购买新车	• 为子女积累大学教育 　经费 • 搬入面积更大的住房	终身全面考虑
特征	完成某一具体 目标	提升生活品质, 个人价值 增值	长远打算	终身全面考 虑, 进行详 细规划
举例	债务偿还、学习 课程、旅游、买 奢侈品	房产首付、结婚育儿、创 业、完成学业	职业、子女升学	退休、养老、 遗产传承

(二) 常见的财务目标

个人理财规划师在分析客户的财务目标时, 可以借鉴表 2-12 来进行记录和归纳。该表列举了常见的几种财务目标。

表 2-12　常见的财务目标

常见的财务目标		具体 描述	优先 程度	开始 时间	实现 时间	成本
短期目标	• 增加收入 • 控制日常开支 • 购买大额消费品					
中期目标	• 旅游 • 增加娱乐支出 • 筹足紧急备用金 • 合法地降低税负					
长期目标	• 子女的养育和教育投资 • 偿还房贷和车贷 • 增加投资以换取资产的加速成长 • 实现安逸富足的退休生活 • 保护遗产的安全并预留充足的资产给 　家庭使用					

(三) 财务目标的特点

综上所述, 一个合理的财务目标应该具有以下几个特点。

(1) 灵活性。可以根据时间和外在条件的变化做适当的调整。

(2) 可实现性。在客户现有的收入和生活状态下是可以实现的。

(3) 明确性和可量化性。客户对目标的实现状态、风险、成本和实现的时间都有清晰认识，并且可以用数字描述出来。

(4) 对不同的目标有不同的优先级别，同级别的目标之间没有时间矛盾。

(5) 该目标可以通过制定和执行一定的行动方案来实现。

(6) 实现这些目标的方法应该是最节省成本的。

三、不同生命周期的理财目标

个人理财规划的最终目标是整个生命周期的效用最大化。生命周期的划分，使得个人理财计划编制更为具体、更有操作性。个人理财规划师根据生命周期不同阶段所具有的财务特征，对客户一定要有阶段性的全盘规划，根据其所处人生阶段的需求，确立完善的理财目标。

(一) 个人单身期

个人单身期一般为个人参加工作独立生活到结婚成家前的若干年，一般为 1～5 年。成员仅为 1 人，收入低，财富少，集体生活需要的社会交往支出高，需要努力工作提高收入，以少花钱多节约为主，适当储蓄以备不时之需，着手购置住房并积极组建自己的小家庭。当前我国的年轻人群多为独生子女，在父母的经济支持下，购房、买车及购买大额耐用消费品等成家的压力有一定减轻。节俭储蓄，积累资金，获得理财经验是该阶段的要义。

个人单身期可考虑提高股票、股票型基金、期货等风险大、报酬高的投资工具的比重；剩余资本可部分投入定期储蓄、债券或债券型基金等安全的投资工具，同时以活期储蓄形式保证随时取用，两者的比重根据个人风险偏好的差异自由确定。

(二) 家庭形成期

家庭形成期是从结婚到子女出生之间，年限因人而异，大多在 2～5 年。成员仅为 2 人，家庭收入逐渐呈现稳定增长态势，生活趋于稳定，理财以投资为主，重点在于合理安排家庭建设资金，优先购买住房、车辆、家电，改变单身时期较为随意的生活习惯，适度准备一定额度的应急金，为养育子女储备资金。

新婚家庭建设初期，消费需求旺盛，投资会受到一定抑制，但仍需根据条件许可持续性保证最低额度，将家庭结余资金投资于股票或成长型基金、债券和保险，同时优先选择低缴费的健康险、意外险等险种。

(三) 家庭成长期

家庭成长期是从子女出生、成长到独立的较长一段时期，一般为 20 年左右。成员仅为 3～5 人，家庭收入已经逐步稳定，会出现较长时期的均衡发展，收入和支出都在同比增长，理财难度开始加大。该阶段的理财重点为稳妥投资、积少成多；要以子女养育支出和家庭资产增值为核心，保证子女教育所需的经费，增强抗击家庭医疗支出风险的能力；保证必要的应急资金，并根据家庭实力确定一些特殊目标投资规划。

在家庭趋于稳定的前提下，可考虑拿出较大比例资金进行创业投资。保守理财时可以分散布局，适度增加风险投资，拿出 40%投资于股票或成长型基金、外汇或期货，30%投资于回报稳定的房产确保收益，20%投资于定期存款或债券、保险，10%留作活期储蓄，作为家庭备用金以应付紧急情况。子女进入大学后，要严格控制投资风险，适度降低风险比重。

（四）家庭成熟期

家庭成熟期一般为子女经济独立、结婚成家到夫妻退休的这段时间，通常为 5～10 年不等。该阶段家庭成员的财富创造能力已达到顶峰状态，理财也随之转向以扩大投资、积累财富为重点，强调稳中求胜，把前一阶段得来的"第一桶金"发挥出最大效能，迈开成功理财的关键一步。

此时家庭理财关注的重点是大幅增加财富。即使保守考虑，也应该把大部分可投资资本用于购买股票或基金，以求更高回报；定期存款、债券及保险的比重维持在 20%左右；少量资金用于活期储蓄即可。随着家庭主要成员的年龄增长，风险投资比例可根据实际生活条件和个人风险偏好适度调低，同时加大养老、健康、重大疾病险的比重，预先构筑未来的养老保障计划。

（五）家庭衰退期

家庭衰退期是指夫妻退休后回归家中颐养天年的休闲生活状态，时间长度为 20 年左右。

此时理财的重点以保守为主，可适度花费以获得幸福感。该时期家人追求身体健康、精神愉悦，财富多少已经不是主要目标，稳妥养老、遗产保值和生命安全为家庭理财的终极目标。该阶段可维持现有股票或股票型基金的投资总额不变，并小额逐步增加，大部分货币资产投资于定期储蓄或债券，留出足量资金存为定活两便储蓄以备不时之需。

综上所述，处于不同生命周期的客户，其财务目标具有明显的差异，归纳如表 2-13 所示。

表 2-13 处于不同生命周期客户的财务目标

投资者类型	短期目标	中、长期目标
大学毕业学生	• 租赁房屋 • 获得银行的信用额度 • 满足日常支出	• 偿还教育贷款 • 开始投资计划 • 购买房屋
20 多岁单身青年	• 储蓄 • 购车 • 进行个人教育投资 • 建立备用基金 • 将日常开支削减 10% • 旅游	• 进行投资组合 • 建立退休基金

(续表)

投资者类型	短期目标	中、长期目标
30 多岁已婚投资者 (子女尚幼)	• 将旧的交通工具更新 • 子女的教育开支 • 增加收入 • 购买保险	• 进行子女的教育投资 • 购买更大的房子 • 将投资工具分散化
50 多岁已婚投资者 (子女已成年)	• 购买新的家具 • 提高投资收益的稳定性 • 退休生活保障投资	• 出售原有的房产 • 制定遗嘱 • 制订退休后的旅游计划 • 养老金计划的调整

四、帮助客户制定合理可行的财务目标

客户的理财目标可以是客户希望改善的现有财务状况，也可以是希望完成的某个人生计划。并不是所有客户提出的目标都可以实现。理财规划师必须根据客户提出的要求，结合客户现有的财务状况，才能制定出适合该客户的财务目标，为以后的个人财务规划提供科学依据和分析基础。

(一) 必须实现的目标和期望实现的目标

客户必须实现的目标是指在正常的生活水平下，客户必须要完成的计划或者满足的支出。客户期望实现的目标是指在保证正常的生活水平的情况下，客户期望可以完成的计划或者满足的支出。

一般而言，客户必须实现的目标有保证日常饮食消费、购买或租赁自用住宅、支付交易费用和税费等。客户必须实现的目标在进行个人理财规划时应该优先考虑。

而客户期望实现的目标有很多，比如环游世界、换购豪华别墅、送子女到国外留学、投资开店等。客户必须实现的目标完成后，才能将收入用于客户期望实现的目标。如果客户没有充足的资金满足前者，后者就需要进行调整。个人理财规划师的一个重要职责就是帮助客户了解哪个目标更为实际，哪个目标的实现能够给客户带来较大的利益，而哪些目标可以推迟实现。

(二) 制定理财目标的原则

一个目标是否合理必须针对不同客户的具体情况来确定。除了要区分客户目标是否必需以外，在制定时还必须了解以下几个基本原则。

(1) 无论是何种目标，在制定时一定要具体化，并且将最终希望达到的财务状态加以明确。只有详细具体的描述，才能帮助个人理财规划师更好地进行分析并提出建议。

(2) 将预留紧急备用金作为必须实现的财务目标来完成。在客户的日常生活中，必然会出现一些无法预计的开支，这些意外开支同样会影响到个人理财规划的完成。所以，有必要将预留一定数额的应急现金作为个人理财规划必须实现的目标之一。

(3) 作为制定个人理财规划的基础，客户的目标必须具有合理性和可实现性，而且不同的计划之间应该没有矛盾。举个例子，客户的储蓄计划目标是每年将收入的 25% 进行储蓄，然后再将剩余资金用于投资计划。但实际上如果客户的收入中有 85% 必须用于偿还住房抵押贷款，显然其 25% 的储蓄计划无法实现。此外，一个经常发生的情况是，客户对其目标有过高的期望，他们对自己的财务状况较为乐观，并且认为在个人理财规划师的帮助下就能够实现任何目标。比如，一个年收入为 10 万元的客户把他的短期目标设定为 4 年内提前偿还他购房所欠的抵押贷款 40 万元。显然这是难以实现的，因为该客户忽略了其生活的日常开支及其他可能需要支出的突发情况，并且在投资计划中必须承担很大的风险，所以个人理财规划师应该用适当的方式劝说客户修改其目标。

(4) 一般而言，客户都有一个以上的目标，而且这些目标都无法一次完成。个人理财规划师应该将客户所有的目标按重要程度列出，并用时间加以区分，即哪些是客户的短期目标，哪些是长期目标，并在有关的目标后面标明实现的时间。

(5) 改善客户总体财务状况比仅仅为客户创造投资更重要。由于一些客户十分重视投资目标，所以个人理财规划师也常常过于关注投资收益率，而忽略了从总体上改善客户的财务状况。而实际操作中，后者常常能给客户带来更大的收益。

(6) 短期目标、中期目标和长期目标要同时兼顾，不可厚此薄彼。不同客户对目标的重视程度不同，大部分客户由于财务安排中的短视行为一般会比较看重短期目标的完成，只有很少的客户会重视长期财务目标，因为这些目标对他们而言实在是太远了。个人理财规划师可以根据客户的需要对不同的目标有所侧重。面对那些比较短视的客户时，个人理财规划师应该解释各种目标的重要性和彼此之间的互补性，并建议其通过个人理财规划将各种目标结合起来。

(7) 如果个人理财规划师在进行个人理财规划时对双方共同确定的目标有所改动，必须对客户说明并在书面报告中指出，这样可以避免双方在以后的合作中出现纠纷。

 案例分析

沈先生的家庭财务分析

客户基本信息

沈某，男，42 岁，博士，某大学教授。其家庭成员：妻子韩某，36 岁，本科学历，中级会计，没有固定工作，属于自由职业者；女儿沈某某，9 岁，上小学二年级。

客户财务信息

沈先生年薪 15 万元(税后)，沈太太每年的收入有 8 万元(税后)。现在家庭有 5 年期定期存款 28 万元，活期存款 3.2 万元，1 套房子现价 100 万元，于 10 年前购买，当时首付 20 万元，商业贷款 40 万元，利率为 6%，贷款 20 年，每月偿还 2 865.72 元，还有 39.11 万元本金未偿还。

全家平均的日常支出为 2 560 元，每月保留的临时备用金为 2 100 元。每年购置衣物支出 7 000 元，平均每月的汽车费用支出 140 元，平均每月的医药费用支出 300 元，同时沈先生每月会给父母 3 000 元以表孝心。此外，每年旅行费用有 1.2 万元。

沈先生夫妇除了房贷外目前无其他贷款，沈先生有社保，沈太太和女儿购买了人身保险和意外险，每年支出保费 3 780 元。女儿每年的各项兴趣班费用支出共 5 000 元。

客户目标设定与分析

(1) 沈先生夫妇希望女儿能够在国内读到博士毕业，暂不考虑送女儿出国留学，他们的女儿到读大学还有 10 年时间，不可变更。

(2) 沈先生计划 60 岁时退休，可变更。

(3) 为了方便女儿上学，夫妻俩计划在女儿上大学后在其学校附近买一套房子，可变更。

要求：

(1) 判断沈先生家庭所处的生命周期。

(2) 编制家庭现金流量表及家庭资产负债表。

(3) 分析沈先生家庭财务比率(计算结果保留到小数点后两位)。

(4) 分析沈先生目前的理财目标。

实训活动

学生分组，收集客户财务目标信息，记录、归纳并列举出客户常见的财务目标类型。

项目小结

1. 收集客户财务信息和非财务信息。财务信息包括收入与支出信息、资产与负债信息，此外还有其他财务信息，包括社会保障信息、风险管理信息、遗产管理信息。非财务性信息包括个人基本情况、性格特征信息、风险承受能力信息和风险偏好信息。

2. 编制客户家庭财务报表，包括编制资产负债表、现金流量表，之后对客户进行财务状况分析、财务报表综合分析、财务比率分析，以及客户财务目标分析。

3. 根据客户的需求，确定客户的财务目标，提出财务规划建议。

项目训练

一、单选题

1. 下列理财目标中，属于短期目标的是(   )。

    A. 子女教育储蓄   B. 按揭买房

    C. 退休   D. 休假

2. 收集客户个人信息的方法，不包括(   )。

    A. 填写登记表   B. 与客户交谈

    C. 向第三人打听   D. 使用心理测试问卷

3. 个人资产中,收入可概括分为(　　)。

    A. 现金收入与非现金收入　　　　　B. 工作收入与理财收入

    C. 正职收入与兼职收入　　　　　　D. 薪资收入与红利收入

4. 根据生命周期所处阶段不同,属于个人单身期长期目标的是(　　)。

    A. 购房　　　　　　　　　　　　　B. 租房

    C. 日常支出　　　　　　　　　　　D. 备用金储蓄

5. 在制定理财规划时,理财师通常需要对家庭的资产负债情况进行分析,下列(　　)属于流动负债。

    A. 汽车贷款　　　　　　　　　　　B. 教育贷款

    C. 住房抵押贷款　　　　　　　　　D. 信用卡贷款

6. 制定个人理财目标的基本原则之一,是将(　　)作为必须实现的理财目标。

    A. 个人风险管理　　　　　　　　　B. 长期投资目标

    C. 预留现金储备　　　　　　　　　D. 短期投资目标

7. 流动性比率在理财规划中主要用于(　　)。

    A. 保险规划　　　　　　　　　　　B. 现金规划

    C. 退休规划　　　　　　　　　　　D. 投资规划

二、多选题

1. 以下收入中,属于经常性收入的是(　　)。

    A. 工资薪金收入　　　　　　　　　B. 投资收入

    C. 自雇收入　　　　　　　　　　　D. 年金收入

2. 客户财务信息收集包括(　　)。

    A. 收入支出情况　　　　　　　　　B. 非财务信息

    C. 客户收支情况　　　　　　　　　D. 资产负债情况

3. 客户资产负债结构变化主要取决于客户的(　　)。

    A. 收支结余情况　　　　　　　　　B. 投资策略

    C. 偿债安排　　　　　　　　　　　D. 消费策略

4. (　　)属于客户家庭财务比率分析指标。

    A. 结余比率　　　　　　　　　　　B. 流动性比率

    C. 清偿比率　　　　　　　　　　　D. 即付比率

5. 理财目标按照制定的频率和实现时间的长短,可以分为(　　)。

    A. 短期目标　　　　　　　　　　　B. 中期目标

    C. 长期目标　　　　　　　　　　　D. 终身目标

三、简答题

1. 家庭资产负债表中的资产、负债如何分类?

2. 家庭现金流量表中的收入、支出如何分类?

3. 家庭财务比率有哪些?

4. 提高家庭储蓄的方法有哪些?

现 金 规 划

日常生活的零用钱该如何准备

　　李女士今年 30 岁，是某私营企业中层干部，丈夫是某大学教师，有一个 2 岁的女儿。李女士家庭收入比较稳定，现有银行存款 10 万元，房贷和车贷每月偿还 4 000 元，还有一张可用额度为 20 000 元的信用卡。李女士认为把钱握在手中会比较安心，但是与理财规划师沟通后发现，她储蓄的现金太多，错过了不少增加收益的机会。

　　思考：你能帮助李女士进行现金规划吗？在日常生活中，每个家庭应该保留多少现金是合理的？

　　现金规划是为满足个人或家庭短期需求而进行的管理现金及现金等价物和短期融资的活动，对于个人或家庭理财规划来说是很重要的部分。计划好手中应该留有多少流动资金，太少会感觉捉襟见肘，太多会使资金利用效率过低。进行现金规划，既要使所拥有的资产保持一定的流动性，满足个人或家庭支付日常花费的需要，又要使流动性较强的资产保持一定的收益。制定现金规划的业务流程，如图 3-1 所示。

图 3-1　制定现金规划的业务流程

模块一　客户现金需求分析

任务一　现金规划的相关知识

一、现金与现金等价物的概念

　　现金是指立即可以投入流通的交换媒介，具有普遍的可接受性。现金是现金规划的重要工具。狭义的现金仅指现钞。广义的现金则应包括现钞和现金等价物。现金规划中所指的现金等价物是指流动性比较强的活期储蓄、各类银行存款和货币市场基金等金融资产。

　　与其他的现金规划工具相比，现金有两个突出的特点：一是现金在所有金融工具中流动性最强，二是持有现金的收益率低。在通常情况下现金会受到通货膨胀的影响，存在贬值的风险。

二、现金规划的原则

一般来说，现金规划应遵循一个原则，即短期需求可以用手头的现金来满足，而预期或将来的需求则可以通过各种类型的储蓄或者短期投、融资工具来满足。

三、现金规划需要考虑的因素

(一) 持有现金及现金等价物的机会成本

通常来说，金融资产的流动性与收益性呈反方向变化，流动性高则意味着收益率低。现金与现金等价物的流动性强，则其收益率也相对较低。由于机会成本的存在，持有收益率低的现金及现金等价物也就意味着丧失了持有收益率较高的投资品种的机会。

 知识拓展

机会成本

对商业企业来说，利用一定的时间或资源生产一种商品时，而失去了利用这些资源生产其他最佳替代品的机会，就是机会成本。

在生活中，有些机会成本可用货币来衡量。例如，农民如果选择养猪就不能选择养鸡，养猪的机会成本就是放弃养鸡的收益。但有些机会成本往往无法用货币衡量，例如，是选择在图书馆看书学习还是选择享受电视剧带来的快乐。

(二) 应急备用金的重要性

应急备用金是我们在理财中不得不考虑的一个问题。应急备用金可用于暂时失业和紧急医疗或意外发生时收入突然减少，甚至中断。一般来说，备用金的比例是一个家庭 3~6 个月的生活开支。比如夫妻两个人均有稳定工作及经济来源，双方同时失业的概率就会小很多，这个时候一般来说留够 3 个月的备用金就可以了。但是如果是全职的二胎妈妈，全部收入来源于男主人，那么这样的风险可能就会高于前者，建议至少要留足 6 个月的生活开支。

为保证个人所持有的应急备用金确实能够满足紧急情况的需要，在这里我们引入如下两个指标。

1. 失业保障月数

失业保障月数这一指标衡量万一失业时，现有的可变现资产可支撑几个月的开销。其计算公式为

$$失业保障月数＝可变现资产/月固定支出$$

其中，可变现资产包括现金、活期存款、定期存款、股票、基金等，不包括汽车、房地产、古董等。月固定支出包括日常生活开销、贷款本息支出、分期付款支出等已知债务的月固定现

金支出。失业保障月数最低标准为 3 个月，最好是 6 个月，这个指标越高则表示即使失业也暂时不会影响生活，可审慎地寻找下一个适合的工作。失业保障月数可定为 6 个月，需要用钱的时候除存款外还可能需要变现股票或基金。其中 3 个月的部分是应对暂时失业、失能、医疗意外支出的紧急备用金，应以现金、活期储蓄、定期存款为主，变现时不会有多少损失；另外 3 个月的部分可以股票、基金为主，用到的机会不大，但万一需要时可在几天内变现，不过变现时依当时的市场行情或利率水准可能会有所损失。

 案例分析

王先生有 1 000 元现金、2 000 元活期存款、25 000 元定期存款、价值 8 000 元的股票、价值 40 000 元的汽车、价值 800 000 元的房产、价值 20 000 元的字画。每月的生活费开销 1 500 元，每月需还房贷 6 000 元，计算他的失业保障月数，说明其意义。

失业保障月数＝(1 000＋2 000＋25 000＋8 000)/(1 500＋6 000)＝4.8(月)

由此计算王先生的失业保障月数为 4.8 个月，也就是王先生在如果暂时面临失业的情况下，现有的可变现资产可支撑其 4.8 个月的开销。

2. 意外或灾害承受能力

意外或灾害承受能力这一指标可以衡量个人或家庭承受意外或者自然灾害的财务能力。其计算公式为

$$意外或灾害承受能力＝\frac{可变现资产＋保险理赔金－现有负债}{5\sim10年生活费＋房屋重建装潢成本}$$

其中，保险包括人身保险(寿险及意外险)及财产保险(火险或居家综合险)，不管是亲人突然身故或自然灾害导致房屋毁损，都会影响到家庭财务的顺利运转。要准备几年的生活费，需视亲人变故后遗属需要多久才能从意外打击中重新振作起来而定，短则 5 年，最长可达 10 年。如果此比例大于 1，则表示万一发生灾害承受能力较强；若小于 1 则发生灾害后的损失将影响到家庭短期生活水平及居住环境；若该比例呈现负数，则表示当资产减损时负债依旧，将无力重整家园。

(三) 应急备用金的利用形式

应急备用金的利用形式有两种：一是利用流动性高的活期存款、短期定期存款或货币市场基金；二是利用贷款额度，由于应急资金储备与机会成本形式不同，以贷款额度作为备用金还需支付利息。如果存贷利率差距较大，则需要搭配管理。

四、现金规划中常犯的错误

第一，由于冲动购物和使用信用卡导致过度消费。在如今的信用卡和购物都十分便利的信息化时代，由于信用消费的产生较容易，使人产生过多的购物冲动，从而导致现金的短期性不足。

第二，流动资产不足以支付流动性开支。客户的消费习惯一定程度对其开支造成影响。如大手大脚、消费没有节制的客户，在短期内的流动资产不足以支付流动性开支。

第三，动用储蓄或借款来支付当期费用。客户应急备用金不足或者没有的情况下，运用自己储蓄账户中的资金弥补紧急或意外资金需求，会造成储蓄存款中利率的损失。而通过借款的方式来满足，则需支付一定的利息且不一定会获得需要的资金数量。

第四，没有把闲置资金进行储蓄或投资。对于过于保守的客户来说，喜欢将过多的资金放在活期账户中，没有进行较好的资金增值，从而损失了利用资金增加收益的机会。

 实训活动

李先生家庭收入稳定，活期存款 20 000 元，定期存款 50 000 元；每月固定支出 8 500 元。计算李先生的失业保障月数，并判断是否合理。

任务二　编制现金流量表

现金流量表是一个重要的财务分析工具，有助于了解客户的现金流信息。通过对客户在一段时期的现金流入和现金流出情况进行归纳，为进一步的财务状况分析与理财目标设计提供基础资料。

一、现金流量表

(一) 收入

收入一般是指个人或家庭的收入。收入主要由经常性收入和非经常性收入构成，如表 3-1 所示。

表 3-1　经常性收入和非经常性收入

经常性收入	非经常性收入
工资薪金、养老金和年金等	奖金和佣金、自雇收入、投资收入、其他收入等

收入的高低和变动幅度将影响客户风险承受能力的大小。相对而言，工资薪金、养老金和年金收入比较稳定。投资收入可分为实业投资收入、金融投资收入、不动产投资收入和艺术品投资收入等。其中，银行大额存单、本币或外币保底理财等金融投资收入相对稳定。奖金和佣金与个人就职的单位绩效和自身表现有很大关系。自雇收入来自于稿费或其他非薪金收入，这种收入大多是非经常性的，但如果这些收入的数量较大，也会对家庭财务状况产生影响。

需要说明的是，实际拿到手的收入一般是税后收入，已经由支付单位代扣代缴了相应的税费，对这部分纳税后的收入有支配权。如果该家庭子女已经财务独立，则可不将子女的收

入纳入统计范围。

家庭年收入可统计后记入表 3-2 所示的统计表中。

表 3-2　家庭年收入统计表

收入项目	本人	配偶	其他成员	总计金额/元
工资和薪金				
养老金和年金				
奖金和佣金				
自雇收入				
投资收入				
其他收入				
总收入				

（二）支出

支出是指个人或家庭支出，主要由经常性支出和非经常性支出构成，如表 3-3 所示。经常性支出主要指生活中按期要支付的费用，如住房按揭贷款偿还；非经常性支出主要是指日常生活中不定期的费用支出，而且其金额也没有明确的标准，如旅游费用、培训费等。

表 3-3　经常性支出和非经常性支出

经常性支出	非经常性支出
房贷、每月生活支出、每月给父母的生活费、社保支出、交通费、子女教育费等	服装费、旅游费用、医疗费、培训费等

当然，经常性和非经常性也是相对的概念，比如赡养老人的费用，在老人财务能够独立的时候，作为子女这方面的开销可能就是非经常性的开支；因各种原因老人的财务难以独立，需要子女赡养时，那这笔开销就属于经常性支出了。有时候，两者之间是可以互相转换的。所以需要根据自家情况来确定支出的性质，这也充分体现了家庭/个人理财的个性化特点。

家庭的年支出可记入家庭年支出统计表中，如表 3-4 所示。

表 3-4　家庭年支出统计表

项目	支出项目	金额/元
房子	1. 租金/抵押贷款 2. 修理、维护和装饰	
家电、家具和其他大件消费	购买和维修	
汽车	1. 贷款支付 2. 汽油及维护费用 3. 保险费、车船税等 4. 过路与停车费	

(续表)

项目	支出项目	金额/元
日常生活开支	1. 水、电、气等费用 2. 通信费 3. 交通费 4. 日常生活用品 5. 外出就餐 6. 其他	
购买衣物开支	衣服、鞋子及配饰	
个人护理	化妆品、头发护理、美容、健身	
休闲和娱乐	1. 度假 2. 其他娱乐和休闲项目	
商业保险费用	1. 人身保险 2. 财产保险 3. 责任保险	
医疗费用	医疗费用	
其他支出项目	捐赠等	
总支出		

(三) 结余

有了收入和支出，就需要核算结余。每月的收入减去每月支出，就是该月的结余，也就是我们所谓的现金流。现金流涉及方向和大小的问题，是流进(收入大于支出，正常状态)还是流出(收入小于支出，财务尚未独立)。如果收支相抵，说明现金流为零，即没有现金流。收入和支出的关系可以用下面的公式表述：

$$结余＝收入－支出$$

在收入等于或小于支出的情况下，个人或家庭应通过多种方法进行资金的积累，增加现金流入，减少现金流出，即"开源节流"。

如果说理财目标是终点，家庭资产、负债情况是起点的话，那么每月的结余情况就是我们通向终点过程中选择的交通工具。

(四) 现金流量表的意义

现金流量表对于了解收入支出情况具有重大的意义。由于个人和家庭采用收付实现制的财务核算办法，所以收入支出表就是现金流量表，也称为损益表，它反映了家庭财务状况的变动情况。一般情况下，现金流量表具有三大要素：收入、支出、结余。一般以 12 个月为一个编制周期。

案例分析

张某，在外资企业做管理工作，月薪5 600元(税后)，年终奖金40 000元(税后)；妻子是公务员，月薪4 500元(税后)，年终奖20 000元(税后)。女儿7岁，上小学。有一套自有产权住房，每年的租金收入9 600元(税后)，市值300 000元；一家人目前居住的住房购买总价为800 000元，贷款560 000元，每月还款2 025.26元。

家庭每月日常生活支出为2 800元，每年的医疗费用支出为3 600元，妻子美容护肤费用和健身费用每年7 000元，全家人的服装费用每年约为10 000元；先生参加某台球俱乐部的费用和健身费用每年约为8 000元，旅游费用约为15 600元。

夫妻除房贷外目前无其他贷款。除了单位缴纳的"五险一金"，夫妻二人没有投保其他商业保险，女儿的人身意外保险是学校统一缴纳的。

要求：根据上述客户情况，编制张晓家庭的现金流量表(见表3-5)。

表3-5 现金流量表

单位：元

收入	金额	支出	金额
工资和薪金	121 200.00	日常生活支出	33 600.00
奖金和佣金	60 000.00	房贷支出	24 303.12
自雇收入	0.00	商业保险费	0.00
养老金和年金	0.00	医疗费	3 600.00
其他收入	9 600.00	其他支出	40 600.00
总收入	190 800.00	总支出	102 103.12
年结余			88 696.88

二、确定现金及现金等价物额度

现金规划是个人或家庭理财规划中的重要组成部分，也是较为核心的部分，能否做好现金规划将对理财规划方案的制定产生重要影响。现金规划的重要内容就是确定现金及现金等价物的额度，而合理确定现金及现金等价物的额度实际上就是在现金及现金等价物的流动性和持有现金及现金等价物的机会成本之间的权衡。此外，在确定现金及现金等价物的额度时还可以参考客户资金的流动性比率。前面项目二"客户财务分析"中已经介绍，在此不再赘述。

案例分析

胡女士与丈夫都是35岁，儿子今年9岁。全家每个月的生活费为3 000元，每月房贷还款为1 500元，儿子每年的特长班费用为6 000元。胡女士家庭目前有活期存款120 000元，定期存款120 000元，货币基金80 000元，股票110 000元。该家庭目前的流动性比率是多少？

流动性比率=(120 000+120 000+80 000)/(3 000+1 500+6 000/12)=64

由此计算得出，胡女士家庭的流动性比率为64倍，明显高于3~6的参考值。也就是说，胡女士家庭在不动用其他资产时，家庭的流动性资产可以支付家庭64个月的开支，说明持有的现金类资产过多，资金的效率低下。这时，就应该进行现金规划，合理确定现金及现金等价物的额度。

按照格式制定自己家庭的现金流量表，判断现金及现金等价物的额度是否合理。

模块二　制定现金规划

现金规划既要使所拥有的资产保持一定的流动性，又要使流动性较强的资产保持一定的收益。所以在这一阶段，理财规划师不仅要掌握现金、各种储蓄及货币市场基金等现金规划工具的特点、用途及区别，还要明确现金规划融资工具的功能和用途。

任务一　现金规划一般工具

确定现金及现金等价物额度后，还需要对个人或家庭的金融资产进行配置。将每月支出3~6倍的现金额度在现金规划的一般工具中进行配置，即可在现金、各类银行存款、货币市场基金等金融产品间进行配置。现金规划的一般工具包括：现金、储蓄品种、货币市场基金。

一、相关储蓄品种

(一) 一般储蓄业务

目前，国内各商业银行提供的储蓄业务有以下几种。

1. 活期储蓄

活期储蓄是指开户时不约定存期，可随时存取、存取金额不限的一种比较灵活的储蓄方式。活期储蓄适用于所有客户，其资金运用灵活性较高，起存金额为人民币1元，按结息日挂牌活期利率计息，每季末月的20日为结息日。未到结息日清户时，按清户日挂牌公告的活期利率计息到清户前1日止。

2. 定活两便

定活两便储蓄是在存款开户时不必约定存期，一次性存入，一次性支取的储蓄。银行根据客户存款的实际存期按规定计息，可随时支取。存期不足 3 个月的，利息按支取日挂牌活期利率计算；存期 3 个月以上(含 3 个月)，不满半年的，利息按支取日挂牌定期整存整取 3 个月存款利率打 6 折计算；存期半年以上的(含半年)不满 1 年的，整个存期按支取日定期整存整取半年期存款利率打 6 折计息；存期 1 年以上(含 1 年)，无论存期多长，整个存期一律按支取日定期整存整取 1 年期存款利率打 6 折计息。一般 50 元起存。这种储蓄存款方式比较适合那些有较大额度的结余，但在不久的将来需随时支取使用的客户。

3. 整存整取

整存整取是一种由客户选择存款期限，整笔存入，到期一次整笔支取本息的一种定期存款。50 元起存，计息按存入时的约定利率计算，利随本清。整存整取存款可以办理到期日自动转存。存期分为 3 个月、6 个月、1 年、2 年、3 年、5 年。

4. 零存整取

零存整取储蓄是一种约定存期、分次每月存入固定存款金额、到期一次支取本息的一种定期存款。逐月存储，每月存入固定金额。利息按存款开户日挂牌零存整取利率计算，到期未支取部分或提前支取部分按支取日挂牌的活期利率计算利息。存期分为 1 年、3 年、5 年。一般 5 元起存，每月存入一次，中途如有漏存，应在次月补齐。未补存者，视同违约，对违约后存入的部分，支取时按活期利率计算利息。

5. 整存零取

整存零取是一种事先约定存期、本金一次存入，固定期限分次支取本金的一种定期存款。1 000 元起存，存期分为 1 年、3 年、5 年。支取期分 1 个月、3 个月及半年一次。利息按存款开户日挂牌整存零取利率计算，于期满结清时支取。到期未支取部分或提前支取部分按支取日挂牌的活期利率计算利息。

6. 存本取息

存本取息是一种约定存期、整笔一次存入，按固定期限分次支取利息，到期一次支取本金的定期存款。一般是 5 000 元起存。存期分 1 年、3 年、5 年。可 1 个月或几个月取息一次，可以在约定的支取限额内多次支取任意金额。利息按存款挂牌存本取息利率计算，到期未支取部分或提前支取部分按支取日挂牌的活期利率计算利息。

7. 个人通知存款

个人通知存款是指一种不约定存期，支取时事先通知银行，约定支取存款日期和金额的存款。个人通知存款按存款人选择的提前通知的期限长短划分为 1 天通知存款和 7 天通知存款两个品种。其中 1 天通知存款需要提前 1 天向银行发出支取通知，并且存期最少为 1 天；7 天通知存款需要提前 7 天向银行发出支取通知，并且存期最少为 7 天。最低起存金额为人民币 50 000 元(含)，外币等值 5 000 美元(含)。个人通知存款需一次性存入，可以一次或分次支取，但分次支取后账户余额不能低于最低起存金额，当低于最低起存金额时银行给予清户，转为活期存款。

(二) 特色储蓄业务

1. 定活通

定活通是指自动每月将活期账户的闲置资金转为定期存款,当活期账户因刷卡消费或转账取现资金不足时,定期存款将自动转为活期存款的产品。其既有定期存款的收益水平,又有活期存款方便存取的优点。高效现金管理,满足定期存款收益与活期存款便利的双重需要。

2. 定期存款自动转存

定期存款自动转存,即客户定期存款到期后,客户如不前往银行办理转存手续,银行可自动将到期的存款本息按相同存期一并转存,不受次数限制,续存期利息按前期到期日利率计算。如果选择不自动转存,逾期支取的,按支取日挂牌的活期利率计息。

二、货币市场基金

(一) 货币市场基金概述

货币市场基金是指投资于货币市场上短期有价证券的一种投资基金。该基金资产主要投资于短期货币工具。

货币市场基金应当投资于以下金融工具:①现金;②期限在 1 年以内(含 1 年)的银行存款、债券回购、中央银行票据、同业存单;③剩余期限在 397 天以内(含 397 天)的债券、非金融企业债务融资工具、资产支持证券;④中国证监会、中国人民银行认可的其他具有良好流动性的货币市场工具。

货币市场基金不得投资于以下金融工具:①股票;②可转换债券、可交换债券;③以定期存款利率为基准利率的浮动利率债券,已进入最后一个利率调整期的除外;④信用等级在 AA+以下的债券与非金融企业债务融资工具;⑤中国证监会、中国人民银行禁止投资的其他金融工具。

(二) 货币市场基金的特点

1. 本金安全

由于大多数货币市场基金投资品种的性质决定了其在各类基金中风险是最低的。货币市场基金合约都不会保证本金的安全,但事实上由于基金性质决定了货币市场基金在现实中极少发生本金的亏损。一般来说,货币市场基金被看作现金等价物。

2. 资金流动性强

货币市场基金的流动性可与活期存款媲美。买卖方便,资金到账时间短,通常 T+0 或 T+1 天就可以到账。

3. 收益率相对活期储蓄较高

多数货币市场基金一般具有国债投资的收益水平。货币市场基金除了可以投资一般机构可以投资的交易所回购等投资工具外,还可以进入银行间债券及回购市场、中央银行票据市场进行投资，其年净收益率一般可和一年定存利率相比，年收益情况高于同期银行储蓄的收益水平。不仅如此，货币市场基金还可以避免隐性损失。当出现通货膨胀时，实际利率可能很低甚至为负值，货币市场基金可以及时把握利率变化及通胀趋势，获取稳定的较高收益。

4. 投资成本低

买卖货币市场基金一般都免收手续费，认购费、申购费、赎回费都为 0 元，资金进出非常方便，既降低了投资成本，又保证了流动性。

5. 分红免税

多数货币市场基金面值永远保持 1 元，投资收益按天计算，每日都有利息收入，投资者享受的是复利，而银行存款只是单利。每月分红结转为基金份额，分红免收所得税。

另外，一般货币市场基金还可以与该基金管理公司旗下的其他开放式基金进行转换，高效灵活、成本低。股市好的时候可以转成股票型基金，债市好的时候可以转成债券型基金，当股市、债市都没有很好机会的时候，货币市场基金则是资金良好的避风港，投资者可以及时把握股市、债市和货币市场的各种机会。

（三）货币市场基金的申购

货币市场基金可以通过以下几种方式进行申购：①银行网点申购；②到有代销资格的券商营业部申购；③直接到基金公司柜台申购；④网上申购服务。

以学生自己的家庭为例，了解家庭存款的种类有哪些？

任务二 现金规划融资工具

客户在某些时候有临时的未预料到的支出，而客户的现金又不足以应对，临时变现其他流动性不强的金融资产会损失一部分资金。这时，利用一些短期的融资工具融得一些资金就不失为一个处理突发紧急事件的好方法。目前，适合现金规划的融资方式主要包括以下几种。

一、信用卡融资

（一）信用卡的概念及分类

信用卡是指由发卡机构向其客户提供的具有消费信用、转账结算、存取现金等功能的信用支付工具。持卡人可依据发卡机构给予的消费信贷额度，凭卡在特约商户直接消费或在其指定的机构、地点存取款及转账，在规定的时间内向发卡机构偿还消费贷款本息。

信用卡分为贷记卡和准贷记卡两类，贷记卡是指发卡机构给予持卡人一定的信用额度，持卡人可在信用额度内先消费、后还款的信用卡。准贷记卡是指持卡人须先按发卡机构的要求存入一定金额的备用金，当备用金账户余额不足支付时，可在发卡银行规定的信用额度内透支的信用卡。

(二) 信用卡账单相关知识

1. 信用卡涉及的日期

(1) 交易日。持卡人使用信用卡消费、取现、转账交易或与相关机构实际发生交易的日期。

(2) 银行记账日。发卡银行将交易款项或费用记入持卡人账户的日期。记账日是计算循环利息的起点。

(3) 账单日。银行每月对持卡人在账单周期内的交易进行汇总并计利息的日期。每个持卡人只有一个固定的账单日，如用户将其中国建设银行的龙卡账单日固定为每月 10 日。

(4) 到期还款日。发卡银行要求持卡人归还账款或最低还款额的最后日期，为账单日后的第 20 天。

2. 信用额度

信用额度指银行授予其客户一定金额的信用限度，就是在规定的一段时间内，最高可以透支循环使用的金额。任何一张信用卡的额度，都取决于个人在申请程序中提供的有效收入和资产担保价值。信用卡的信用额度，和申请人的收入、担保资产成正相关关系，即拥有越高的收入和担保资产，获得的额度越高。因此，申请人必须提供收入证明和资产担保。资产担保包括房产、汽车等固定资产，也包括储蓄、债券等流动资产。

3. 取现额度

取现额度指发卡银行授予持卡人信用额度中可用于预借现金(或转账)的额度。取现额度，也就是预借现金额度，通常为信用额度的 50%。

4. 最低还款额

最低还款额指持卡人在到期还款日(含)前偿还全部应付款项有困难的，可按发卡行规定的最低还款额进行还款，但不能享受免息还款期待遇。最低还款额列示在当期账单上。

5. 免息还款期

免息还款期指信用卡除取现及转账透支交易外，其他透支交易从银行记账日起至到期还款日(含)之间可享受免息待遇的时间段。在免息还款期内偿还全部款项，无须支付非现金交易的利息；否则，从银行记账日开始计算利息，并按月计收复利。

◥ 案例分析

王某持银行信用卡于 2021 年 4 月 11 日刷卡消费 1 000 元。账单日为每月 10 日。请指出该笔消费的交易日、银行记账日、到期还款日、最低还款额、免息还款期(注：最低还款额为消费金额的 10%)。如果是 2021 年 4 月 10 日刷卡消费，免息还款期是多少天？

分析: 王先生该笔消费的交易日为 2021 年 4 月 11 日, 银行在消费当日将该笔交易记入持卡人账户, 银行记账日为 4 月 11 日, 账单日为 5 月 10 日, 到期还款日为 5 月 30 日。由此看出, 王先生可享受长达 50 天的免息还款期。如果王先生在 5 月 30 日不能全额还款, 可以选择偿还最低还款额 100 元(1 000×10%)。若王先生于 4 月 10 日消费, 账单日则为 4 月 11 日, 到期还款日为 4 月 30 日, 只能享受 20 天的免息还款期。相关数据请参照图 3-2。

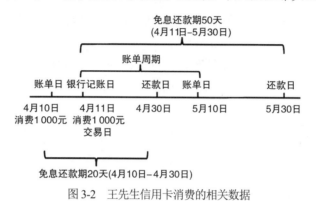

图 3-2 王先生信用卡消费的相关数据

(三) 信用卡的功能

信用卡在扮演支付工具的同时, 也发挥了最基本的账务记录功能。再加上预借现金、循环信用等功能, 更使信用卡超越了支付工具的单纯角色, 具备了理财功能。

1. 符合条件的免息透支

信用卡可以"先消费、后还款", 可以透支一定的消费金额, 享受一定的免息还款期, 持卡人根据自己的资金状况, 可以在免息还款期内一次还款, 也可以免息分期还款, 这种循环信用让持卡人的资金周转更加灵活。但是, 并不是所有的透支额都是免息的, 不符合免息条件的交易如下。

(1) 持卡人使用信用卡取现及转账的, 不享受免息还款期待遇, 并应支付所用款项从银行记账日起至还款日止的透支利息。

(2) 按照最低还款额规定还款的, 发卡机构只对未清偿部分计收从银行记账日起至还款日止的透支利息。

(3) 发卡银行对信用卡持卡人未能在到期还款日(含)前偿还最低还款额的, 视为逾期, 除支付透支利息外, 还应按照最低还款额未还部分的一定比例支付违约金。违约金比例按照发卡机构公布的服务价目表执行。

2. 免息分期付款

免息分期付款是指信用卡持卡人, 在一次性进行大额消费的时候, 对于该笔消费金额可以平均分解成若干期数(月份)来进行偿还, 而且不用支付任何额外的利息, 手续同普通刷卡消费一样简便快捷。

3. 调高临时信用额度

当持卡人因出国旅游、装修新居、结婚、子女留学等情况, 需要使用较高信用额度时,可以提前进行电话申请。调高的临时信用额度一般在 30 天内有效,到期后信用额度将自动恢复为原来的额度。

4. 循环信用

循环信用是一种按日计息的小额、无担保贷款。持卡人可以根据自己的财务状况,在每月到期还款日前,自行决定还款金额的多少(但不能低于最低还款额)。当你偿还的金额等于或高于当期账单的最低还款额,但低于本期应还金额时,剩余延后还款的金额就是循环信用余额。

循环信用的利息计算方法:上期对账单的每笔消费金额为计息本金,自该笔账款记账日起至该笔账款还清日止为计息天数,日息 0.5‰为计息利率。循环利息将在下期的账单中显示。

张先生的账单日为每月 5 日,到期还款日为每月 23 日。1 月 30 日张先生刷卡消费 10 000元。2 月 5 日账单中的"本期应还金额"为 10 000 元。请计算(日息 0.5‰):

(1) 2 月账单的最低还款额为(   )元。

(2) 若张先生于 2 月 23 日前将 10 000 元全部还清,则在 3 月 5 日的账单中循环利息为(   )元。

(3) 若张先生于 2 月 23 日前只偿还最低还款额,3 月 5 日的账单中循环利息为(   )元。

(4) 根据(3)中的内容,则 3 月份的账单金额为(   )元。

解析:

(1) 2 月份的最低还款额=10 000×10%=1 000(元)

(2) 全额还款,循环利息为 0 元。

(3) 10 000×24×0.5‰=120(元)

   9 000×10×0.5‰=45(元)

   循环利息=120+45=165(元)

(4) 账单金额=10 000+165−1 000=9 165(元)

具体还款流程可参见图 3-3。

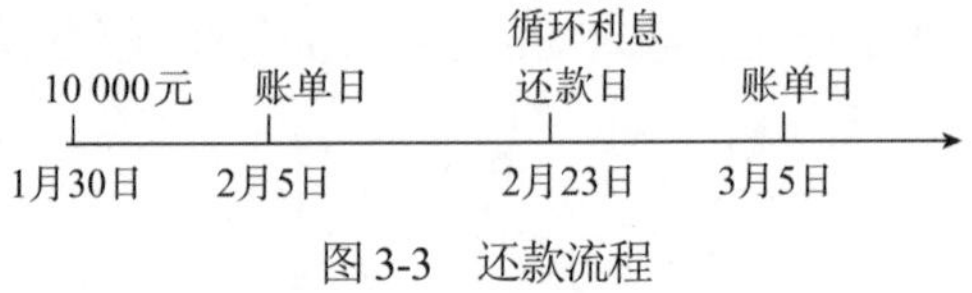

−1 000元
循环利息

10 000元   账单日   还款日   账单日

1 月 30 日   2 月 5 日   2 月 23 日   3 月 5 日

图 3-3 还款流程

5. 预借现金

信用卡预借现金业务包括现金提取、现金转账和现金充值。其中,现金提取,是指持卡人通过柜面和自动柜员机(ATM)等自助机设备,以现钞形式获得信用卡预借现金额度内资金;现金转账,是指持卡人将信用卡预借现金额度内资金划转到本人银行结算账户;现金充值,是指持卡人将信用卡预借现金额度内资金划转到本人在非银行支付机构开立的支付账户。

持卡人通过 ATM 等自助机办理现金提取业务，每卡每日累计不得超过人民币 1 万元；持卡人通过柜面办理现金提取业务、通过各类渠道办理现金转账业务的，每卡每日限额由发卡机构与持卡人通过协议约定；发卡机构可自主确定是否提供现金充值服务，并与持卡人协议约定每卡每日限额。发卡机构不得将持卡人信用卡预借现金额度内资金划转至其他信用卡，以及非持卡人的银行结算账户或支付账户。

（四）信用卡使用注意事项

1. 巧用自动还款，避免利息损失

为避免持卡人忘记还款而导致利息支出，建议采取自动转账还款的方式，也就是事先选择一个活期存款账户，并授权银行在还款日前一个工作日，根据账单上载明的还款金额直接从活期存款账户扣除。这种还款方式一般为全额还款，持卡人需要在存款账户中存入足量的资金，以备银行扣款之用；但如果存款账户中资金不足以全额还款，银行将以部分还款处理；如果存款账户余额低于月结单上的最低还款额，银行则不予扣款，并按未还款处理。

2. 留意年费相关事项

信用卡一旦激活，即使从来没有使用过，也要收取年费。一些银行为了开发更多客户，往往使用各种方式来吸引持卡人，免年费就是其中之一。可是免年费一般只是免第一年或两年内的费用，且往往捆绑着至少使用一个较长的固定期限的条件。所以持卡人在使用时应该注意，如果到期没有缴纳年费，银行将会在持卡人账户中自动扣款，而且银行所扣的款项将算作持卡人的透支提现，因此就要计算贷款利息，而且还会计算复利，所以不经常使用的信用卡，最好将其注销。

3. 莫把信用卡当借记卡

将持卡人还款时多缴的资金或存放在信用卡账户内的资金称为溢缴款。例如，本期需还款 900 元，实际还款 1 000 元，多出的 100 元就是溢缴款。中国人民银行发布的《关于信用卡业务有关事项的通知》中规定，对信用卡溢缴款是否计付利息及其利率标准，由发卡机构自主确定。因此持卡人应注意，最好不要将信用卡当作借记卡使用，部分银行对溢缴款取现需要收取一定金额的费用。

4. 提现收取手续费

信用卡提现并不享受免息还款期待遇，需要缴纳取现手续费。该笔手续费不得计收利息。例如，建设银行信用卡境内取现不分同城异地，取现手续费统一按交易金额的 1%收取，最低每笔 2 元人民币，最高每笔 100 元人民币，跨行取现不另收费。

5. 注意违约金

2017 年 1 月 1 日起实行的《关于信用卡业务有关事项的通知》中规定，取消信用卡滞纳金，对于持卡人违约逾期未还款的行为，发卡机构应与持卡人通过协议约定是否收取违约金，以及相关收取方式和标准。发卡机构对向持卡人收取的违约金不得计收利息。

思政专栏

中国大学生超前消费

iiMedia Research(艾媒咨询)调研数据显示，有54.9%的大学生赞成超前消费。在有超前消费行为的大学生中，近四成超前消费金额在500元～1 000元。艾媒咨询分析师认为，大学生对新鲜事物的接受能力较强，随着大学生消费需求的增加，大学生超前消费的行为日益普遍和流行。53.3%的受访大学生使用分期付款产品，此外分别有19.8%、17.4%的受访大学生会通过分期付款、贷款购买超过预算的产品。

虽然超前消费一定程度上可以缓解大学生当前的经济压力，但需要适度，避免过度消费、从众消费等错误观念。

资料来源：艾媒研究院发布的《2021年中国大学生消费行为调研分析报告》。

思考： 大学生群体在透支消费前，应当选择正规贷款渠道，树立正确消费观，花钱应"三思而后行"，避免消费陷阱。

二、保单质押贷款

所谓保单质押贷款，是保单所有者以保单作为质押物，按照保单现金价值的一定比例获得短期资金的一种融资方式。目前，我国存在两种情况：一是投保人把保单直接质押给保险公司，直接从保险公司取得贷款，如果借款人到期不能履行债务，当贷款本息达到退保金额时，保险公司终止其保险合同效力；另一种是投保人将保单质押给银行，由银行支付贷款给借款人，当借款人不能到期履行债务时，银行可依据合同凭保单由保险公司偿还贷款本息，保单质押贷款流程，如图3-4所示。

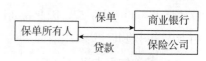

图3-4　保单质押贷款流程

然而，并不是所有的保单都可以质押，质押保单本身必须具有现金价值。例如，人身保险合同可分为两类：一类是医疗保险和意外伤害保险合同，此类合同属于损失补偿性合同，与财产保险合同一样，不能作为质押物；另一类是具有储蓄功能的养老保险、投资分红型保险及年金保险等人寿保险合同，此类合同只要投保人缴纳保费超过1年，人寿保险单就具有了一定的现金价值，保单持有人可以随时要求保险公司返还部分现金价值，这类保单便可以作为质押物。

此外，保单质押贷款的期限和贷款额度有限制。保单质押贷款的期限较短，一般不超过6个月。最高贷款余额不超过保单现金价值的一定比例，各个保险公司对这个比例有不同的规定，一般在70%左右；银行则要求相对宽松，贷款额度可达到保单价值的90%。期满后贷款一定要及时归还，一旦借款本息超过保单现金价值，保单将永久失效。目前保单贷款的利率参考法定贷款的利率，同时，保险公司和银行根据自身的情况，具体确定自己的贷款利率。

案例分析

现年 35 岁的张先生，是东莞一家小型服装企业的老板。张先生十分看好民族服装这一领域，想借机扩大自己的服装企业，但现实面临的最大问题就是资金不足。万般无奈之下，张先生想起今年 3 月份曾经一次性缴清了保费为 100 万元的人寿保险单，于是打算提前退保，但核算后却发现保费将明显亏损一大截。后来在保险公司人员的提醒下，张先生办理了某商业银行推出的人寿保单质押贷款，并最终根据保险公司核定的保单价值，获得了银行的贷款。

问题：张先生通过保单质押贷款，最高贷款额度是多少？

三、典当融资

典当是指当户将其动产、财产权利作为当物质押或者将其房地产作为当物抵押给典当行，交付一定比例费用，取得当金，并在约定期限内支付当金利息、偿还当金、赎回当物的行为。

办理出当与赎当，当户均应当出具本人的有效身份证件。当户为单位的，经办人员应当出具单位证明和经办人的有效身份证件；委托典当中，被委托人应当出具典当委托书、本人和委托人的有效身份证件。出当时，当户应当如实向典当行提供当物的来源及相关证明材料。赎当时，当户应当出示当票。所谓当票，是指典当行与当户之间的借贷契约，是典当行向当户支付当金的付款凭证。

可以进行典当的动产、不动产通常包括以下几种：汽车、房子、股票、名品等。

四、贷款融资

中国人的传统观念是非万不得已不愿借钱。其实负债并不单纯是负面的，关键是如何有效管理。先算好可负担的额度，再拟订偿债计划，按计划还清负债，以此来平衡现在与未来的生活、消费及投资方式。

银行贷款是目前客户融资的重要渠道，各银行推出的个人贷款服务里比较适合个人或家庭的有国债质押贷款、存单质押贷款等，是最可靠，手续最简便，获得资金最多的贷款方式之一。

任务三 制定现金规划方案

在分析了个人或家庭现金需求的基础上，就可以着手进行现金规划了。在现金规划的制定过程中，既要使客户的配置保持一定的流动性，又要实现一定的收益性。

一、确定现金及现金等价物的额度

合理确定现金及现金等价物额度实际上就是在现金及现金等价物的流动性和持有现金

及现金等价物的机会成本之间进行权衡。在为客户确定其个人或者家庭现金及现金等价物的额度时，应根据客户家庭收入和支出情况的不同，将其现金及现金等价物的额度确定为个人或家庭每月支出的3～6倍。现金及现金等价物的额度确定后，需要对个人或家庭的金融资产进行配置，具体的配置结构比例可以根据个人或家庭的偏好来进行。

二、介绍现金规划的融资方式

在介绍现金规划的一般工具配置后，应将各种融资方式向客户做一下介绍。注意比较各种融资方式之间的区别，着重体现在融资期限、额度、费用、便捷程度等方面。随着互联网经济的飞速发展，金融科技在金融领域的运用，各种新的规划工具层出不穷，理财从业人员应及时更新知识，掌握现金规划工具的运用方法及其优缺点。

三、形成现金规划报告

在充分了解、分析客户需求，选择了适合客户的理财工具，并制定出满足客户需求的现金规划方案后，就可以形成现金规划报告，交付客户了。

 案例分析

张先生两夫妻工作较稳定，夫妻两人没有炒过股票，只是三年前经人介绍以20 000元买入一只债券型基金，目前市值为21 500元。家里有现金8 000元，即将到期的定期存款210 000元，活期存款30 000元，具体如表3-6所示。张太太还有价值65 000元的首饰。一年的家庭总支出为102 103.12元。

表3-6　张先生家庭的流动性资产构成

现金	银行活期存款	银行定期存款	其他存款	货币市场基金
8 000元	30 000元	210 000元	0元	0元

从上表可以看出，张先生家庭目前流动性资产为248 000元，每月支出为8 508.59元，计算流动性比率：

$$流动性比率＝248 000÷8 508.59＝29.15$$

此计算结果表明，张先生家庭的流动性比率为29.15倍，明显高于3～6的参考值，也就是说，张先生家庭在不动用其他资产时，家庭的流动性资产可以支付家庭约29个月的开支，说明持有的现金类资产过多，资金的效率低下。这时，就应该进行现金规划，合理确定现金及现金等价物的额度。

根据分析张先生家庭职业及其收入的稳定程度，我们判断张先生家庭需要准备3～4倍的应急准备金以支付家庭日常开支和满足家庭的应急要求，即持有现金25 525.77～34 034.36元。保证家庭成员正常生活3～4个月的时间。

由此，张先生的现金和活期存款已经足够满足家庭的日常开支和应急要求。建议其减少

银行定期存款额度,将一部分资金购买货币市场基金。其收益高于活期存款,又可以灵活支取,还免缴利息税。同时可以申请一张额度为 20 000 元的信用卡,作为临时应急资金来源。

以学生家庭为例,编制现金流量表,确定现金及现金等价物,进行现金规划。

1. 储蓄是所有理财计划的源头,储蓄的工具主要包含活期储蓄、定活两便储蓄、整存整取、零存整取、整存零取、存本取息、个人通知存款等,还有特色储蓄工具。
2. 介绍了现金规划的一般工具和融资工具,以及如何运用这些工具。
3. 介绍了现金规划的其他融资工具,以及如何运用这些工具。
4. 阐述了制定现金规划的工作步骤。

项目训练

一、单选题

1. 下列不应列入现金流量表的是(　　)。
　　A. 红利与利息收入　　　　　　　　B. 人寿保险现金价值
　　C. 股票　　　　　　　　　　　　　D. 股权投资资本利得

2. 通常情况下,流动性比例应保持在(　　)左右。
　　A. 1～6 倍　　　B. 2～6 倍　　　　　C. 3～6 倍　　　　D. 10 倍以上

3. 小王持有某银行的信用卡,近期他打算出国旅游,于是向该银行电话申请调高临时信用额度,申请调高的临时信用额度一般在(　　)天内有效。
　　A. 15　　　　　B. 30　　　　　　　C. 45　　　　　　　D. 60

4. 小何因急需现金想通过信用卡取现,他的信用卡每卡每日取现金额累计不超过人民币(　　)元。
　　A. 10 000　　　B. 20 000　　　　　C. 30 000　　　　　D. 40 000

5. 流动性比例是现金规划中的重要指标,下列关于流动性比率的说法正确的是(　　)。
　　A. 流动性比率＝流动性资产/每月支出
　　B. 流动性比率＝净资产/总资产
　　C. 流动性比率＝结余/税后收入
　　D. 流动性比率＝投资资产/净资产

6. 制定个人理财目标的基本原则之一,是将(　　)作为必须实现的理财目标。
　　A. 个人风险管理　　B. 长期投资目标　　C. 预留现金储备　　D. 短期投资目标

二、多选题

1. 一般来说，个人或家庭进行现金规划的动机包括(　　)。
   A. 交易动机　　　B. 谨慎动机　　　C. 预防动机　　　D. 投机

2. 王女士购买了10万元的货币市场基金，该基金可以投资于(　　)。
   A. 一年以内的大额存单　　　　　　B. 一年以内的债券回购
   C. 可转换债券　　　　　　　　　　D. 剩余期限在397天以内的债券

3. 下列选项中属于现金规划工具的有(　　)。
   A. 现金　　　B. 股票　　　C. 信用卡　　　D. 保单质押

4. 下列选项中属于现金等价物的是(　　)。
   A. 现金　　　B. 活期存款　　　C. 货币市场基金　　　D. 股票基金

5. 关于储蓄品种，下列说法正确的是(　　)。
   A. 个人活期存款按月结息
   B. 整存整取50元起存，计息按存入时的约定利率计算
   C. 零存整取是一种约定存期，整笔一次存入，按固定期限分次支取利息，到期一次支取本金的一种定期存款
   D. 定活两便储蓄中，存期3个月以上不满半年的，按3个月定期存款利率打6折计息

6. 下列选项中，影响家庭现金流量的项目是(　　)。
   A. 现金与现金等价物之间的替代性增减变动
   B. 消费活动　　　　　　　　C. 投资活动
   D. 融资活动　　　　　　　　E. 改变理财目标

7. 现金管理是对现金和流动资产的日常管理，其目的在于(　　)。
   A. 实现资本增值　　　　　　B. 保障人身安全
   C. 满足未来消费的需要　　　D. 满足应急资金的需求
   E. 满足日常支出的需要

8. 现金规划工具中，属于融资工具的有(　　)。
   A. 现金　　　B. 信用卡　　　C. 保单融资　　　D. 典当

9. 在与客户面谈时，理财规划师需要事前通知客户准备与理财相关的(　　)资料。
   A. 家庭的记账记录　　B. 对账单　　C. 股票或债券凭证
   D. 保险单　　E. 儿女学历证明

10. 下列各项中，(　　)属于现金规划需要考虑的因素。
    A. 对金融资产流动性的要求　　　B. 个人或家庭的投资偏好
    C. 个人或家庭的风险偏好程度　　D. 持有现金及现金等价物的机会成本

三、简答题

1. 现金规划的一般工具有哪些？
2. 货币市场基金的特点有哪些？
3. 现金规划的融资性工具有哪些？你喜欢哪一种，为什么？

四、计算题

1. 张先生任职的公司目前经济效益不太稳定。家庭资产负债表中：现金 23 460 元，活期存款 36 542 元，定期存款 200 000 元。家庭现金流量表中：年支出是 106 080 元。计算流动性比例，判断是否合理，给出合理的现金备用金建议。

2. 沈先生任职的公司目前经济效益稳定。家庭资产负债表中：现金 2 100 元，银行活期存款 32 000 元，银行定期存款 280 000 元。家庭现金流量表中：年支出是 206 454 元。计算流动性比率，判断是否合理，给出合理的现金备用金建议。

3. 刘女士在某银行申请了信用卡，按发卡银行的规定，银行记账日为每月的 10 日，到期还款日为每月的 30 日。刘女士 5 月 21 日刷卡消费 1 000 元，若刘女士于 5 月 30 日前只偿还最低还款额 100 元，则账单中循环利息是多少？6 月份账单金额是多少？

4. 客户于 2021 年 11 月 5 号持某行信用卡刷卡消费 2 000 元，11 月 8 号透支取现 2 000 元(账单日为每月的 18 号，到期还款日为次月 8 号，手续费率 1%，日息 0.5‰)。计算账单金额是多少？最低还款额是多少？

5. 客户周某于 2021 年 7 月 1 日持某行信用卡刷卡消费 4 500 元，7 月 7 日刷卡消费 1 000 元。8 月 27 日还款 300 元(账单日为每月的 9 号，手续费率 1%，日息 0.5‰)。计算 7 月份账单的最低还款额是多少？8 月份的账单金额是多少？

消 费 规 划

知识目标

1. 熟悉购房财务决策的基本方法。
2. 掌握住房消费贷款的种类、条件和办理流程。
3. 了解住房消费贷款还款方式的选择。
4. 熟悉汽车消费规划的贷款流程、贷款额度的确定以及了解还款方式的选择。

能力目标

1. 能够熟练掌握等额本息和等额本金两种还款方式下每月还款额的计算方法。
2. 能够根据客户的实际情况为其制定购房规划方案。
3. 能够根据客户的实际情况为其制定购车规划方案。

思政目标

1. 培养学生在对社会财富进行合理追求的同时，提升对精神财富的追求，树立理性消费的理念。
2. 培养学生对欺诈消费宣传具备辨别能力，避免消费陷阱，承担起一定的社会责任。

 **案例引入**

勤与俭

在中原的伏牛山下，住着一位叫吴成的农民，他一生勤俭持家，日子过得无忧无虑，十分美满。相传他临终前，曾把一块写有"勤俭"两字的横匾交给两个儿子，告诫他们："你们要想一辈子不挨饿，就一定要照这两个字去做。"

兄弟俩分家时，将匾一锯两半，老大分得了一个"勤"字，老二分得了一个"俭"字。老大把"勤"字恭恭敬敬高悬家中，每天"日出而作，日落而息"，年年五谷丰登。然而他的妻子却过日子大手大脚，孩子们常常将白白的馍馍吃了两口就扔掉，久而久之，家里竟没有一点余粮。老二自从分得半块匾后，也把"俭"字当作"神谕"供放中堂，却把"勤"字忘到九霄云外。他疏于农事，又不肯精耕细作，每年收获的粮食就不多。尽管一家几口节衣缩食，省吃俭用，却依旧穷困。有一年遇上大旱，老大、老二家中都早已是空空如也。他俩情急之下扯下字匾，将"勤""俭"二字扔在地上。这时候，突然有纸条掉落出来，兄弟俩连忙拾起一看，上面写道："只勤不俭，好比端个没底的碗，总也盛不满！只俭不勤，坐吃山空，一定要受穷挨饿！"兄弟俩恍然大悟，"勤""俭"两字原来不能分家。吸取教训以后，他俩将"勤俭持家"四个字贴在自家门上，提醒自己，告诫妻室儿女，身体力行，此后日子过得一天比一天好。

资料来源：杨立功. 个人理财[M]. 北京：中国人民大学出版社，2015.

思考：如何规划好个人或家庭的日常消费，让自己的财务在任何时候都是安全和自由的？

消费规划主要是基于一定的财务资源，对个人或家庭消费水平和消费结构进行规划，以达到适度消费、稳步提高生活质量的目标。消费规划主要包括住房消费规划、汽车消费规划及个人信贷消费规划等。通过对个人或家庭的消费资源进行合理的、科学的、系统的管理，使个人或家庭在整个生活过程中保持消费资源的财务收支平衡，最终达到平衡家庭即期消费和未来消费的目标。

制定消费理财规划的业务流程，如图 4-1 所示。

图 4-1　制定消费理财规划业务流程

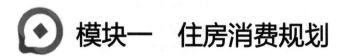 **模块一　住房消费规划**

住房消费规划就是对家庭购房支出进行合理安排，避免家庭背上沉重的房贷负担或导致

家庭整体生活质量的下降，合理规划住房支出，节约购房成本，减轻房贷压力，防止家庭产生债务危机，从而影响家庭理财目标的实现。

任务一　住房规划

一、住房规划的重要性

随着住房商品化政策的推行，普通大众更多会选择通过贷款的方式购房。近年来，在多种因素的影响下，我国房地产价格一直居高不下，个人或家庭购房往往对家庭生活影响较大，甚至成为家庭一定时期内最沉重的负担，有人还因此沦为债务负担沉重的"房奴"。巨大的债务压力，一方面严重影响了家庭目前的生活质量，另一方面也会影响个人或家庭其他财务目标的实现。目前各大银行不断进行个人金融业务创新，相继推出多种多样的还、贷款方式，更令普通大众不知如何选择。

为了避免这一问题，在个人或家庭购房之前，可以提前进行行之有效的财务规划，包括：根据负担能力、个人所处生命周期阶段选择合适的住房；设定购房目标，提前准备；根据客户的财务状况在各种还款方式中选择最佳的还款方式；将住房消费规划与其他规则如子女教育规划、保险规划、退休养老规划等相结合，综合考虑，最终确定最佳的理财方案等。

二、住房支出的分类

住房支出在家庭消费支出结构中所占的比重越来越高，如何规划住房支出成为人们越来越关心的问题，对这方面的理财需求也逐步增加。根据目的不同，住房支出可以分为住房消费和住房投资两类，如图4-2所示。

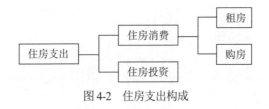

图4-2　住房支出构成

住房消费，是指居民为取得住房提供的庇护、休息、娱乐和生活空间的服务而进行的消费，这种消费的实现形式可以是租房，也可以是购房，按照国际惯例，住房消费价格常常是用租金价格来衡量的(对于自有住房的则用隐含租金来衡量)。

住房投资，是指将住房看成投资工具，通过住房价格上升来应对通货膨胀，获得投资收益，以达到资产保值或增值的目的。住宅投资包括对单个家庭住宅和对公寓(简称住房)的投资。住房以其使用寿命的长期性而被划分为资产，是任何财富拥有者都能够拥有的财富之一。

三、租房与购房

对于有住房消费的家庭来说,可以选择租房,也可以选择购房,究竟是购房还是租房,对于每个家庭都是需要合理规划的大问题。

适合租房的人群主要包括:①初入职场的年轻人,特别是刚毕业的大学生,收入低,经济能力不强,生活开销大,选择租房比较划算;②工作流动性较大的人群,在工作尚未稳定时买房,一旦工作调动或者失去工作将面临无法承担高额月供的危机;③收入不稳定的人群,购房后的还贷压力较大,一旦出现难以还贷的情况,房产甚至有可能被银行没收。

适合买房的人群主要包括:①财力相对雄厚的人群,工作多年、经济实力雄厚的人群有能力负担大额债务;②置业愿望升级的人群,追求舒适居住环境,有强烈购置新房需要的人群会选择买房来满足对生活品质的追求;③准备结婚的人群,准备结婚的人大多有购房需求,大部分家庭会选择买房而不是租房。

案例分析

王小武看上了一套100平方米的住房,该住房可租可售。如果租房,房租每月5 500元,押金为1个月的房租。如果购房,总价120万元,可申请60万元贷款,房贷利率为6%,自备首付款60万元。王小武租房与购房的成本分析如下(假设押金与首付款机会成本为3%)。

$$租房年成本 = 年租金 + 押金 \times 存款利率$$
$$= 5\ 500 \times 12 + 5\ 500 \times 1 \times 3\%$$
$$= 66\ 165(元)$$

$$购房年成本 = 首付款 \times 存款利率 + 贷款 \times 贷款利率$$
$$= 600\ 000 \times 3\% + 600\ 000 \times 6\%$$
$$= 54\ 000(元)$$

四、做购房财务决策的基本方法

在提出购房财务决策前,首先应了解客户的购房时间、购房面积、购房单价是否合理,并综合客户的现实财务状况和还贷能力来确定。做购房的财务决策通常采用以下两种基本方法。

(一) 以储蓄及还贷能力估算负担得起的房屋总价

可负担首付款=目前净资产在未来购房时的终值+目前到未来这段时间内年收入
在未来购房时的终值×年收入中可负担首付比例的上限

可负担房贷=以未来购房时年收入为年金的年金现值×年收入中可负担贷款的比率上限

可负担房屋总价=可负担首付款+可负担房贷

可负担房屋单价=可负担房屋总价/计划购买的房屋面积

【例4-1】 赵先生年收入为 80 000 元，预计收入增长率 3%。目前净资产 120 000 元，储蓄率上限为 40%，打算 5 年后购房，投资回报率 10%，贷款年限 20 年，利率以 6% 计算。赵先生可以负担的房屋总价是多少？

解析：赵先生届时可以负担的房价计算如下。

首付款部分＝120 000×复利终值系数 1.61＋80 000×40%×年金终值系数 6.105
        ＝388 680(元)

贷款部分＝(80 000×复利终值系数 1.159)×年金现值系数 11.469×40%＝425 362(元)

届时可负担的房价＝首付款＋贷款＝388 680＋425 362＝814 042(元)

可负担的最高首付比例＝388 680/814 042＝48%

(二) 按购买的房屋价格来计算首付和月供

欲购买的房屋总价＝房屋单价×需求面积

需要支付的首付款＝欲购买房屋总价×(1－按揭贷款成数比例)

每月摊还的贷款本息费用＝需要支付的贷款部分以月为单位的准年金值

【例4-2】 张先生欲购买 100 平方米的房子，若房屋价格是 8 000 元/平方米，则所需费用为 800 000 元。假设 7 成按揭，贷款期限 20 年，年贷款利率为 6%，以每月固定金额进行还款。计算张先生的首付款和月供。

解析：张先生需要支付的首付款和月供计算如下。

需要支付的首付款＝800 000×(1－70%)＝240 000(元)

需要支付的贷款数额＝800 000×70%＝560 000(元)

利用理财计算器求得每月需要摊还的贷款本息费用＝4 012(元)

所以，张先生如果每月除了应付日常生活外还能节余 4 012 元，就可以买 8 000 元/平方米的房子，首付款为 240 000 元，月供 4 012 元。

 实训活动

1. 调查毕业 5 年后的大学生购房和租房的比例，并分组讨论。
2. 学生分组走访调查周边新住宅小区住户，了解住户的购房成本都包括哪些。

任务二　贷款方式的确定

对多数人来说，购房的花销太大，很少有人可以一次性付清所有的购房款项，因此，住房规划中另外一个重要问题是关于购房融资的规划，即贷款购买住房。我国商业银行目前开办的个人住房消费贷款主要有：个人住房公积金贷款、个人住房商业性贷款、个人住房组合贷款等。

一、个人住房公积金贷款

（一）住房公积金贷款的定义及特点

住房公积金制度是为解决职工家庭住房问题的一种政策性融资渠道。住房公积金由国家机关、事业单位、各类企业、社会团体和民办非企业单位及其在职职工按职工工资的一定比例逐月缴存，归职工个人所有。住房公积金专户存储，专项用于职工购买、建造、翻建、大修自住住房，并可以向职工个人提供住房贷款，具有义务性、互助性和保障性等特点。

（二）住房公积金贷款的对象

住房公积金贷款的对象是在本地购买自住住房，同时在当地住房公积金管理中心系统缴存住房公积金的缴存人和汇缴单位的离退休职工。

（三）住房公积金贷款的条件

(1) 具有当地城镇常住户口或有效居留身份证明(如身份证、户口簿、军人证件、居住证等)。
(2) 具有稳定的职业和收入，有偿还贷款本息的能力。
(3) 具有购买住房的合同或有关证明文件。
(4) 提供住房资金管理中心同意的担保方式。
(5) 符合住房资金管理中心规定的其他条件。

（四）住房公积金贷款的贷款期限

住房公积金贷款的一般贷款期限为 15～30 年，最长不超过 30 年。女性不超过 55 岁，男性不超过 60 岁。

（五）住房公积金贷款的还款方式

住房公积金贷款的还款方式主要以一次性还本付息、等额本金还款和等额本息还款为主，等比累进还款法、等额累进还款法、增本减息法和宽限期还款法使用较少。

（六）住房公积金贷款流程

住房公积金贷款流程如下：
贷款申请→住房公积金管理中心审查→办理贷款手续→受托银行放款→办理购房手续→按期还款→贷款结清。

二、个人住房商业性贷款

（一）个人住房商业性贷款的概念

个人住房商业性贷款，又称"按揭"，是银行用其信贷资金所发放的自营性贷款，具体指具有完全民事行为能力的自然人，购买本市城镇自住住房时，以其购买的产权住房(或者银行认可的其他担保方式)为抵押，作为偿还贷款的保证而向银行申请的商业性贷款。

(二) 商业性住房贷款可选择的贷款方式

目前，商业性个人住房担保贷款有三种贷款担保方式可供借款人选择，即住房抵押、权利质押和第三方保证，借款人可以根据自身情况选择其中一种。

1. 住房抵押贷款担保

以住房抵押作贷款担保时，贷款银行可接收的抵押物有所购买的住房、自己已经拥有(有产权)的住房。如果借款人以所购住房作抵押，按贷款银行的规定，则不需要对抵押物进行评估，对借款人来说，可以节省一笔评估费用；如果以自己已经拥有产权的住房作抵押，该抵押物则需要经过银行指定的评估机构进行评估，抵押人需要支付一笔评估费用。目前评估费用是按照政府规定的房地产评估收费标准收费的。

以住房抵押作贷款担保，借贷双方要按有关法律规定到房地产管理机关办理抵押物登记手续，抵押登记费用由借款人承担。借款人选择住房抵押作为贷款担保方式，还需按规定到贷款行认可的保险公司购买抵押物财产保险和贷款保证保险，并明确贷款银行为本保险的第一受益人。保险期不得短于贷款期，保险金额不低于贷款的全部本息，抵押期间保险单由贷款银行保管，保险费用由借款人承担。采取抵押担保方式，借款人要支付抵押登记费用、保险费用和抵押物评估费用，如果借款人经济条件较为富足，这种方式是较为理想的选择，也是银行最愿意接受的贷款担保方式。

2. 权利质押贷款担保

以权利质押作贷款担保时，银行可接受的质押物是特定的有价证券和存单。有价证券包括国库券、金融债券和银行认可的企业债券，存单只接受人民币定期储蓄存单。借款人申请质押担保贷款，质押权利凭证所载金额必须超过贷款额度，即质押权利凭证所载金额要至少大于贷款额度的 10%。

各种债券要经过银行鉴定，证明真实有效，方可用于质押，人民币定期储蓄存单要有开户银行的鉴定证明及免挂失证明，借款人在与银行签订贷款质押合同的同时，要将有价证券、存单等质押物交由贷款银行保管，并由贷款银行承担保管责任。如果借款人要求进行公证，双方可以到公证机关办理公证手续，公证费用由借款人承担。

选择质押贷款担保方式，要求居民家庭有足够的金融资产，依靠这些金融资产完全可以满足购房消费的需要，只是购房时难于变现或因变现会带来一定损失而不想变现。因此，这种贷款担保方式只有少数人才能用到。

3. 第三方保证贷款担保

以第三方保证作贷款担保时，需要借款人提供贷款银行认可的保证人。按照贷款银行的规定，保证人必须为企业法人，为借款人提供贷款保证为不可撤销的连带责任保证。

借款人选择这种担保方式，首先要了解银行认可的第三方法人保证人需要具备的条件。从银行的有关贷款规定来看，借款人要提供第三方法人的营业执照复印件；第三方法人能独立核算,自负盈亏;有健全的管理机构和财务管理制度,有相当于 AA 级以上的企业信用等级;无重大债权债务纠纷等。若第三方法人不符合这些条件或不符合其中任何一条,都不能通过贷款银行的审查。虽然资信好的非公益事业单位法人按规定也可以为本单位职工提供贷款担保,但需要贷款银行认可才行。因此,选择第三方保证作贷款担保有一定难度。

(三) 个人住房商业性贷款的贷款条件

目前我国商业性个人住房贷款的对象为具有完全民事行为能力的中国自然人,其必须符合以下贷款条件。

(1) 有当地常住户口或有效居留身份证明(身份证、户口簿、军人证件、居住证等)。

(2) 有稳定的职业和收入。

(3) 信用良好,有按期偿还贷款本息的能力。

(4) 有贷款人认可的资产作为抵押或质押;或借款人不能足额提供抵押(质押)时,有贷款人认可并符合规定条件,具有足够代偿能力的单位或个人作为偿还贷款本息并承担连带责任的保证人。

(5) 有购买住房的合同或协议,或有关批准文件。

(6) 所购住房价格基本符合贷款人或其指定的房地产评价机构给出的评估价值。

(7) 不享受购房补贴的,以不低于所购住房全部价款的 20%的存款或现金作为购房首期付款;享受购房补贴的,以个人承担部分的 20%的存款或现金作为购房首期付款。

(8) 贷款行规定的其他条件。

以上条款借款人需同时具备,且借款人应保证所提供文件的真实性、合法性。如因借款人的原因造成贷款人的损失,借款人应负赔偿责任。

(四) 个人住房商业性贷款的贷款期限

个人住房商业性贷款期限一般为 15~30 年不等,各家银行规定有所不同。

(五) 个人住房商业性贷款的还款方式

个人住房商业性贷款的还款方式与个人住房公积金贷款类似,主要以一次性还本付息、等额本金还款和等额本息还款为主,等比累进还款法、等额累进还款法、增本减息法和宽限期还款法使用较少。

(六) 还款期内银行利率调整对还款额的影响

根据中国人民银行的规定,还款期间如遇国家调整利率,贷款期限在 1 年以内(含 1 年)的,实行合同利率,不分段计息;对于 1 年期以上贷款,于下一年年初开始,按相应期限档次利率进行调整。调整的计算原则是按原利率计算出利率变动点的现值,即未归还的贷款余额,再以调整后的利率重新计算本月还款额。

(七) 申请个人住房商业性贷款的相关费用

(1) 律师费:一般为申请贷款额的 3‰,由律师事务所收取。

(2) 保险费：为房价总额×费用系数×贷款年限，申请人一次交清，由保险公司收取。

(3) 印花税：为申请贷款额的 0.05%，由税务局收取。

(4) 银行开户费：人民币 10 元，由银行收取。

(八) 申请个人住房商业性贷款的流程

个人住房商业性贷款的流程为：

贷款申请→银行审查→签订合同→发放贷款→按期还款→贷款结清。

三、个人住房组合贷款

(一) 个人住房组合贷款的定义

个人住房组合贷款是指符合个人住房商业性贷款条件的借款人又同时缴存住房公积金的，在办理个人住房商业性贷款的同时还可以申请个人住房公积金贷款。

(二) 个人住房组合贷款的贷款对象

个人住房组合贷款，只要是同时符合个人住房按揭贷款和个人住房公积金贷款条件的申请人都可以申请。

(三) 个人住房组合贷款的贷款条件

(1) 具有当地城镇常住户口或有效居留身份证明(如身份证、户口簿、军人证件、居住证等)。

(2) 具有稳定的职业和收入，有偿还贷款本息的能力。

(3) 具有购买住房的合同或有关证明文件。

(4) 有住房资金管理中心认可的资产作为抵押或质押；或借款人不能足额提供抵押(质押)时，有贷款人认可并符合规定条件，具有足够代偿能力的单位或个人作为偿还贷款本息并承担连带责任的保证人。

(5) 符合住房资金管理中心规定的其他条件。

(四) 个人住房组合贷款的贷款期限

与个人住房商业性贷款类似，一般为 15～30 年不等，各家银行规定有所不同。

(五) 还款方式

与个人住房商业性贷款类似，主要以一次性还本付息、等额本金还款法和等额本息还款法为主，等比累进还款法、等额累进还款法、增本减息法和宽限期还款法使用较少。

 实训活动

学生分组到周边新建小区售楼部调查，了解该小区每平方米房价为多少，然后模拟购买

一套房产，分别选择公积金贷款方式和商业性贷款方式，以熟悉购房的贷款流程。

任务三 还款方式的确定

相对来说，住房支出是一笔巨大的开支。如果将还款期限选择得太短，势必会造成每月的还款金额比较多，甚至会影响日常生活质量，造成沉重的负担。所以，应该根据购房人的实际情况，选择适合自己的还款期限及还款方式。

一、确定首付款

在购房时首先要解决的问题是首付款的支付。购房者向银行申请住房消费信贷时，银行一般要求借款人支付房屋总价的20%～30%，这笔资金称为首付款。目前，各类住房消费贷款的最高贷款额度一般为房款的80%，即借款人在申请贷款前首先必须有20%的房款储蓄。例如，要购买一套总价100万元的房子，借款人手上至少要有20万元的自有资金。但对于普通百姓来说，20%的支出仍然是一笔不小的支出，所以也要提前规划，每年都要进行购房资金的积累，将部分收入进行储蓄，以备购房之需。

借款人在进行贷款额度决策时，需要考虑资金的机会成本，也就是如果手中已经有的资金投入其他渠道的回报率高于增加贷款带来的利息成本，则可以尽量申请最大额度的贷款。反之，对于一般购房者而言，存款利率低于贷款利率，同时又没有更好的投资渠道，这种情况下可以考虑少占用银行资金，以节约利息支出。

二、选择适当的还款方式

在解决了首付款的问题后，其余的房款则可以通过贷款解决。借款人在获得住房贷款后，须定期向银行归还本息，还款方式可采用等额本息还款法、等额本金还款法、等额递增还款法和等额递减还款法。分期还款一般采取按期计息方式，在放款当期暂不要求借款人归还借款，而是要求其于下个结息期归还应还款项。一般以个人住房贷款放款日当期实际天数加计下个结息期为贷款首期。

(一) 等额本息还款法

1. 等额本息还款法的含义

等额本息还款法是指在贷款期限内每月以相等的金额平均偿还贷款本金和利息的还款方式。每月等额偿还本息是个人住房抵押贷款中常见的一种还款方式，适用于收入稳定的家庭，如公务员、教师等，这也是目前绝大多数人采用的还款方式。

这种还款方式的优点是每月还相同的数额，借款人操作相对简单，等额支付月供，也方便贷款人合理安排每月收支；缺点是由于利息不会随本金数额归还而减少，还款总利息较等额本金还款法高。

2. 等额本息还款法计算

等额本息还款额可以直接通过理财计算器计算，也可以通过下列公式进行计算。

$$每月还款额 = \frac{贷款本金 \times 月利率 \times (1+月利率)^{还款期限}}{(1+月利率)^{还款期限} - 1}$$

【例4-3】张先生向银行申请了20年期30万元贷款，利率6.273%，采用等额本息还款法，请问每月还款额为多少？

$$每月还款额 = \frac{300\,000 \times 6.273\%/12 \times (1+6.273\%/12)^{240}}{(1+6.273\%/12)^{240} - 1}$$
$$= 2\,196.81(元)$$

(二) 等额本金还款法

1. 等额本金还款法的含义

等额本金还款法是指在贷款期限内贷款人将本金分摊到每个月内，同时付清上一交易日至本次还款日之间的利息。这种还款方式总的利息支出较低，前期支付的本金和利息较多，还款负担逐月递减，适用于目前收入较高但预期将来收入会减少的人群，如面临退休的人，还适用于还款初期还款能力较强，并希望在还款初期归还较大款项来减少利息支出的借款人。

这种还款方式的优点是随着还款次数的增多，还款压力日趋减弱，总体归还利息比等额本息还款法少；缺点是初期还款额比等额本息还款额要高。

2. 等额本金还款法计算

等额本金还款额可以直接通过理财计算器计算，也可以通过下列公式进行计算。

$$每月还款额 = \frac{贷款本金}{还款期数} + (贷款本金 - 累计已还本金) \times 月利率$$

【例4-4】刘先生向银行申请了20年期30万元贷款，利率6.273%，采用等额本金还款法，请问每月还款额为多少？

每月偿还的本金 = 300\,000 ÷ 20 ÷ 12 = 1\,250(元)

第一个月还款额 = 1\,250 + (300\,000 - 0) × 6.273\%/12 = 2\,818(元)

第二个月还款额 = 1\,250 + (300\,000 - 1\,250) × 6.273\%/12 = 2\,812(元)

依此类推，

最后一个月还款额 = 1\,250 + (300\,000 - 1\,250 × 239) × 6.273\%/12 = 1\,256(元)

(三) 等额递增还款法

等额递增还款法是指客户在办理个人住房商业性贷款业务时，与银行商定还款递增的间隔和额度，在初始时期按固定额度还款，并且此后每个月根据间隔期和相应递增的额度进行还款的操作方法。优点是当借款人还款能力发生变化时，可通过调整递增额度或间隔期来适应借款人还款能力的变化；缺点是还款压力在后期会逐渐增大，全期所付利息较多。

该方法适用于目前收入一般、还款能力较弱，但未来收入会逐渐增加的人群，如大学毕业不久的年轻人。

(四) 等额递减还款法

等额递减还款法是指客户在办理个人住房商业性贷款业务时，与银行商定还款递减的间隔和额度，在初始时期按固定额度还款，并且此后每个月根据间隔期和相应递减的额度进行还款的操作方法。优点是还款的本金阶段性减少、减少借款人的利息负担；缺点是期初的还款本金金额大。

该方法适用于目前还款能力较强，但预期收入将减少的人群，或者目前经济条件较宽裕的人，如中年人、未婚的白领人士。

案例分析

张先生购买了一套总价 500 000 元的新房，首付 200 000 元，贷款 300 000 元，利率为 8%，期限为 30 年。

(1) 如果采用等额本息还款法，每月还款额为多少？第一个月所还本金和利息为多少？一共还多少本金和利息？

(2) 如果采用等额本金还款法，第一个月还多少本金和利息？一共还多少本金和利息？

具体的计算方法有以下几种：使用专业的理财计算器、利用年金系数表、使用 Excel 软件等。贷款本金为 300 000 元，还款期数为 360 期。

(1) 采用等额本息还款法，计算过程如下。

利用理财计算器，可以求出每期还款金额为 2 201.29 元。

第一个月所还利息 $= 300\,000 \times 8\% \div 12 = 2\,000$(元)

第一个月所还本金 $= 2\,201.29 - 2\,000 = 201.29$(元)

一共还的本金 $= 300\,000$(元)

一共还的利息 $= 2\,201.29 \times 360 - 300\,000 = 492\,464.40$(元)

(2) 采用等额本金还款法，计算过程如下。

每期还款本金 $= 300\,000 \div 360 = 833.33$(元)

由于等额本金还款法每月偿还本金相同，所以第一个月所还本金为 833.33 元。

第一个月所还利息 $= 300\,000 \times 8\% \div 12 = 2\,000$(元)

第一个月所还本息 $= 833.33 + 2\,000 = 2\,833.33$(元)

一共还的本金 $= 300\,000$(元)

利用理财计算器求出一共还的利息为 361 000 元。

通过对比可以看出，等额本息还款法每月还款额度都相等，全部还款后所偿还的利息较多；等额本金还款法前期还款压力较大，后期还款压力逐渐减轻，全部还款后所偿还的利息较少。

三、提前还款的决策

提前还款是指借款方在还款期未到之前即先行偿还贷款的行为。目前个人住房公积金贷款和部分银行的个人住房商业性贷款允许借款人提前还款，但一般要收取一定的违约金。

(一) 提前还款的方法

提前还款包括以下几种方法。

第一种，全部提前还款，即客户将剩余的全部贷款一次性还清，不用还利息，但已付的利息不退还。

第二种，部分提前还款，月供不变，缩短还款期限，节省利息较多。

第三种，部分提前还款，减少月供，还款期限不变，但节省利息程度低于第二种。

第四种，部分提前还款，减少月供，缩短还款期限，节省利息较多。

第五种，部分提前还款，增加月供，缩短还款期限，节省利息较多。

 案例分析

假如 2015 年 2 月 1 日王先生购买一套价值 1 000 000 元的房子，首付 30%后，贷款额为 700 000 元，贷款期限 20 年，利率 6.04%，用等额本息还款法计算，月供为 5 031.18 元，20 年利息总支出高达 507 484.20 元。王先生打算 2019 年 6 月 1 日提前还款。以此案为例，对上述前三种提前还款方式进行比较。

采用第一种方法，则王先生将全部提前还清剩余本金 613 702.87 元，提前还贷节省的利息支出为 332 159.97 元。

采用第二种方法，则王先生提前还款 100 000 元，仍保持之前的月供水平，即 5031.18 元，最后还款期限由原来的 2035 年 1 月 1 日提前到 2031 年 4 月 1 日，贷款期限则缩短为 16 年 2 个月，提前还贷节省的利息支出为 127 679.46 元。

采用第三种方法，则王先生提前还款 100 000 元，最后还款期限仍为 2035 年 1 月 1 日，月供减少为 4 204.6 元，提前还贷节省的利息支出为 54 571.31 元。

缩短期限是节省利息的关键因素，而月供减少、不变与增加将使利息的节省程度逐步提高。因此，房贷消费者要根据自己的资金实力和未来收入预期最终选择适合自己的还贷方式。

知识链接

提前还贷选择等额本金还款法

中国工商银行理财专家认为，市民在选择贷款期限时一定要充分考虑自己的资金运作和后续资金来源。举例来说，许先生贷款时选择了最高年限 30 年，总额 68 万元的贷款。其开始一年每月等额还款金额为 3 906.62 元，其中，3 160.99 元为利息，745.63 元为本金，一年来这位客户共还本金为 745.63×12＝8 947.56 元，偿还利息为 3 160.99×12＝37 931.88 元。可见等额本息法下，这一年中大部分资金偿还的只是利息，而本金占比较低。此时若选择提前还贷，会有大量利息损失。因此，如果您有提前还贷的预期，最好选择等额本金还款法，贷款期限也不宜过长。

资料来源：根据百度百科相关内容整理而来。

(二) 提前还款的注意事项

1. 在借款最初 1 年内不要提前还款

按照公积金贷款的有关规定，部分提前还款应在还贷满 1 年后提出，并且归还的金额应超过 6 个月的还款额，还应注意借款合同中规定提前还款者不应出现逾期不还的情况，如果有逾期不还，应先还完欠款再申请提前还贷。

2. 提前还贷意味着放弃一部分流动资金

住房贷款属于长期贷款，其利率是一年一调，也就是说，即便近期利率调整，个人房贷新利率也要从第二年 1 月 1 日起开始实行，提前还贷意味着必须放弃一部分流动资金，同时承担较大的资金压力。要知道，和银行打交道可是"还钱容易借钱难"，因此提前还贷应量力而为。

3. 借款人是否有更好的投资渠道

当借款人有一定储蓄时，与其去银行还款，不如寻觅好的投资渠道"钱生钱"，投资股票或基金也是不错的选择。

4. 应考虑时间价值的损耗

在住房贷款中，提前还款之所以少付了许多利息，原因就是归还本金的速度在加快，所占用的银行资金减少了而已。但是货币是有时间价值的，比如别人向你借了 1 万元，由于物价上涨因素，可能半年后还回来的 1 万元实际上只值 9 000 多元。所以在物价上涨时，那些本来打算一次付清房款的人可以去找银行贷款，而对于已经贷款买房的，一般也没有必要提前还清。

5. 注意公积金的提取

如果购房者选择的是公积金贷款，在提前还贷后，公积金将停止使用，并按活期利率存起来，到退休时才能提取，这一块资金在未来的岁月里带来的收益非常有限。当然，公积金政策根据地区会有所不同，部分地区允许以 1 年为单位提取公积金用来偿还住房贷款，此时也可以考虑灵活利用公积金。

(三) 提前还款的贷款违约金

为了限制提前还款，有些贷款机构提出了一个概念叫实质性的提前还款。各贷款机构对实质性的行为有不同的标准，但一般是指在 12 个月内，借款人提前还款金额超过了本金余额的 20%。有些银行在这个概念下，要求借款客户支付提前还款的违约金。

提前还款的违约金是在借贷款双方的合同中共同认可的条款，一旦借款方在指定的时间内提前还清全部贷款或大部分本金，借款人将支付一笔违约金。违约金一般是按照提前还款时未结余额的百分比计算(一般是 2%～5%)或规定若干个月份的利息，但最高违约金会受到合同或法律的约束。

 实训活动

学生分组，利用实地调查、网上查阅等方法，了解商业银行提前还款的相关规定。

任务四 住房投资规划

住房投资是指投资人把资金投入土地及房屋开发、房屋经营等服务活动，以期待获得收益或回避风险的活动。它的活动成果是形成新的住宅或改造利用原有住宅，其实质是通过住宅的投资活动实现资本金的增值。应当说明，购买第一套住房不能称为投资，只有购买第二套或多套住房时，才能称为投资。

住房投资一般包括两个方面：①涉及住房购买的资金筹措与运用；②对现有住房给予适当财务安排的权益理财。具体操作中，两项有着某些交叉。房价不断上涨的时代，随着住宅交易规则的不断完善，灵活利用这一投资工具，能较好实现家庭居住生活质量改善和资产保值增值的目的。

一、住房投资的优势与劣势

(一) 住房投资的优势

1. 可观的收益率

住房投资的收益主要来源于持有期的租金收入和买卖差价。住房投资的平均收益率一般高于银行存款和债券，并仅次于投资股票的收益率。对于我国这样一个人口众多，并且正逐渐向工业化、城市化转型的国家来说，城市住房增值潜力更大。如果在 20 年之内，我国的城市化率从目前的 30%提高到 50%，就有 2.5 亿人需要到城市居住，庞大的市场潜力意味着现有城市规模的扩张，这必然伴随着城市边缘地价的升值及城市现有土地或住房价格的上升。

2. 所得税优势

能够得到所得税抵免是住房投资的另一优势。尽管各国税法不同，从住房投资中得到的税收好处也不同，但基本原理大同小异。一般来说，在大多数西方国家，购房贷款的利息、房屋的折旧都可以抵减应税所得，这样利用银行贷款买房就比租房更合算。如果租房，只需交纳租金；如果买房则需要付息还本。在一个均衡的市场上，房屋的租金一般要弥补占用资金的利息成本和房屋本身的折旧费用，那么买房与租房的实际每年支出可能相差不多。但房租是在税后支付的，而贷款买房，还本付息的金额是在税前支付的，这就是贷款买房的避税优势。

3. 对抗通货膨胀

银行存款、债券的价值往往会受到通货膨胀的侵蚀，而实物投资或者对实际财富享有所

有权的投资，比如房地产、股票，往往能够抵消通货膨胀造成的实际财富的损失。对我国的投资者来说，由于股票市场的一些制度性缺陷，投资价值不强，房地产投资无疑将成为最好的对抗通货膨胀的手段之一。

（二）住房投资的劣势

1. 缺乏流动性

一般来说，房屋不是标准化产品，也没有公开交易的二级市场，因此住房投资的流动性相对要低一些。买卖房屋很费时，并且房屋不可能在任意时间轻易按市场价格或者接近市场的价格出售。此外，购买和销售的费用也很高。一般来说，完成一次交易，交易各方需要承担 2%～3%的税费。对于以自有资金投资的房屋，在需要流动性的时候也可向银行抵押贷款，但成本也不低，并且房产价值评估及银行发放贷款都需要时间。

2. 需要大笔首期投资

在住房投资中，通常都需要有一大笔首期投资额。例如，购买一处价值 100 万元的住房，投资者一般需支付 20%～30%的首期投资，即需要 200 000～300 000 元。

3. 房地产周期与杠杆带来的不利影响

房地产市场也呈现着明显的周期性特征。在房地产市场周期中的衰退期，当房屋的价格(和租金)下降时，对投资者非常有利的财务杠杆此时就变得对投资者非常不利了。

4. 风险较高

住房投资被许多人认为是一种本质上风险很高的投资形式。首先，它的地理位置和固有特征一般是难以改变的。这样，当一些不利的变化发生时，房屋的市场价格和租金都会大幅下降，例如，城市区划改变、政府增加房产税、某地区的大公司突然搬迁或者附近新建的楼宇相继落成等。其次，在经济衰退期，房屋价值的下跌速度与其他权益投资的下跌速度一样，有时甚至会更快。

二、住房投资的方式

1. 直接购房投资

直接购房投资，即投资者用现款或向银行抵押贷款的方式直接向房主或房地产开发商购买住房，并适当装修、装饰后出售或出租以获取投资回报。这是一种传统的投资方式，也是住房投资者目前最常用的方式之一。如果投资者以抵押贷款的方式取得房屋，然后将其出租，用租金收入来偿还贷款本息，就可以看成是"以租养贷"。

2. 期房投资

期房又称预售房，是指开发商在楼盘未完全竣工时，通过向政府房产管理部门申请并取得商品房预售许可证后预先出售的房屋。投资者在购买时，可以用自有资金支付购房款，也可以首付住房约定销售价格的一部分，然后和开发商一道向银行申请按揭贷款，即银行向开发商支付余款，投资者承诺此贷款的还本付息。

期房投资则是指购买期房的投资者在房屋还没有完工交付时便将购房合同更名转让，赚取差价。对于按揭购买，投资者只需支付一部分房款便可以获得房产增值的收益，因此杠杆较高，投资利润较大，但同时由于房屋尚未建成，会有较大的投资风险。

3. 以旧翻新

所谓以旧翻新，就是把旧楼买来或租来，然后投入一笔钱进行装修，以提高其附加值，最后将装修一新的楼房出售或转租，从中赚取利润。采用这种方式投资商品房时，应尽可能选择地段好、易租售的旧楼，如学校、写字楼附近的单身公寓就极受欢迎。另外，在装修之前，一定要结合地段经营状况及房屋建设结构，确定装修之后楼房的使用性质及目标顾客，切忌盲目。

4. 以租养租

所谓以租养租，就是长期租赁低价楼房，然后加价转租，从中赚取租金差价。以租养租这种操作手法又叫当"二房东"。有些投资人将租来的房产转租获利相当丰厚。如果投资者刚开始做房地产生意，资金严重不足，这种投资方式比较合适。

5. 以租代购

所谓以租代购，是指开发商将空置待售的商品房出租并与租户签订购租合同。若租户在合同约定的期限内购买该房，开发商即以出租时所定的房价将该房出售给租户，所付租金可充抵部分购房款，待租户交足余额后，即可获得该房的完全产权。这种方式发源于广州、上海等经济发达地区，虽然是房地产开发商出售商品房的一种变通方式，但对消费者来说，也不失为一种理财的好方法。

学生分组，到新建小区售楼部调查，了解购房投资客户的比例有多少，分析国家房地产政策、房贷政策对个人投资房产的影响。

投资是时间维度上的平衡消费

投资和消费似乎是泾渭分明的：要么是投资，要么是消费。有人也许会问，它们之间的区别真有这么明显吗？

我们每天吃饭，是投资还是消费？吃饭当然是消费，但是，不吃饭我们还能工作吗？为了能工作，我们每天吃的饭就是投资。

度假旅行，是投资还是消费？一般人会说，这当然是消费。但我们也可以把它看作投资，这是对记忆力的投资。将来我们老了，走不动了，那时我们还能回味昔日的美好时光。那么，年轻时的旅行，就是为年老时的回忆所做的投资。

可见，投资和消费之间并没有绝对的区别。

欧文·费雪在他的《利息理论》里面有一句名言："投资是时间维度上的平衡消费。"

投资其实就是消费，投资只不过是在时间维度上的平衡消费。这句话非常精彩，一下子就将投资和消费之间的界限打通了。它们是一回事，只不过是人们为了追求最大的收益，在时间上做的一个平衡而已。

今天的年轻人有很多时间，但有一部分"今朝有酒今朝醉"，把所有时间都用来玩。玩是可以的。连续玩一个星期、一个月、一个季度，都是可以的，但是，如果一直这么玩下去，将来的日子可能就不好过了。

反过来，他们今天吃些苦，多花一点时间来学习，将来的日子会更好过，这是一种平衡消费的观点。要知道，我们每个人追求的，不是今天的消费最大化，也不是明天的消费最大化，而是一生每一个时间点的收入之和最大化。

这也让我想起阿门·阿尔奇安在他的教科书里提过的一个有趣的问题。我们都知道，要是连饿三天才吃一顿饭，那顿饭会非常香。但是，我们每个人，为什么不会为了追求那种特别美味的感觉，连饿自己三天才吃一顿，而是每天都吃三顿饭呢？

答案在于，我们追求的不是一刹那的最大幸福，我们追求的是幸福总量的最大化。我们每天都吃三顿饭，这样会使得幸福总量最大化。

人们追求收入总和的最大化，而不是某个瞬间的收入最大化，这个原理能解释生活中的很多现象。

比如，人们选择抽烟还是不抽烟、健身还是不健身，这两个问题的正确答案其实都因人而异。不同的人在不同的处境中有不同的选择。

过去人们的生活普遍贫困，人均寿命比较短，及时行乐就显得比较重要，所以抽烟的人比较多。今天人们可以选择的娱乐活动比以前多得多，对寿命的预期也大大提高，这时人们的生活观念就会发生变化，今天节制一点，未来就会有更好的享受，吸烟的人数就大大下降了。

节制饮食、运动健身，这些决定其实都跟人们对未来的预期有关。人们追求的是总和的最大化，而不是一瞬间的最大化。

同样的道理，有的医生就说，如果他的病人超过80岁，他就不会让他们过于节制饮食，因为享受当下的快乐也是挺重要的。

资料来源：薛兆丰. 薛兆丰经济学讲义[M]. 北京：中信出版社，2022.

思考：大学生在追求物质财富消费的同时，不要忘记提升自己的精神财富，树立正确消费观；识别虚假、欺骗的消费宣传，避免消费陷阱，承担一定的社会责任。

 模块二 汽车消费规划

汽车是现代文明的标志。汽车进入家庭，给人们的生活带来了便利，但汽车消费不同于购房消费，汽车没有增值能力，而且是高档消费品，购车的后续支出非常大。如果能够对购车消费进行合理规划，拥有自己的汽车已经不是什么奢望的事情。

任务一　汽车消费概述

近年来，个人或家庭对汽车需求快速增长的态势没有改变，收入的快速增长和消费者年轻化将不断提高我国汽车的消费量，支持汽车需求快速增长。虽然相对于房屋，汽车较为便宜，但是对于一般家庭而言，购买汽车仍然是一笔较大的开支，需要合理筹划。

一、汽车的效用与成本

拥有自己的汽车，能给家庭带来哪些效用呢？汽车消费可以为购买者带来交通上的自由便捷、扩大生活半径、提高办事效率、提升生活品质等，对一些人来说，拥有汽车也是成功和身份的象征。

汽车为家庭带来效用的同时，家庭也需要为拥有汽车支付相应的费用。一辆车从出厂、购买、保有到使用环节，缴纳的税种包括增值税、车辆购置税、消费税、燃油税等，进口车还要缴纳关税。汽车在使用过程中每年还要缴纳过路费、保险费、年检费、高额停车费等。这意味着购车之后每年将有一笔不小的现金流出，如果没有稳定充足的收入来源，这笔现金流出会给家庭带来一定的负担。

二、自筹购车与贷款购车的决策

人们在决定购车后，接下来需要考虑的是自筹购车，还是贷款购车。

自筹购车的人群，大多是经济实力较强的高收入人群，这部分人会考虑自筹购车，而不需要借助银行的购车贷款来实现家庭购车的目标。

贷款购车的人群，多数是收入稳定的工薪阶层，他们有稳定的收入来源，但一时又拿不出较大金额的资金支付购车款，这部分人会考虑借助银行贷款，满足家庭拥有汽车的目标。虽然贷款买车有冗繁的程序，限制较多，但贷款的好处还是吸引了部分人购车。

 实训活动

学生分组，调查身边购车人选择自筹购车与贷款购车的比例，并讨论两种方式的优劣势。

任务二　汽车消费贷款方案

一、个人汽车消费贷款

个人汽车消费贷款是银行向申请购买汽车的借款人发放的人民币担保贷款。个人汽车消

费贷款实行"部分自筹、有效担保、专款专用、按期偿还"的原则。贷款人、借款人、汽车经销商、保险人和担保人应在同一城市,贷款不得异地发放。

(一) 贷款对象和条件

申请贷款的个人必须具有有效身份证明且具有完全民事行为能力;具有正当的职业和稳定合法的收入来源或足够偿还贷款本息的个人合法资产;个人信用良好;在贷款行开立个人账户,能够支付规定的首期付款;能提供贷款行认可的有效担保。

(二) 贷款期限、利率和金额

1. 贷款期限

贷款期限一般为 3 年,最长不超过 5 年(含 5 年)。有的银行还规定,二手车贷款的贷款期限不得超过 3 年。

2. 贷款利率

汽车消费贷款利率按照中国人民银行规定的同期贷款利率执行。在贷款期间如遇利率调整,贷款期限在 1 年(含)以下的,按合同利率计算;贷款期限在 1 年以上的,实行分段计算,于下一年年初开始,按相应利率档次执行新的利率。

3. 贷款金额

各家银行对于汽车消费贷款金额的要求各有差异。下面以某时期内中国工商银行和中国银行的规定为例进行说明。

(1) 中国工商银行规定:①以质押方式担保的,或由银行、保险公司提供连带责任保证的,贷款最高额可达到购车款的 80%;②以所购车辆或其他财产抵押担保的,贷款最高额可达到购车款的 70%;③以第三方(银行、保险公司除外)保证方式担保的,贷款最高额可达到购车款的 60%。

(2) 中国银行规定:个人汽车消费贷款的最高贷款限额应在所购车辆全部价款的 80%以内。

(三) 贷款担保

以某时期中国工商银行和招商银行的规定为例进行说明。

(1) 中国工商银行规定,贷款担保可采用权利质押担保、抵押担保或第三方保证三种方式。采用质押担保方式的,质押物范围包括借款人或第三人由工商银行签发的储蓄存单(折)、凭证式国债、记名式金融债券,银行间签有质押支付担保协议的本地商业银行签发的储蓄存单(折)等。采用房产抵押担保的,抵押的房产应为借款人本人或其直系亲属名下的自有产权且未做其他质押的住房,并办理全额财产保险。采用第三方保证方式的,应提供保证人同意担保的书面文件、保证人身份证件原件及复印件、有关资信证明材料等。

(2) 招商银行规定,由保险公司提供信用保证保险或担保公司提供担保。

(四) 贷款保险

各银行规定略有不同，这里以某时期内的中国银行为例。在办理汽车消费贷款时，中国银行还要求客户办理抵押物保险，保险期限不得短于借款期限，投保金额不得低于贷款本金和利息之和，保险单应注明中国银行为第一受益人，保险单不得有任何有损贷款人权益的限制条件。在贷款未偿清期间，保险单正本交中国银行执管。以所购车辆作为抵押物的，借款人应按照中国银行的要求投保机动车辆险、第三者责任险和附加交强险。在保险有效期内，客户不应以任何理由中断或撤销保险；如保险中断，中国银行有权代为投保。如发生保险责任范围以外的损毁，客户应及时通知中国银行并落实其他担保。

二、个人汽车消费贷款还款方式

个人汽车消费贷款的还款方式同个人住房贷款的大致相同。贷款期限在 1 年以内(含 1 年)的，可采用按月(季)偿还贷款本息或到期一次性偿还贷款本息。贷款期限在 1 年以上的应按月(季)偿还贷款本息，具体还款方式可采取等额本息还款法(按月)和等额本金还款法(按季)。下面对几种基本的还款方式进行分析。

(一) 等额本息法和等额本金法

等额本息法每期还款额相等，但固定的还款额中本金逐期递增而利息逐期递减；等额本金法本金每期平均分摊，利息则随本金的减少而递减，每期还款额也逐渐递减。

(二) 按月还款法和按季还款法

按月还款法是以月为单位分割还款期；按季还款法则是以每个季度为一个还款期。这两个期间可分别组合成：按月等额本息、按月等额本金、按季等额本息和按季等额本金 4 种最基本的还款方式组合。

目前最常用的是"按月等额本息"还款方式，由于该方式每月还款本息相等，便于记忆，又有利于统筹安排财务支出，故而是大部分购车借款人的首选。其次为"按月等额本金"还款法，这款组合其本金逐月减少的速度要比前一种方法快，相对来说，初期的还款本息总额也比前一种方法多，所以适合期初还款能力强或有提前还款意愿的借款人。

(三) 递增法和递减法

递增法表示在上述 4 种还款方式基础上逐年递增还款，递减法则相反。由此，又可组合出按月等额本息年度递增法、按月等额本息年度递减法、按月等额本金年度递增法、按月等额本金年度递减法、按季等额本息年度递增法、按季等额本息年度递减法、按季等额本金年度递增法、按季等额本金年度递减法 8 种还款方式。

(四) 智慧型还款

这是一种较新的还款方式。智慧型汽车信贷消费产品，无须找人担保，无须当地户籍就可直接贷款购车。每期的支出小于传统还款方式，而且最后一期的支付有多重选择与灵活便捷性，比如可以降低平时月供款，在年度分红或奖金较高时再还最后一期；另外，也适合实行车改、拥有员工购车福利计划的集团客户，以及先购买过车辆，计划待将来收入提高后再买更好车辆的客户。

案例分析

张先生是外地人，由于工作需要，张先生想在居住城市贷款买车，以个人工资收入作为主要还款来源，目前月收入 6 000 元，需要申请 80 000 元的汽车贷款，计划还款期 2 年。

通常情况下，银行汽车消费贷款对象只限定在本地区范围内，非本地户籍贷款人很难办车贷。如果银行贷款遭拒绝，张先生可以选择汽车金融公司贷款，一般汽车金融公司贷款没有户籍方面的限制，外地人也可办车贷。但从贷款利率上讲，汽车金融公司贷款利率比银行高，张先生在选择这种贷款方式购车时，可以根据自己的实际情况灵活选择还款方式。一般汽车金融公司都设置了一个弹性尾款还款，张先生在支付了首付之后，可以将余款一部分以月供的形式还款，另外一部分是不高于贷款25%的尾款。在贷款到期时，可选择一次性结清尾款，也可展期一年逐月还清尾款，这样可以降低每月的还款压力。

实训活动

学生分组，到汽车销售部门调查，了解客户近期的购车情况，包括数量、品牌、是否使用消费贷款等，并模拟购买一款汽车，制定一份购车规划方案。

项目小结

消费规划包括家庭两项最重要的规划，即购房规划和购车规划。

1. 购房规划：首先应该根据家庭成员和财务收支状况，慎重考虑购房目标，包括面积、区域、价格等，并将各种税费的支出考虑在内，制定购房规划，确定购房时间；其次，应该考虑贷款方式，首选公积金贷款，如果住房公积金不足，再考虑商业贷款；再次，应该考虑还款方式，贷款后第一个月就涉及还款问题，所以采用何种还款方式也需要事先选择。

2. 购车规划：一般不建议贷款购车，如果确实需要贷款，可以考虑是从汽车金融公司贷款，还是从商业银行贷款。两种贷款各有利弊，应根据实际情况进行选择。还款方式可以选择等额本息还款法和等额本金还款法。

项目训练

一、单选题

1. 在给客户进行住房消费支出规划时，首先要确定客户的需求，理财规划师在帮助客户确定其购房需求时应遵循一定的原则，下列对这些原则的描述错误的是(　　)。
   A. 够住就好　　　　　　　　　　　B. 有多少钱买多大的房子
   C. 无须进行过于长远的考虑　　　　D. 需要长远考虑

2. 房价是购房者购房时考虑的主要因素之一，理财规划师应帮助客户判断房价的高低，而房价又取决于两个因素，一个是面积，一个是(　　)。
   A. 区位　　　　　　　　　　　　　B. 开发商规模的大小
   C. 银行贷款利率的高低　　　　　　D. 讨价还价的能力

3. 购房时，关于购房面积需求，理财规划师不用考虑的原则是(　　)。
   A. 不必盲目求大　　　　　　　　　B. 无须一次到位
   C. 量力而行　　　　　　　　　　　D. 区位因素

4. 个人住房公积金贷款一般不超过(　　)年。
   A. 20　　　　　　　　　　　　　　B. 25
   C. 30　　　　　　　　　　　　　　D. 35

5. (　　)不适宜租房。
   A. 刚刚踏入社会的年轻人　　　　　B. 储蓄不多的家庭
   C. 工作地点固定的人　　　　　　　D. 生活范围不固定的人

6. 每月还款金额相同的还款方式是(　　)。
   A. 等额本息还款法　　　　　　　　B. 等额本金还款法
   C. 等额递增还款法　　　　　　　　D. 等额递减还款法

7. 每月还款金额逐月递增的还款方式是(　　)。
   A. 等额本息还款法　　　　　　　　B. 等额本金还款法
   C. 等额递增还款法　　　　　　　　D. 等额递减还款法

8. 初期负担轻，但是全期所付利息较多，描述的是(　　)还款方式。
   A. 等额本息还款法　　　　　　　　B. 等额本金还款法
   C. 等额递增还款法　　　　　　　　D. 等额递减还款法

9. 适用于收入稳定的公务员、教师等的家庭的还款方式是(　　)。
   A. 等额本息还款法　　　　　　　　B. 等额本金还款法
   C. 等额递增还款法　　　　　　　　D. 等额递减还款法

10. 适用于经济能力较强，初期能够负担较多月供，想省利息的还款方式是(　　)。
    A. 等额本息还款法　　　　　　　　B. 等额本金还款法
    C. 等额递增还款法　　　　　　　　D. 等额递减还款法

二、多选题

1. 住房贷款的还款方式有( )。

   A. 等额本息还款法　　　　　　　　　B. 等额本金还款法

   C. 等额递增还款法　　　　　　　　　D. 等额递减还款法

2. 等额本息贷款方式目前是客户选择最多的贷款方式，关于等额本息还款的说法，正确的是( )。

   A. 适用于收入处于稳定状态的家庭

   B. 公务员、教师适合采用此种还款方式

   C. 借款人还款操作相对简单，等额支付月供也方便安排每月支出

   D. 等额本息还款操作相对简单

3. 理财规划师在为客户制定住房消费支出规划时，先要确定购房目标，购房目标包括( )。

   A. 家庭计划购房的时间　　　　　　　B. 房地产开发商

   C. 届时房价　　　　　　　　　　　　D. 希望的居住面积

4. 适宜租房的人群特征是( )。

   A. 收入低、开销大的年轻人　　　　　B. 财力不够雄厚的家庭

   C. 工作地点、生活地点不确定的人　　D. 收入不稳定的人

5. 确定购房目标通常要经过( )。

   A. 购房时间的确定　　　　　　　　　B. 购房面积的确定

   C. 购房单价的确定　　　　　　　　　D. 购房地段的确定

6. 客户在获得购房贷款后，可以采用( )。

   A. 等额本息还款法　　　　　　　　　B. 等额本金还款法

   C. 等额递增还款法　　　　　　　　　D. 等额递减还款法

7. 在提出购房财务决策前，首先应了解客户的( )是否合理。

   A. 购房时间　　　　　　　　　　　　B. 购房面积

   C. 购房单价　　　　　　　　　　　　D. 购房意愿

8. 年轻人买房的顾虑包括( )。

   A. 必须当"房奴"　　　　　　　　　　B. 担心房子质量不过关

   C. 物业管理不符合自己的期望　　　　D. 去外地工作房产处置很麻烦

三、简答题

1. 适宜购房和适宜租房的各是哪些人群？

2. 购房消费的财务决策有哪两种？

3. 公积金贷款的条件有哪些？

4. 等额本息还款法和等额本金还款法的适用人群有哪些？

5. 汽车消费的成本有哪些？

项目五

投 资 规 划

🔍 知识目标

1. 掌握收集客户信息的方法，熟练评价客户风险偏好和风险承受能力。
2. 熟悉各种投资工具的特点、风险和收益。
3. 熟悉投资市场结构和投资技巧，为客户提供投资建议。
4. 熟悉为客户制定投资理财规划的步骤。

🔍 能力目标

1. 能够评价客户的风险偏好和风险承受能力。
2. 能够结合实际情况，根据客户的不同需求为客户制定投资目标。
3. 能够结合实际分析各种投资工具的优劣势。
4. 能够结合实际为客户制定投资规划。

🔍 思政目标

1. 培养学生遵循投资规律，树立为客户提供诚信服务的理念。
2. 培养学生具备识别投资风险的能力，树立风险意识。
3. 培养学生深入中国资本市场研究的热情，树立对中国资本市场的信心。

案例导入

赚钱是一种能力，留住钱是一种智慧

黎先生 35 岁，在一家贸易公司从事销售工作，是公司海外销售业务的骨干。黎先生工资收入每月 6 千元，加上业务提成 15 万元，年收入超过 22 万元。打拼几年，黎先生攒下了 40 多万元的存款。听朋友说股市投资很赚钱，黎先生便将 40 万元投入股市，刚开始，随着股市的上涨赚到了钱。但股市风云莫测，黎先生在股市下跌时被套牢；而这时母亲生病住院，家里急需他汇一笔钱给母亲治病，黎先生只好在股市最低迷的时候卖出股票，不仅没有赚到钱，还损失了本金。可等他卖出股票，股市调整结束，又开始上涨了。黎先生感到很郁闷，认为自己的运气不好，悻悻地离开了股市。

思考： 要想做投资，选择很重要。但现在的投资理财产品那么多，很多人不知道该做何选择，一不小心，就会让自己的钱"有去无回"。人们如何在有能力赚钱时，又能使这部分钱保值增值呢？

投资规划是利用投资创造潜在收益来实现客户的财务目标，它是理财规划的一个组成部分。投资是客户实现其财务目标的重要手段，通过投资实现资产增值，客户可以有足够的条件来实现诸如购房、养老等生活目标。投资规划涉及的金融市场不确定性因素很多，产品差异很大，因此，投资规划也是理财规划中较难的一项。

投资规划主要涉及帮助客户分析其投资需求，选择投资工具，制定投资规划。要求理财规划师能够正确把握投资规划的含义，熟悉投资规划前的各项准备工作，掌握投资规划所需要的客户信息，清楚投资规划的流程。明确各种投资工具的功能、特点及其操作流程。理财规划师为客户制定投资理财规划的流程，如图 5-1 所示。

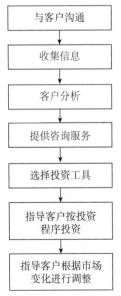

图 5-1 制定投资理财规划流程

模块一   投资规划基础工作

任务一   客户信息收集

一、收集客户信息

(一) 与客户沟通

与客户沟通前,应分析当前市场,并研究前期准备的相关报告。在与客户沟通时,应做的工作如下。

(1) 协助客户树立正确的理财观念,如投资的本质不是单纯追求收益、投资不是一夜暴富、正确面对市场的波动和风险等。

(2) 熟悉客户的基本信息,了解客户目前的理财规划状况,特别是客户的投资理财需求和理财目标。

(二) 收集信息

应全面掌握客户的理财信息,尤其是与投资规划有关的信息,如客户的风险承受能力和投资偏好等。客户理财信息分类及收集要点如表 5-1 所示。

表 5-1   客户理财信息分类及收集要点

理财信息类型	具体描述	收集要点
反映客户现有投资组合的信息	这类信息反映了客户现有的资产配置情况,包括金融资产和实物资产、流动资产和固定资产各占多大比重,各类资产中又有哪些投资产品	需要详细列明客户现有资产的种类、各种资产的投资额及其在客户总投资中所占的比重
反映客户风险偏好的信息	客户的风险偏好属于客户的判断信息。一般来说,客户的风险偏好可以分为五种类型,即保守型、轻度保守型、中立型、轻度进取型和进取型	类型的划分是根据客户购买金融资产的类型及其组合确定的。在信息收集和整理阶段,应该根据客户所提供的基本信息对客户的风险偏好状况做出初步判断
反映客户家庭预期收入情况的信息	客户的收入、支出信息是客户最重要的财务信息之一,客户家庭预期收入成为客户未来现金流入的主要来源,也成为客户投资的主要依据	为了获得客户家庭收入信息,需要掌握的相关信息主要有:反映客户当前收入和支出状况的收入表、支出表、个人现金流量表,以及由此计算出的客户日常支出与收入比和结余比率

（续表）

理财信息类型	具体描述	收集要点
反映客户投资目标的各项相关信息	客户往往不能明确指出自己的投资目标，需要理财规划师通过适当的方式，循序渐进地加以引导，帮助客户将模糊的目标逐渐细化、具体化	对于客户投资需求的了解，有助于理财规划师为客户制定有效的、适合自身情况的投资规划方案

（三）为客户编制投资组合明细调查表

了解客户现有投资组合的基本信息，这类信息反映了客户现有的资产配置状况，包括金融资产和实物资产各占多少比重，各类资产中具体又有哪些投资产品。

二、确定客户风险偏好和风险承受能力

（一）测试客户属于哪一种投资者

理财规划师可以设计一系列问题对客户进行测试，通过结果推断出客户属于何种类型的投资者，他的个人特点如何影响其投资决策，以及他是如何处理安全与风险问题的。表 5-2 所示的投资者自我评价问卷能够帮助理财规划人员直观地了解客户的相关情况。

表 5-2　投资者自我评价问卷

序号	问题	不符合	有点符合	比较符合	非常符合
1	你喜欢看报纸吗？	0	1	2	3
2	你善于制订计划吗？	0	1	2	3
3	你是否辛勤地工作？	0	1	2	3
4	你对数字感兴趣吗？	0	1	2	3
5	财富对你而言有多重要？	0	1	2	3
6	你曾经感觉自己很幸运吗？	0	1	2	3
7	你果断吗？	0	1	2	3
8	你是一个不愿意舍弃的囤积者吗？	0	1	2	3
9	你在做事情时是否全力以赴？	0	1	2	3
10	你对人友善吗？	0	1	2	3
11	你是否经常未经思考便草率行事？	0	1	2	3
12	你是否愿意追查事实真相？	0	1	2	3
13	你善于处理与金钱有关的事务吗？	0	1	2	3
14	你能掌控局面吗？	0	1	2	3
15	你曾感到紧张、有压力或急躁吗？	0	1	2	3
16	你喜欢新鲜的小玩意儿吗？	0	1	2	3
17	你容易相信别人的言辞吗？	0	1	2	3
18	你有耐心吗？	0	1	2	3
19	你喜欢电脑吗？	0	1	2	3

（续表）

序号	问题	不符合	有点符合	比较符合	非常符合
20	你有过冒险的经历吗？	0	1	2	3
21	你思想僵化、机械地看待事物吗？	0	1	2	3
22	你容易受外界影响吗？	0	1	2	3
23	你宁愿捧着一本好书而不愿参加社交活动吗？	0	1	2	3
24	你更偏爱短期、快捷的任务而不是长期任务吗？	0	1	2	3
25	你会被那些说得多做得少的人激怒吗？	0	1	2	3
26	你重视家庭吗？	0	1	2	3
27	你喜欢赌博吗？	0	1	2	3
28	你是否发现每天的时间不够？	0	1	2	3
29	你能善始善终吗？	0	1	2	3
30	你有过遗忘的经历吗？	0	1	2	3

表 5-3～表 5-8 中是与各种投资类型(谨慎型、情感型、技术型、勤勉型、大意型与信息型)相对应的题目。在问题序号下面根据答案填入客户的得分，然后把各个问题的得分相加后就得出了客户在各种类型投资者项下的总分。将 6 项总分进行排序，得分最高的那组反映了客户最强烈的投资类型倾向，其他类型特点对客户的影响则依次递减。这样，就可以基本了解客户进行投资决策的方式，并指导客户应该做哪些改变。

表 5-3　谨慎型

问题序号	4	7	12	14	17	21	24	28	总分
得分									

表 5-4　情感型

问题序号	5	9	10	14	16	19	22	25	总分
得分									

表 5-5　技术型

问题序号	1	3	6	11	15	20	22	24	总分
得分									

表 5-6　勤勉型

问题序号	6	9	11	14	19	23	26	27	总分
得分									

表 5-7　大意型

问题序号	2	9	16	19	25	27	29	30	总分
得分									

表 5-8　信息型

问题序号	1	4	8	11	17	18	21	28	总分
得分									

解读分数的重点不是总分，而是各项总分之间的跨度与顺序，占优势地位的类型是最重要的。比较理想的情况是，各类型的得分存在一定差别，但区别不是很大，这就意味着在不同的情况下，客户会利用不同的性格特点处理问题，说明客户具备灵活的思维。然而，如果客户在几种类型上得分相同，就无法反映他的个性，那么客户需要重新做一次问卷。投资者的类型并无好坏之分，只是指出了提高投资水平需要努力的方向。测出客户属于哪种类型的投资者之后，理财规划师开展工作将更具有针对性。

(二) 测试客户对风险的承受能力

了解客户对风险的承受能力也是非常重要的事情。很多对投资者进行分类的体系都存在这样一个问题：把对风险的承受能力视为某种类型投资者的固有属性。实际上，现实情况要复杂得多，两个基本类型相同的投资者可能在风险承受能力上存在很大的区别。那么不妨考虑一下人们在偏好、背景、经历及信念方面存在的区别，这些因素都会影响他们对待风险的态度。测试投资者对待风险的态度可通过表 5-9 完成。

表 5-9 投资者如何对待风险

序号	对风险的态度	非常不同意	不同意	无所谓	同意	非常同意
1	个人财富无关紧要，投资遭受损失并不会让我提高警惕	1	2	3	4	5
2	我宁愿持有可能会获得较高收益的投资，而不是收益较低的分散化投资	1	2	3	4	5
3	如果市场反复无常，那也没什么关系，我还是会进行交易	1	2	3	4	5
4	我喜欢投资交易给我带来的兴奋感	1	2	3	4	5
5	我并不在意自己所拥有的投资存在的价格波动	1	2	3	4	5
6	我并不需要固定的利息收入，我更希望实现资本收益	1	2	3	4	5
7	我的投资不容易转手并不会对我造成困扰	1	2	3	4	5
8	新兴市场或高科技领域的投资对我更具吸引力	1	2	3	4	5
9	我并不觉得需要时不时检查我的投资组合，我可以在很长的时间里对它们置之不理	1	2	3	4	5

总分：

如果客户得分比较低，那么说明客户的风险承受能力较低，只能接受比较保守的投资方法；如果客户得分比较高，则意味着该客户有比较强的风险承受能力，可以接受比较激进的投资方法。

测试客户所属的投资类型及冒险倾向，决定了客户应该选择及应该避免的投资类型。如果客户不想承担自己管理投资的责任，那么被动的投资方法，如定期存款、信誉较高的信托产品或基金是一种可行的选择。此后风险稍高的是主动的投资方法，也就是客户凭借自己的能力选择股票。这种情况下，价值型策略能带来丰厚的收益。而风险最大的则是那些投机型投资，例如小盘股、金融衍生工具、商品期货等。要获得超乎寻常的财富，可以借助对冲基金。

承担与客户自身不相称的风险，无疑将导致损失。如果客户是谨慎型投资者，同时对风险的承受能力较差，那么将资金投入投机性很强的投资组合，绝对是很不理智的选择。

 **知识链接**

人的一生都在进行投资组合的管理

其实个人或家庭在其生命周期每一个阶段中的财务安排都可以视为一种广义的投资。比如个人根据自己的生涯规划筹集教育资金而进行的储蓄，可以视为一种投资；个人或家庭为养育子女及为其筹集教育资金而进行的储蓄当然也可以视为投资；个人或家庭根据居住需要而进行的首付款筹集和抵押贷款规划也可以视为一种投资；个人或家庭进行的退休养老储蓄自然也可以视为一种投资。更广义地说，为个人或家庭的风险管理而进行的投保行为也可以视为一种投资。因此，个人或家庭一生的财务安排可以看作一个一生的投资组合管理问题。

资料来源：编者根据公务员之家网相关资料整理而来。

 **实训活动**

学生分组，分角色模拟理财工作人员和客户，完成对客户投资类型和客户对风险承受能力的测试。

任务二　客户信息整理与分析

一、客户资料整理

理财规划师为了分析客户投资相关信息及客户未来各种需求，帮助客户确定各种投资目标，首先要收集客户的基本信息，对各项与投资规划相关的信息及反映客户未来需求的信息进行分类汇总。

在汇总整理相关信息的时候应尽可能使用表格形式，表格可以清晰简洁地反映客户的相关信息。在进行投资规划的时候，理财规划师需要使用的表格主要有以下几类。

(一) 基本财务情况表

根据客户基本信息初步编制的基本财务情况表主要包括客户个人资产负债表、客户个人收入支出表，这两张财务报表是分析客户所有相关财务状况的基础。理财规划师在编制的时候要注意，表格的结构与客户的个人基本情况有直接的关系。一般而言，成年客户的资产负债表和收入支出表的项目构成较为复杂，而单身年轻客户的资产负债表和收入支出表的项目构成较为简单，这主要是因为年轻客户尚未积累大量的个人财富并且其支出项目也较为简单。

（二）特定表格

根据投资规划所需要的相关信息编制特定表格，这类表格主要是根据初步信息收集阶段收集到的信息整理而成的，主要有客户现有投资组合细目表、客户目前收入结构表、目前收支结构表。有的则是根据现阶段收集整理的信息编制的表格，主要包括客户的投资偏好分类表、客户投资需求与目标表。

理财规划师在进行投资规划的时候，首先要做的就是全面了解客户的这些信息，对客户的基本情况有一个较为准确的把握。在此基础上，才能够进行投资相关信息的分析及客户需求分析，从而帮助客户确定各项投资目标。

二、客户资料分析

（一）分析客户投资相关信息

1. 分析相关财务信息

财务信息是理财规划师为客户制定投资规划的时候最重要的也是最基本的信息。客户的财务现状及各项财务指标是为客户制定投资规划的依据，而对客户财务状况的预测则是对客户投资进行预测的基础。

在客户的财务分析和评价阶段，理财规划师应该已经对客户的财务信息进行了初步的分析和预测。在这里，理财规划师要做的就是回顾客户的财务信息和财务预测信息，以便从中分析出影响客户投资规划的因素。

2. 分析宏观经济形势

理财规划师为客户提供理财服务、提供具体的投资建议之前，不仅要对客户的财务状况等个人信息进行分析，还需要考虑客户所处的宏观经济环境。在不同的经济环境下，理财规划师为同一个客户制定的理财方案可能会完全不同，尤其是投资活动本身就要受到诸多宏观变量的影响。投资预期和投资收益是投资规划中需要考虑的重要因素，而宏观经济运行则会在基础层面上对这些因素进行影响。经济运行上升期间，居民收入将随之提高，各类投资者，包括客户在内都对经济前景抱有信心，从而会有较高的投资预期。企业在经济上升期间，可以取得较好的利润水平，客户投资股票与企业债券可以获得较高的投资收益。而在经济萧条期，宏观经济运行则会产生相反的效果。

3. 分析客户现有投资组合信息

客户现有投资组合反映了客户现有的资产配置情况，对这些信息进行分析有助于明确客户的现有投资状况、总体风险水平、投资水平。通过对客户的现有投资组合进行分析，需要明确以下几点。

(1) 明确客户现有投资组合中的资产配置状况。客户的投资涉及哪些领域，客户拥有的金融资产和实物资产各占多大比重，各类资产中具体又有哪些投资产品，客户所投资资产的流动性如何，投资品种共有多少，客户的投资有没有特别的偏好，流动资产和固定资产各占多大比重等。

(2) 注意客户现有投资组合的突出特点。根据客户投资组合的组成，理财规划师应该归纳出客户现有投资组合有哪些基本的特点，例如有的客户基本都是股票投资并且集中于某一类股票，有的客户基本上把余钱全部用于债券投资等。根据客户现有投资组合的鲜明特点，理财规划师一方面可以了解客户的投资理念和习惯，另一方面也可以掌握客户的投资水平。

(3) 根据经验或者规律，对客户现有投资组合情况做出评价。理财规划师要根据客户投资组合的现状分析出客户目前投资存在的问题和能够改进的空间等。

4. 分析客户的风险偏好状态

理财规划师要面对各种类型、风格迥异的客户，而不同的客户受到不同文化、风俗、地域和社会背景的影响，持有不同的投资理财观念，并且由于客户的具体情况不同，客户的风险承受能力、风险偏好状况也千差万别，掌握客户的风险偏好是为客户量身定制投资规划方案的基础。

客户的风险偏好信息属于客户的判断性信息，根据客户购买金融资产的类型及其组合划分为 5 种类型：保守型、轻度保守型、中立型、轻度进取型和进取型。理财规划师根据已经收集到的客户的风险偏好信息，要确定以下两点。

(1) 客户的风险偏好类型，是属于保守型、轻度保守型、中立型、轻度进取型和进取型中的哪一种。客户风险偏好类型可以作为确定客户风险承受能力的一个因素，同时也是理财规划师为客户制定投资理财规划方案、确定投资组合策略时的一个依据。

(2) 客户的风险承受能力。风险偏好类型能够在一定程度上反映客户的主要投资偏好，但是客户的投资要受到一些现实因素的影响，客户的投资规划必须建立在确保财务安全的基础之上。因此，根据客户的家庭实际情况综合确定的客户风险承受能力才是理财规划师为客户制定投资规划时要考虑的主要风险因素。

5. 分析客户家庭预期收入信息

客户的收入支出信息是客户最为重要的财务信息之一，客户家庭预期收入成为客户未来现金流入的主要来源，也成为客户投资的主要依据。

根据各种相关信息，如反映客户当前收入支出状况的收入支出表，以及由此计算出的客户日常支出与收入比率、结余比率和各种宏观经济指标的预测，可以推断出客户的预期收入情况，包括预期收入项目及各个项目的大小。

通过个人收入支出表，我们可以知道，客户的收入由经常性收入和非经常性收入共同构成。但是出于谨慎的考虑，理财规划师应主要对经常性收入部分，即对客户的工资薪金、奖金、利息和红利等项目的未来变化情况进行预测。对于不能单独依靠历史数据判定预测基础的项目来说，理财规划师应该从多个角度进行综合审慎判定。非经常性收入由于并不固定，通常难以预测，对于确有可能在下年出现的非经常性收入项目，应该对其实现的可能性进行充分分析，谨慎地将其纳入未来预测中。

通过已经收集和整理的以上信息，应该掌握以下几个方面。

(1) 客户各项预期家庭收入的来源。预期收入来源决定了该收入项目的性质。例如，预期某客户的家庭收入来自工资薪金、奖金、利息和红利所得等经常性收入，那么这些收入发生的频率、金额等确定性相对较大。

(2) 客户各项预期家庭收入的规模。客户预期家庭收入是客户的财富基础，客户预期家庭收入的规模在一定程度上决定了客户投资的规模。

(3) 客户预期家庭收入的结构。不同性质的收入由于发生频率、确定性、规模等特点的不同，对于客户财务状况、投资理财的影响不同，可以安排的用途也不同。因而明确客户家庭收入的结构，确定客户各种类型的预期收入在客户家庭收入总额中所占的比例有助于理财规划师发现客户财务结构的缺陷并提出改进意见。另外，也有助于理财规划师根据客户的收入结构安排客户的投资规划。

(二) 分析客户未来各项需求

客户进行理财规划及投资规划是要满足一定的生活需求。客户的投资规划目标往往就是客户未来需求的一方面或者其中的一个组成部分。每个客户由于基本情况不同，对于未来的各种需求也不同。只有明确了客户未来的各项需求，才有可能根据客户的情况帮助客户确定合理的投资规划目标，从而为客户制定出能够满足客户需求的方案。

1. 明确投资目标

客户往往不能明确指出自己的投资目标，但是可以明确地说出未来各个方面的需求。这就需要理财规划师通过适当的方式引导客户，帮助客户将模糊的、混合的目标分析细化、具体化，确定出需要通过投资规划来实现的目标，从而提出明确的投资规划目标。理财规划师可以根据客户的资料，通过向客户提出以下类似的问题，提醒客户全面列出未来需求。

(1) 是否准备让孩子上大学？预计大学学费有多少？上学之前还有多少年可以准备这笔学费？

(2) 是否需要开始为退休存钱？需要存多少钱才够退休以后的花销？多大年龄退休？

(3) 是否要换一套新房子或者购买第二套房子？什么时间？首付款是多少？

(4) 明年去国外旅行的钱从哪里来？

(5) 生了大病该怎么办？现在有应急资金吗？需要多少钱？

2. 帮助客户确定目标

在对客户投资相关信息及客户需求进行分析之后，就可以在综合考虑分析结果的基础上帮助客户确定投资目标。

(1) 根据对客户财务状况及期望目标的了解初步拟订客户的投资目标。在具体确定投资目标的时候还需要对投资目标进行分类和排序，具体内容将在后面详细介绍。

(2) 根据各种不同的目标，分别确定实现各个目标所需要的投资资金的数额和投资时间。

(3) 初步拟订客户的投资目标后，应再次征询客户的意见并得到客户的确认。如果客户明确表示反对，理财规划师应要求客户以书面的方式提出自己的投资目标。如果在制定投资规划方案的过程中，理财规划师想对已确定的投资目标有所改动，必须向客户说明并征得客户同意，以避免双方在以后的合作中出现纠纷。

(4) 定期评价投资目标。为客户制定出投资规划目标后并不能一劳永逸，要定期根据投资环境、客户自身状况或者需求等信息及时对客户的投资目标进行评价。

 **案例分析**

理财规划师在对 45 岁的胡先生进行"投资者自我评价"和"投资者如何对待风险"问卷测评后，发现胡先生在对待风险的态度上非常进取，属于风险偏好型客户，但在了解胡先生的家庭情况后，对该客户的风险偏好有了不同的认识。胡先生有一个儿子马上就要上大学；父母健在，均年事已高，并且没有充足的医疗保险和养老保险。

解析：理财规划师需要综合考虑胡先生的家庭情况，这样就会发现胡先生的家庭负担较重，近期子女教育支出、必要的父母养老支出、其他可能的突发性支出等都决定了客户的风险承受能力是有限的。因此，理财规划师在为客户制定投资规划、确定投资组合的时候，就要选择一个适中的投资风险水平。

三、确定客户的投资目标

在进行理财规划时，客户往往不能明确指出自己的投资目标，需要理财规划师通过适当的方式，逐步加以引导，帮助客户将模糊的、混合的目标逐渐具体化。

(一) 客户投资目标类型

投资目标是指客户通过投资规划所要实现的目标或者期望。不能简单地将投资目标等同于投资期望收益，客户的投资目标往往是要实现或者达到生活的某个具体目标。一个合理的投资目标并不是客户一厢情愿的结果，而是理财规划师根据客户的财务状况，综合客户的投资偏好、风险偏好和其他信息形成的。理财规划师要准确地帮助客户确定投资目标，首先要对投资规划目标有一个准确的认识。

客户的投资目标按照实现的时间进行分类，可以划分为短期目标、中期目标和长期目标。由于客户本身的具体情况不同，不同客户的短期、中期、长期投资目标的内容也就各不相同。例如，同样是购买一辆汽车，对于生活在贫困或者偏远地区的客户，很有可能是一个长期目标；对于一个刚刚大学毕业的学生，这在多数情况下应该是一个中期目标；而对于一个城市白领而言，购买汽车往往是短期目标。

1. 短期目标

短期目标是指在短时间内(1 年左右)就可以实现的目标。短期目标一般需要客户每年或者每 2 年制定或修改，如装修房屋、休闲旅游、购买手提电脑等。对于短期投资目标，理财规划师一般应该建议采用现金或现金等价物，如活期存款、货币市场基金、短期债券、定期存款等。尽管这些投资工具的收益率不高，但收益率水平比较稳定。

2. 中期目标

中期目标是指一般需要 1~10 年可能实现的愿望。中期目标可以进一步细分，通常两年之内仍可视为短期目标，2~5 年可视为中短期目标，5~10 年可视为中长期目标。中期目标制定后，一般不进行频繁的修改，只在必要的情况下才进行调整。比如，大学毕业生计划购买住房，接近退休年龄的客户安排退休金的投资问题等。对于中期投资目标，理财规划师要从成长性和收益率兼顾的角度来考虑投资策略。

3. 长期目标

长期目标是指一般需要 10 年以上的时间才能实现的愿望，如 30 岁的客户设定的退休保障目标。对于长期投资目标，主要应着眼于资本市场的长期而非短期波动。在经济增长、政治稳定等正常状况下，世界上大多数国家资本市场的走势都表现出短期的形态，由于短期波动的不确定性，市场时机选择非常困难，因而对于长期投资目标，应在资产配置上侧重于长期增值能力强的投资工具，如股票、不动产、艺术品和收藏品。

需要说明的是，短期目标、中期目标和长期目标之间的界限并不是绝对的，特别是短期目标和中期目标之间，界限更不是特别明显。

（二）确定投资目标的原则

投资规划的目的是实现客户在投资方面的期望和目标，因此，确定客户的投资目标是投资规划的重要环节，它为整个投资规划指明了方向。理财规划师帮助客户确定合理的投资目标是制定合适的投资规划方案的关键步骤之一。随着投资环境及自身情况的变化，投资者要不断调整投资组合以实现既定的投资目标，而且原来确定的投资目标也可能需要调整以适应新的环境变化。因此，理财规划师在协助客户制定投资规划目标的时候，要遵循一些常见的原则。

1. 投资目标要具有现实可行性

投资目标是理财规划师为客户制定投资规划的基础，所以客户的投资目标必须具有现实可行性。如果确定的投资目标在客户目前的现实情况下根本没有实现的可能，那么再好的投资规划方案也是一纸空谈。

2. 投资目标要具体明确

投资目标是理财规划师为客户制定投资规划方案的前提和基础，如果投资目标不具体、不明确，则理财规划师在制定投资规划方案的时候也会无所适从。投资目标的具体明确主要体现在通过投资目标能最终实现的客户财务状况究竟达到何种程度。投资目标越明确，越具有可操作性，对于正确制定投资规划方案越有帮助。

3. 投资期限要明确

客户的投资期限选择在很大程度上影响投资目标的设定，而客户投资目标的设定又决定着客户具体投资组合的选择，以及投资规划的制定。

4. 投资目标的实现要有一定的时间弹性和金额弹性

由于投资规划本身就具有一定的预测性质,投资规划目标的实现取决于一些具有时间弹性和金额弹性的影响因素。因此,制定出能够准确地实现客户某一个确切的投资目标的投资规划是很难的,即使是一个经验丰富的理财规划师也很难有绝对的把握。所以,在制定投资目标的时候,理财规划师应注意所制定的投资目标要有一定的时间弹性和金额弹性,这有助于增强投资规划的灵活性。

5. 投资目标要与客户总体理财规划目标相一致

投资规划是客户整个理财规划的一个组成部分,投资是实现其他财务目标的重要工具。客户的理财目标是一个综合性的目标,需要通过一个或者几个规划来实现。从这个意义上讲,投资目标实际上是客户理财目标中的一部分。因此在确定客户投资目标的时候,必然需要参考已经确定的客户的整体理财目标。更具体地讲,投资目标应该是客户整体理财目标的组成部分。

6. 目标与其他规划相协调,避免冲突

客户整体理财目标要通过具体的规划来实现。虽然各个规划有所侧重,但是理财目标需要各个规划相互配合才有可能实现,甚至具体到一个目标也有可能需要涉及多个相关规划。例如,客户的购房目标,可能需要涉及客户的消费支出规划、投资规划、不动产规划等。因而,在制定目标的时候,各个规划就要相互协调,不能只为某一项规划独立地设定目标,而忽视与其他规划的配合。

7. 投资规划目标要兼顾不同期限和先后顺序

一般来说,任何客户的投资目标都不止一个,而且这些目标也不可能同时实现。所以理财规划师在区分客户的短期、中期、长期目标的基础上,应该结合客户的具体情况对客户的投资目标按照重要程度和紧迫程度进行重新排列,从而在投资规划中确定实现投资目标的步骤。

四、投资收益和风险分析

(一) 投资收益分析

1. 收益和收益率

投资收益是指初始投资的价值增量(以税后增值计算),该增量主要来源于两个部分:投资者所获得的现金收入(每期固定或不固定)和市场价格相对于初始购买价格的升值(可以称为资本利得)。

【例5-1】投资者持有一种普通股票,一年前的买入价是20 000元,一年中所得到的税后股息为500元,一年后出售该股票得到的税后净收入为25 000元。那么,一年内的税后收益可通过下式计算得出:

$$500+(25\,000-20\,000)=5\,500(元)$$

由于证券收益是一个绝对数，不便于不同收益之间的直接比较，因此收益的衡量也可以用收益与初始投资额的百分比表示，这个百分比称为收益率或持有期收益率。持有期收益率的计算公式为

$$持有期收益率 = \frac{现金收入 + (期末价格 - 期初价格)}{期初价格}$$

【例5-2】根据【例5-1】中的数据，一年的持有期收益率为

$$[500 + (25\,000 - 20\,000)]/20\,000 = 27.5\%$$

案例中的投资收益由两部分组成，25%是由股票价格上涨或资产升值带来的(5 000/20 000)，2.5%是年度股息率(500/20 000)。

投资者的证券持有期通常不一定正好是一年，因此，短于或长于一年的持有期收益率一般应该转换成年收益率。所以，一般持有期收益率都是指年收益率，除非专门指出。

一旦知道了持有期收益率的组成，持有期收益率的计算就比较容易了。投资者知道了期初(买入)价，再估计这期间所得的现金收益额和期末(卖出)价，就可以根据这些估计出来的数据计算预期收益率。需要说明的是：如果是用实际数据计算的收益率就可以称为持有期收益率，如果是用估计的数据计算的收益率就称为预期收益率。

2. 要求收益率

讨论投资者投资的要求收益率，必须首先考察真实收益率、预期通货膨胀率和风险。

(1) 纯货币时间价值和真实收益率。投资者推迟了当前消费而投资，应该得到相应的补偿，即将来得到的货币总量的实际购买力要比当前投入的货币的实际购买力有所增强。在没有通货膨胀和任何其他投资风险的情况下，这个增量就是投资的真实收益，也就是货币的纯时间价值。货币的纯时间价值由金融市场上用于投资的货币的供给和需求关系确定。

假如王先生现在愿意出借500元，以换取将来超过500元的消费，他预期的未来收益是515元，则多出的15元投资收益就代表500元货币的纯时间价值，是用来补偿投资者推迟消费的真实收益，因此，投资的真实收益率为3%(15/500)。

(2) 通货膨胀对货币价值的影响。假如投资者预期价格在投资期内会上涨，即存在通货膨胀，那么必将考虑通货膨胀对货币购买力的影响，要求得到通货膨胀的补偿，以保持真实收益不变。

如果上面案例中，王先生预期在投资期间通货膨胀率为5%，那么他将要求得到8%的收益率，其中5%为通货膨胀率，3%为要求的收益率。

(3) 投资风险对货币价值的影响。除通货膨胀外，投资收益通常还会受到各种不确定性因素的影响。假如投资者对投资的将来收益不能确定，那么他将要求对该不确定性(或风险)进行补偿，即投资的风险补偿。

在上面的案例中，王先生可能要求增加2%的风险补偿，那么王先生总的要求收益率就是10%，其中包括3%的货币时间价值、5%的通货膨胀补偿和2%的风险补偿。假如我们把通货膨胀也视为具有不确定性，那么通货膨胀和风险补偿的收益7%，都可以称为投资的风险报酬。

（二）投资风险分析

风险是投资预期收益的不确定性。按照性质不同，风险可划分为系统性风险和非系统性风险。

1. 系统性风险

系统性风险又称宏观风险，是由于某种全局性的因素变化对所有收益都产生作用的风险。这种风险来源于宏观方面的变化，并对金融市场总体发生影响。系统性风险不可能靠优化投资组合来加以分散，是不可分散风险。投资者承受较高的系统性风险，相应地可以得到与之相符的较高投资收益。系统风险包括市场风险、利率风险、购买力风险(通货膨胀风险)。

2. 非系统性风险

非系统性风险又称微观风险，是由于某种因素对个别投资项目造成损失的可能性。非系统性风险与市场整体没有关系，只影响某些项目的价值，可通过投资分散化加以消除。非系统风险包括经营风险、财务风险、流动性风险、违约风险(信用风险)。

学生分组，到金融机构实地调查、观摩，学习理财工作人员为客户进行理财规划服务的工作流程。

不做假账：新东方最珍贵的传统

在新东方上市的过程中，财务人员是最重要的，一切都要向规范化方向发展。2012年浑水公司攻击新东方，说新东方做假账、数据造假，但最后也是不了了之。后来经过两年的独立审计，新东方被美国证券交易委员会确认为没有财务问题。这样的结果源自新东方最珍贵的传统——不做假账。德勤(审计公司)在对新东方的财务状况进行审计时也非常惊讶地发现，新东方所有记账方式都是相对国际化的，而且所有数据都在一个账本上。

德勤对于新东方财务的规范化管理非常赞赏，说："你们符合美国上市公司的规范了，因为你们的数据一直非常完整。"

1996年前后，新东方步入合伙制时代，从那个时候起，新东方就开始聘请外部的财务人员记账了。当然，那时的财务制度还不符合国际规范，但是已经可以随时查账。新东方对财务人员的要求就是：不做假账！

所以新东方2006年在美国上市的时候，其实已经有了整整10年的符合国家规范的完整财务记录，等德勤进行审查的时候，新东方只要按照会计准则调一下账目就行了。很多创业公司，甚至有些上市公司最后出问题，都是因为第一负责人或创始人先想的是自己的利益，从而导致公司的名声不好、品牌不好、队伍崩溃。

资料来源：俞敏洪. 我曾经走在崩溃的边缘[M]. 北京：中信出版社，2019.

思考：大学生在未来的成长过程中，最重要的品质是诚实守信，特别是在进入职场后，为人处世无不体现诚信的重要性。人无信不立，这是我国几千年留下的宝贵精神财富，值得大学生们铭记，并发扬光大。

模块二　投资规划工具的选择

理财规划师对金融市场上可以选择的投资工具进行分析，综合运用各种投资组合技术，确定各种证券的投资比例，为客户确定合适的投资组合。目前我国市场上可用的典型的金融投资工具包括固定权益的投资工具、权益性投资工具、金融信托及基金产品和衍生金融产品几大类。

任务一　典型的金融投资工具

一、固定权益的投资工具

（一）银行存款

银行存款是银行资金的主要来源，可以分为活期存款、定期存款和储蓄存款三类。

（二）政府债券

政府债券是中央政府、地方政府或者政府担保的公共事业单位发行的债券。政府债券按期限划分，有短期、中期和长期三种。短期为 1 年以内，中期为 1～10 年，长期为 10 年以上。

（三）公司债券

公司债券是公司根据法定程序发行的、约定在一定时期还本付息的债券。一般来说，公司债也是每半年支付一次利息，到期归还账面价值。

公司债与国债相比风险较高，具有违约风险。因此，为了吸引投资者，一些公司发行以明确抵押品作为担保的担保债券。如果没有抵押品的担保，则为无担保债券，这类债券的偿还全靠公司的信用。当公司破产时，债券对公司的索取权比一般债券的等级低，该债券则是次级无担保债券。从风险来看，次级无担保债券风险最大，其次是无担保债券，最后是担保债券，所以投资者对次级无担保债券要求的收益也是最高的。

二、权益性投资工具

权益性投资工具是指能证明拥有某个企业在扣除所有负债后的资产中的剩余权益的合同，权益性工具是公司融资过程中形成的一种股权工具。投资者持有某企业的权益性工具代表在该企业中享有所有者权益,普通股和优先股就是常见的权益性证券。

(一)普通股

普通股也称股权,表示股东在公司的所有权份额。股东凭借所持有的股份参加股东大会,参与企业的经营管理。

普通股有公司盈余和剩余财产的分配权。公司对普通股的红利分配要视公司业绩和股利分配情况而定。如果公司亏损,一般来说普通股没有红利;如果有盈利,但是要扩大生产规模,增加投资,则普通股也可能没有红利。在企业破产时,普通股一般对剩余财产的索取权在债券和优先股之后,因此投资普通股的风险一般高于债券和优先股。

满足上市交易条件的普通股可以在一个或者几个市场同时上市交易,这样的普通股具有较好的流动性。普通股的流动性使得公司的兼并收购成为可能,从而提高了市场资源的配置效率。

(二)优先股

优先股是与普通股相对应的,指股东享有某种优先权(如优先分配公司盈利)的股票。公司有向优先股持有者分红的权利,但并不是必须进行红利的分配,这一点与必须向债券持有者支付利息不同。作为股权凭证,优先股代表对公司的所有权,但是优先股股东和债券持有者一样都没有表决权。公司对优先股股东没有还本付息的压力,只需在条件允许的时候支付一定的红利。

与债券不同,优先股的股利支付不能作为利息费用,所以不能在应税收入中扣除。优先股在股利的支付上位于普通股之前,在公司破产时的资产索取权位于债券之后而在普通股之前。由于优先股具备普通股和债券的特征,因此公司在一定条件下,可以将优先股像债券一样提前赎回,也可以在一定条件下转化成普通股。

三、金融信托及基金产品

个人投资者可以自己开立账户进行证券投资,而那些不精通金融投资的投资者也可以把资金交给证券投资公司来管理。投资公司比较常见的形式是开放式的证券投资基金,也就是我们所说的共同基金。证券投资基金是一种利益共享、风险共担的集合投资方式,通过基金发行单位集中投资者的资金,由基金托管人托管,由基金管理人管理和运用资金进行投资,并将投资收益按投资者的投资比例分配的一种投资方式。

四、衍生金融产品

(一)期货

期货是指交易双方约定在未来某个日期以约定的价格交割某种标的商品,双方约定的价格就是期货价格。在交易中,承诺在交割日购买商品的交易方称为多头方,承诺在交割日卖出商品的交易方称为空头方。

期货商品主要有四个主要类别：农产品期货、金属与矿产品期货、能源期货和金融期货。

期货交易要求交易者缴纳一定比例的保证金以控制违约风险，一般的比例是 5%～10%，然后根据交易商品的每天价格波动情况来计算交易者的盈亏，以决定是否需要补充保证金。因为期货采取的是保证金交易，所以有以小博大的杠杆作用。

（二）远期

远期是合约双方承诺在将来某一天以特定价格买进或卖出一定数量的标的物，远期合约是最早出现的一种金融衍生工具。合约双方约定在未来某一日期，按约定的价格，买卖约定数量的相关资产。在远期合约有效期内，合约的价值随相关资产市场价格的波动而变化。若合约到期时以现金结清的话，当市场价格高于合约约定的执行价格时，由卖方向买方支付价差；反之，则由买方向卖方支付价差。双方可能形成的收益或损失都是无限大的。远期合约主要包含如下两个方面。

1. 远期货币协议

远期货币协议是指当外汇买卖成交时，交易双方无须收付对应货币，而是约定在未来某个时间进行结算与交割。远期货币协议以远期汇率作为确定交易价格的条件，其结算到期日通常以 12 周、16 个月居多。

2. 远期利率协议

远期利率协议是防止国际金融市场上利率变动风险的一种保值方法。远期利率协议保值，是在借贷关系确立以后，由借贷双方签订一项远期利率协议，约定起算利息的日期，并在起算利息之日，将签约时约定的利率与伦敦银行同业拆放利率比较。倘若协议约定利率低于同业拆放利率，所产生的差额由贷方付给借方；如果协议约定利率高于同业拆放利率，则由借方将超过部分付给贷方。运用远期利率协议进行保值，既可以避免借贷双方远期外汇申请的烦琐，又可以达到避免利率变动风险的目的。而这种业务本身并不是一种借贷行为，不出现在银行的资产负债表上，因此不必受到政府管制条例的约束。

（三）期权

期权又称为选择权，是指在未来一定时期可以买卖特定商品的权利，买方向卖方支付一定数量的金额(指权利金)，拥有在未来一段时间内以事先约定好的价格(指履约价格)向卖方购买或出售约定数量的特定标的物的权利，但不负有必须买进或卖出的义务。

1. 期权的类型

(1) 看涨期权和看跌期权。如果期权的买方取得购买特定标的物的权利则是看涨期权，也叫买权。如果期权的买方取得卖出特定标的物的权利则是看跌期权，也叫卖权。期权的买方有执行的权利，也有不执行的权利，是否行使该权利完全根据市场情况而定。

(2) 欧式期权和美式期权。根据期权的交割日不同可以分为欧式期权和美式期权。美式期权可由发行日开始至期满的任何时间内行使，欧式则只可在到期日行使。

2. 几种常见的金融期权

(1) 股票期权。期权买方交付了期权费后获得在合同约定日期或者日期之前买入或卖出股票的权利。

(2) 股票指数期权。期权买方支付了期权费后，可以在有效期内以协议指数与市场实际指数进行盈亏结算。

(3) 利率期权。期权买方支付了期权费后，可以在有效期内以约定的利率水平买入或卖出标准定额的利率工具，比如政府债券、大额可转让存单等。

(4) 外汇期权。外汇期权也叫货币期权，指期权买方支付了期权费后，可以在有效期内以约定的汇率水平来买入或者卖出所标的的标准定额的外汇。

(四) 互换

互换协议使参与双方在未来某一约定时点或者一段时期相互交换一系列的现金流。比较常见的互换包括货币互换和利率互换。

(1) 货币互换。货币互换又称货币掉期，是指交易双方在一定期限内将一定量的货币与另一种一定数量的货币进行交换。由于在国际经济交往中，不同的市场参与者所需要的货币是不同的，而且存在货币之间汇率变动的风险，因此货币互换是一项常用的债务保值工具，主要用来控制中长期汇率风险，把以一种外汇计价的债务或资产转换为以另一种外汇计价的债务或资产，达到规避汇率风险、降低成本的目的。

(2) 利率互换。利率互换又称利率掉期，是交易双方将同种货币但不同利率形式的资产或者债务相互交换。债务人根据国际资本市场利率走势，通过运用利率互换，将其自身的浮动利率债务转换为固定利率债务，或将固定利率债务转换为浮动利率债务。利率互换不涉及债务本金的交换。

(五) 认股权证

认股权证是上市公司发行的给予持有认股权证的投资者在未来某个时间或者一段时间以确定的价格购买一定数量该公司股票的权利。

认股权证的发行可以采用两种方式：最常见的是在发行公司债券和优先股时附带向投资者发行认股权证，这样可以增加债券和优先股的吸引力；另一种方式是单独发行，基本上是按照老股东的持股数量以一定的比例发行。

(六) 优先认股权

优先认股权是公司增发新股时，为保护老股东利益而赋予老股东的一种特权，即允许老股东按照低于股票市价的特定价格(通常称为配股价)购买一定数量的公司新发行的股票，这种股票发行方式通常称为配股发行。按照配股发行的条件，老股东可以按照目前持有的公司股票数占公司已发行股票数的比例，按特定价格购入相同比例的新股票，以保证其持股比例不变。

任务二 实物及其他投资工具

一、房地产投资

由于房地产价值较高且不易分割，投资房地产往往需要雄厚的资本。但对于个人投资者来说，也存在几种可行的投资方式。房地产投资主要包括以下两种方式。

(1) 直接的房地产投资。个人利用自己的资金或者银行贷款购买住房，或者居住，或者希望过一段时间后转手获利。在世界上大多数国家，个人住房投资在个人的资产组合中都有重要的地位。

(2) 房地产租赁。很多对房地产感兴趣的投资者，往往通过分期付款的方式以较低的首付款获得房产，然后将房产租赁出去以获取收益。投资者在支付贷款利息和住房折旧之后通常还有一定的收益。

二、黄金

黄金是一种贵重金属，在 20 世纪的金本位制度下，黄金的价值直接和货币的价值相关联，现在黄金虽然不再和货币挂钩，但是黄金作为财富的代表仍然是重要的国家储备，同时受到市场上投资者的认可。一般来说，在面对通胀压力的社会环境中，黄金投资是具有保值增值作用的。

随着黄金投资工具的增多，投资者也有了选择不同投资工具买卖、交易的可能。除了有标准金块的现货交易市场外，还有期货、期权及借贷等衍生市场。

三、艺术品

艺术品投资的收益率是非常高的，但是具有明显的阶段性，因为当某种艺术品体现出高收益的时候，其他投资者就会趋之若鹜加入这个市场中，使得收益率下降。艺术品投资非常具有个人偏好的特征，不同的艺术品对于不同的投资者来说，价值可能相差很大。

艺术品投资具有较大的风险，主要体现在三个方面。

(1) 流通性差。艺术品在市场上的交易主要通过画廊、古玩店、艺博会、拍卖会或私下进行，渠道单一且不易成交，因此流动性较差。

(2) 艺术品保管难。以名画为例，如果有折痕、染色等，该名画的价格在市场上肯定要大打折加。

(3) 价格受到时尚潮流的影响，波动较大。比如现在中国陶瓷在市场上大受欢迎，价格上涨很快，但是很可能过了这段时间，市场开始偏好水彩画，使得陶瓷的价格大幅度下跌。

四、古玩

现在习惯上说的"古玩"，包括玉器、陶瓷、字画、古籍和古典家具、竹刻牙雕、文房四宝、钱币等，甚至外延到根雕、徽章、邮品、电话卡及一些民俗收藏品。古玩投资和艺术品投资一样，交易成本较高且流动性较差。另外，投资古玩要有鉴别能力，没有一定的鉴别能力，将赝品当真品买回，就会亏损，而且古玩价值一般都比较高，投资人要有一定的经济实力。

 # 模块三　　投资风险教育与资产配置

任务一　投资风险教育

一、对客户进行风险教育

投资者在进行投资时，总希望安全性好、收益率高。可是收益与风险是成正比的，即投资的预期收益率高，但风险也大，风险小的投资品种，其预期收益率也较低。所以在预期收益率一定的情况下，尽量利用所学的方法降低或回避投资风险；在一定的投资风险前提下，尽量提高投资收益率。要实现上述目标，主要取决于投资者所具备的投资知识和灵活运用有关投资策略。

客户在进行投资理财时，要遵循以下投资原则。

1. 理性投资原则

理性投资原则是指投资者在进行投资时应该坚持理性的态度，在对投资产品具有充分的客观认识的基础上进行投资。谨记投资股票收益高的同时风险也高，在预期收益高的前提下，要分析投资者的风险承受能力如何，理性把握机会，控制好风险，才能保证收益。

2. 剩余资金原则

剩余资金原则是指投资者将日常生活支出以外的剩余资金用来进行投资。例如，股票投资是一种风险较大、收益较高的投资活动，在投资中赚钱和亏本的机会同时存在，如果将全部资金用于股票投资，甚至借款投资，一旦亏损，必将危及正常的工作和生活。

3. 相对满意原则

投资者遵循相对满意原则，战胜贪婪的弱点，保持良好心态，把握每次投资机会。例如，在股票投资决策中，投资者不可能在最低点买入且在最高点卖出，所以应该遵循相对满意原则，依据对股票市场的判断，在低价区逐步建仓，不可为1～2个点而错失良机；在高价区逐步减仓，切不可让手里的盈余丢失。

二、指导客户按投资程序投资

各种投资工具的投资程序是不一样的，有必要的话，应对客户的投资进行指导。以股票投资为例，其投资程序如图 5-2 所示。

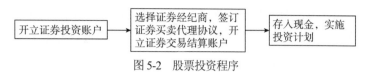

图 5-2　股票投资程序

三、及时调整

关注市场行情，跟踪所选择投资工具的发展，推荐并指导客户在合理价位进行调整。

学生分组，讨论如何向客户提供风险教育。

任务二　客户资产配置

资产配置是根据客户的投资目标和风险收益要求，将客户的资金在各种类型的资产上进行配置，确定用于各种资产的资金比例。

一、不同生命周期阶段的证券投资选择

1. 个人单身期

单身期时，个人风险承受能力最强，因此风险资产应占据投资组合中较大的比例。这一时期，个人理财最优的投资组合为：定期存款、国债等无风险资产占 30%，而风险资产的比例为 70%。

2. 家庭形成期

这一时期个人理财投资组合中，风险资产仍占据较大比例，但小于单身期的投资比例。一般来说，风险资产的比例为 60%，定期存款、国债的投资可以适当提高。

3. 家庭成长期

这一时期的最优投资组合为风险资产和无风险资产各占 50%，即定期存款、国债、可转让大额存单等无风险资产共占投资比例的 50%，而股票型基金、公司债券、股票等风险资产的投资比例也是 50%。

4. 家庭成熟期

这一时期的个人理财投资组合中，应适当降低风险资产的比例，以获取更稳健的收益。因此，定期存款、国债等无风险资产的比例占到 60%左右，股票型基金、公司债券、股票等风险资产占 40%左右。

5. 家庭衰退期

这一时期风险承受能力相对较弱，为了与这一时期的风险承受能力相匹配，在投资组合上应选择无风险资产投资组合。家庭衰退期的个人理财最优组合为定期存款、国债等无风险资产占70%左右，而股票、基金等风险资产占30%左右即可。

以上分析可总结如表5-10所示。

表5-10　不同生命周期阶段的投资策略

生命周期	风险承受能力	无风险资产	风险资产
个人单身期	强	30%	70%
家庭形成期	强	40%	60%
家庭成长期	中	50%	50%
家庭成熟期	中	60%	40%
家庭衰退期	弱	70%	30%

注：无风险资产包括定期存款、国债、可转让大额存单等；风险资产包括股票型基金、公司债券、股票、基金等。

二、根据理财目标来确定资产配置

1. 根据理财目标配置资产

每个人的一生都有多种理财目标，有短期理财目标、中期理财目标、长期理财目标。一般来说，不同期限的理财目标所选择的投资工具是不同的，短期理财目标选择短期投资工具，中期理财目标选择中期投资工具，长期理财目标选择长期投资工具，这样会使投资品种与预定的投资期限相匹配，更容易达成自己的理财目标。

2. 留足日常备用金

在规划投资理财时，一定要考虑留足日常支出费用，3个月内要用的钱绝对不能用来做高风险的投资。可以做一个7天通知存款，或者购买货币市场基金，而不能为了追求高收益去冒险一搏，这样会影响理财目标的实现。

实训活动

学生分组，讨论不同生命周期的客户其资产应该如何配置，并能为不同类型的客户做出资产配置建议。

项目小结

1. 投资规划是根据投资目标选择各种金融工具进行资产配置的过程，即通过客户分析—资产配置—选择规划—实施规划—规划评价和修正的程序来进行。

2. 进行投资规划时，可以选择的工具有股票、债券、基金、外汇、黄金、期权、期货、艺术品、古玩等，熟悉各种投资工具的特点和交易程序，是进行投资规划的必要前提。

3. 投资各种金融工具都会面临一定的风险，如购买力风险、利率风险、政策风险、经营风险等。因此，投资者需要构建投资组合来分散风险。构建投资组合时，要结合客户的生命周期、投资目标、闲置资金的数量和风险承受能力来合理配置资产。

项目训练

一、单选题

1. 一个人处于(   )期时，风险承受能力最强，风险资产可占较大比例，达到 70%。

    A. 个人单身   B. 家庭形成   C. 家庭成长   D. 家庭成熟

2. (   )期，积累了一定的工作经验和投资经验，投资能力大大增强，风险承受能力适中，应选择风险资产和无风险资产并重的投资组合。

    A. 个人单身   B. 家庭形成   C. 家庭成长   D. 家庭成熟

3. 风险承受能力相对较弱，最优组合为无风险资产占 70% 左右，风险资产占 30% 左右即可，这是(   )期。

    A. 家庭形成   B. 家庭成长   C. 家庭成熟   D. 家庭衰退

4. 在规划投资理财时，一定要考虑留足日常支出费用，(   )内要用的钱，绝对不能用来做高风险的投资。

    A. 2 个月   B. 3 个月   C. 5 个月   D. 6 个月

二、多选题

1. 投资理财是指投资者运用自己的资本来购买金融资产，即(   )。

    A. 股票   B. 债券   C. 基金   D. 金融衍生品

2. 客户分析主要是对客户的(   )进行分析。

    A. 风险偏好   B. 风险承受能力   C. 性格   D. 资产

3. 客户的风险偏好可以分为 5 种类型，即(   )。

    A. 保守型   B. 轻度保守型

    C. 中立型   D. 轻度进取型   E. 进取型

4. 确定投资目标的原则是(   )。

    A. 目标具有可行性   B. 要有明确的实现期限

    C. 要有明确的金额   D. 目标要远大

三、简答题

1. 如何确定客户的风险偏好和风险承受能力？

2. 典型的金融投资工具有哪些？

3. 客户投资应该遵循的投资原则有哪些？

4. 不同生命周期的风险投资比例应如何选择？

5. 如何理解投资者投资的要求收益率？

项目六

教 育 规 划

🔍 知识目标

1. 了解教育规划的概念及原则。
2. 熟悉教育规划的流程和步骤。
3. 掌握主要的短期和长期子女教育规划工具。

🔍 能力目标

1. 能够根据客户的具体情况确定教育费用的额度。
2. 能够根据各类教育规划工具的特点进行灵活选择。
3. 能够根据教育规划的目标，制定教育规划方案。

🔍 思政目标

1. 认同教育规划工具对实现上学梦的重要意义，树立正确的教育规划理财观念。
2. 理解教育规划对个人、家庭和国家的重要意义，培养学生爱岗敬业、爱国爱家的精神。

案例导入

成长的烦恼

上海的李先生，35 岁，是一名公务员，他的妻子 30 岁，在教育行业工作。两人一个月的工资约有 18 000 元。3 年前，李先生喜得贵子，但烦恼也接踵而来。如今孩子开始上幼儿园了，每个月除去生活费用、孩子的教育费用等，李先生家庭的剩余资金不到 10 000 元。

李先生希望孩子将来能够出国留学深造，所以要给孩子留出一笔专用教育基金，即便是孩子没有出国，这笔钱也可以留给孩子作为创业基金或者结婚使用；夫妻俩平时都很忙碌，所以想请家政人员专门照顾；除此以外，就是让孩子从小就学习英语，具备扎实的语言基础。于是，李先生夫妻俩决定拿出 30 万元，打算为孩子做教育规划。

思考： 假如你是理财规划师，你将为李先生提供怎样的教育规划思路？

知识就是力量，知识就是财富。国内外学者的人力资本研究结果表明，教育程度与收入水平呈正相关，越来越多的人希望通过接受更高水平的教育来改善自己或子女的生活。随着教育费用的不断上涨，使得教育开支占家庭总支出的比重越来越大，且其在消费时间、金额等方面具有较大的不确定性。日渐增加的教育费用和较高的教育收益预期使得教育规划成为家庭理财规划的核心。

本项目主要涉及帮助客户分析并估算教育费用、选择教育规划工具、设计教育方案等内容。要求理财规划人员能够按照教育规划步骤估算客户的教育费用；了解教育费用的主要来源；掌握各种教育规划工具；能够结合客户的实际情况设计出合理的理财规划方案，并根据因素变化调整教育规划方案。制定教育规划的业务流程如图 6-1 所示。

图 6-1　制定教育规划的业务流程

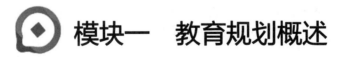**模块一　教育规划概述**

教育规划是指为实现预期教育目标所需要的费用，通过提前投资，提前积累资金的一种方式。无论个人教育规划还是子女教育规划，使用的投资理财策略都较相似。由于大学教育的费用普遍较高，对其进行财务规划的需求也最大，所以本项目主要讨论子女高等教育投资规划问题。

任务一　教育规划的种类及特征

一、教育规划的种类

1. 个人教育规划

个人教育规划是指对客户本身的教育投资，是个人自我完善和终身学习的重要形式，是提高个人素质、提高劳动生产率及个人生活质量的重要途径。个人教育主要指个人在政治、经济、文化、生活、技术等各方面的继续教育、培训教育，可以通过自学、培训和进修等方式来进行。例如通过考职业资格证、读在职 MBA、考取硕士或博士学位等方式增加自身资本，为以后的发展奠定基础。

2. 子女教育规划

子女教育规划是指客户为子女将来的教育费用进行计划和投资。对客户子女的教育投资又可以分为基础教育投资和大学教育投资。在孩子的总经济成本中，教育成本仅低于饮食费用，占子女费用的平均比重为21%，但是自子女读高中起，教育费用在子女总支出中的比重超过饮食费用，这一比重在高中阶段为34%，大学阶段为41%。学前教育的花费也显著高于义务教育阶段，幼儿园的学杂费人均为 4 600 元，占子女总支出的比重为30%。有少数家庭还支付了高额的择校费与赞助费。从以上内容可以看出，对于大多数家庭来说，提前对子女的教育费用进行规划意义重大。

二、子女教育规划的主要特点

1. 没有时间弹性

子女到了一定年龄(18 岁左右)就要读大学，因此子女教育规划不像购房规划，若财力不够可以延后几年。目前大学学历基本已经成为进入社会参加工作的门槛，也成为大多数父母需要提供给子女的基本教育。因为没有时间弹性，所以更要提早准备。

2. 没有费用弹性

子女教育规划的费用固定，对每一个学生都是相同的，不会因为家庭富裕与否而有差异。国家提供的奖学金、助学金的金额与名额还不足以满足所有无财力入学的贫困学生家庭。国家助学贷款可以救急，但仍要负担利息。总之，教育规划没有费用弹性，所以要及早为子女准备足额的教育基金。

3. 子女的资质无法事先预测

孩子出生时很难知道他们在独立前要花费多少钱，这与其资质、学习能力有关。父母希望子女能接受良好的教育，但不一定能考上计划中的高等院校。在求学期间所花费的家教、补习费甚至陪读费用，这些都不是父母可以事先控制的，所以要从宽来规划子女教育费用。

4. 受到通货膨胀的影响

近 20 年，什么价格上涨最快？很多家长会异口同声地回答："子女教育费用"。仅以子女教育费用中的高校学杂费为例，20 年前，大学学费约为 200 元/年，现在已经上涨至约 6 000 元/年。近 20 年时间里，上涨了约 30 倍。高等教育学费的上涨率往往高于通货膨胀率，因此储备教育资金的报酬率要高于学费增长率。

三、子女教育规划的原则

在进行子女教育规划时应遵循以下原则。

1. 确立合理的教育规划目标

父母的期望与子女的兴趣、能力可能有差距，在小学、中学阶段，子女尚未定性，应以较宽松的态度准备教育经费以满足子女不同的选择。在留学深造方面，更应与已成年的子女沟通，如是否愿意工作几年后再出国留学，一方面以社会历练来确定自己的深造意愿，另一方面自筹部分出国深造经费，以减轻父母的负担。

2. 教育费用需提前规划，资金要充裕

子女教育资金涉及教育费、生活费等多项开支，是家庭仅次于购房的一项重要开支，需要认识到其对家庭财务状况的影响力，尽早开始规划。对教育投资准备的时间越长，给家庭带来的财务压力就越小。另外，子女受教育程度取决于父母期望、子女资质、学习能力、兴趣爱好，所以教育费用往往难以准确估算，且难以缩减，因而准备教育费用应宁多毋少，如有结余可转用于养老。

教育负担比是衡量教育支出对家庭生活影响的指标，此指标若高于30%，则应尽早准备。其计算公式为

$$教育负担比＝届时子女教育金费用/家庭届时税后收入×100\%$$

3. 利用长期投资工具定期定额投资

子女教育规划应通过充分利用定期定额计划来实现。例如，利用子女教育年金或10～20年的储蓄险等工具准备部分子女教育经费。由于储蓄险具有保证给付但报酬率不高的特性，所以购买的保险额度能支付大学的学杂费即可，进一步深造及住宿费部分还是以报酬率较高的基金来准备。当子女考上大学时，至少这部分学费已采取强迫储蓄的方式准备好，不会因经费的问题阻断子女的求学之路，造成无法弥补的遗憾。即使投资获利不如预期的基金，已上大学的子女也可以利用勤工俭学或兼职的方式，来筹措住宿或继续深造的经费。

4. 以保守投资为主，稳健投资

投资时注意以保守投资为主，不要因为筹集资金的压力大而选择高风险的投资工具，因为如果本金遭受损失，对以后子女教育的不利影响会更大，所以还是要以稳健投资为原则。

家庭人口投资与收益的经济分析

美国著名经济学家加里·贝克尔在其著作《家庭经济分析》中谈到，"对孩子的需求将会取决于孩子的相对价格和全部收入。假定家中的实际收入不变，孩子的相对价格上升，则对孩子的需求减少，对其他消费品的需求增加"。

贝克尔认为生育孩子的经济分析理论有两个前提条件。

第一，人们的经济行为，莫不是在遵循"效用最大化"的原则。孩子是一种特殊的消费品，且为耐用消费品，应纳入家庭收支预算和决策安排。而家庭拥有的资源又是有限的，大家需要在"购买彩色电视机，还是生养孩子"之间做出决策，考虑何者能给家庭带来更多效用。

第二，家庭不仅是一个生活消费单位，还是一个生产经营组织。家庭成员在户主的组织下，合理配置有限资源来满足人们物质、精神上的需要，从而使家庭成员的效用最大化。

贝克尔关于子女养育成本与收益的理论，是有现实意义的。如解释生育率随着人们生活水平的提高而降低时，贝克尔认为，父母考虑生育子女时，只是在预期孩子的效用大于成本的前提下才会做出生育的决定。这种理论把成本与收益比较的经济核算、效益提高的思想推广到一切领域。

资料来源：马晓钰. 从家庭经济学角度分析丁克家庭问题[EB/OL]. [2012-05-10].
http://www.docin.com/p-1445016287.html.

学生分组，结合自己的求学经历，讨论家庭子女教育规划的特点和应该遵守的原则有哪些。

任务二　教育规划的步骤

作为一项重大工程，孩子的教育规划也不单单只是"攒钱"可以解决的，我们把这种规划分为4个步骤，父母可以遵循这4个步骤计算自己的家庭到底需要积累多少教育费用，以及如何筹措这些费用，并找到适合的投资方式。制定子女教育规划的流程如图6-2所示。

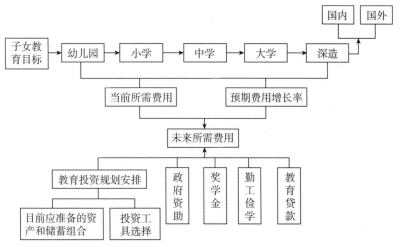

图 6-2　制定子女教育规划的流程

一、明确教育目标

每个家长都要根据自己孩子的特点，制定理财目标。例如，有的孩子今后准备到国外读书，那就要有较多的资金储备和较高的理财目标。一般情况下，大多数孩子都会按照幼儿园→小学→初中→高中→大学这样传统的模式成长。因此，孩子接受普通的学历教育所需要的花费也是必不可少的支出。

二、估算实现教育目标未来所需费用

（一）计算教育资金缺口

随着经济的发展，教育的费用越来越高，教育费用的增长率一般要比通货膨胀率高，因此在计算未来所需教育费用时，要将通货膨胀率考虑在内。将现有资产与子女教育所需总费用比较，就可以计算出教育资金缺口。

（二）计算投资金额

设定准备教育资金的期间和期望报酬率，通过对未来所需费用的贴现，可以计算出一次投资所需费用或分次投资所需资金。假如按现在投资的金额去投资而未来金额不足的话，可以通过调低孩子未来的教育目标、增加初期投资金额或调整理财工具来实现。

三、选择适当的投资工具并进行投资

一般情况下，投资工具的回报率越高，初期投资的金额就越少，与之相对应的风险就越高。假如没有足够的本金进行投资的话，可能就要降低教育目标或选择风险、收益相对高一些的投资产品，在进行投资时，就要对风险管理投入更多的时间和精力。另外，假如初期没有足够的单笔投资资金，利用定期定额计划来实现子女教育基金的积累也是一种比较科学的方式。对父母而言，选择定期定额业务的好处是可以分散风险、减少经济压力、强制储蓄，即在不加重经济负担的情况下，做小额、长期、有目的性的投资以应付未来对大额资金的需求，从而达到轻松储备子女教育金的目标。

四、执行计划并定期检查

子女教育基金计划制订后就要严格执行，坚持专款专用。生活中往往会出现由于买房、医疗等支出过大而动用了孩子教育金的情况，这种行为不但使孩子的教育金储备受到影响，而且还形成了一种教育金可以随便支取的错误观念。应严格按照教育金储蓄计划执行，还需定期检查落实情况，并根据情况适当调整。最好每年做一次评估，计算当年的教育金筹备额和收益率，将结果和预期进行比较，以达到预期目标为准。如果未达到预期目标，则应适当提高第二年的投资额或相应的收益率，以保证目标如期完成。

 实训活动

学生分组讨论，子女教育规划与其他理财规划项目相比有什么特点。

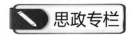 思政专栏

教育部：决战决胜教育脱贫攻坚　实现义务教育有保障

联合国科技创新促进可持续发展多利益攸关方论坛(Multi-stakeholder Forum on Science, Technology and Innovation for the Sustainable Development Goals，简称 STI 论坛)于 2022 年 5 月 5 日至 6 日在纽约以线上的形式召开。会上提出 17 个可持续发展目标。优质教育作为可持续发展目标之一，位列无贫穷、零饥饿、健康和福祉这三个目标之后。

会议指出，发展中国家的初等教育入学率达到了 91%，但仍有 5 700 万儿童失学。全球有 6.17 亿名青少年缺乏基本的数学和识字技能。未入学的儿童中，超过半数生活在撒哈拉以南的非洲，50%的小学适龄失学儿童生活在受冲突影响的地区。

在我国，控辍保学成效显著。2019 年我国小学学龄儿童净入学率达 99.94%，初中学生毛入学率达 102.6%，九年义务教育巩固率为 94.8%，相关指标已达到世界高收入国家平均水平。控辍保学成效显著原因如下。一是脱贫攻坚取得全面胜利。"十三五"期间，国家投入大量人力、物力及政策，坚决打赢脱贫攻坚战，并投入大量资源支持贫困地区发展教育事业，阻断贫困代际。二是物质生活水平大幅提升。改革开放以来，人们物质生活水平大幅提升，为教育提供重要保障。同时，人们在精神层面也有了更高追求，教育重视程度进一步提升。

资料来源：第七届联合国 STI 论坛。

思考：助学贷款作为教育规划的重要工具之一，帮助越来越多的贫寒学子圆了大学之梦。以上的数据也意味着，如果没有教育规划工具，将有更多学生失去接受教育的机会。

模块二 制定教育规划

任务一 确定子女教育目标及所需费用

一、明确子女教育目标

在进行教育规划时，理财规划师可以通过以下问题来向目标客户了解其子女教育的具体需求，从而确定子女的教育目标。

- 子女目前的年龄多大？
- 子女的兴趣爱好和学习能力如何？
- 希望子女完成哪个级别的教育？
- 希望子女在何地完成教育？
- 希望子女在何种类型的学校完成教育？
- 这些教育目标对子女有多重要？

作为个人理财规划师，帮助客户明确以上问题的答案是很重要的。

二、估算教育费用

（一）教育费用估算准备

1. 了解当前的教育收费水平和增长情况

想要了解当前的教育收费水平和增长情况，就要了解包括学前教育、义务教育、大学教育和其他支出的所有内容。这是基础步骤，也是最关键的步骤。如今的教育费用正处在持续增长的阶段，如果没有前期准备，就可能会出现付不起孩子学费的窘境。

一般孩子的成长过程包括：幼儿园期、小学教育期、中学教育期、大学教育期和出国留学期。在进行教育费用估计时可以参考当地教育收费标准。

2. 预测未来的通货膨胀率

要准确地预测未来的通货膨胀率并不容易，一般情况下，该数据每年都会产生变化。但教育投资规划并不需要非常精确的数值，因为制订该计划的目标只是保证投资的收益能够完成子女未来的教育支出就可以了。理财规划师可以把近年来的通货膨胀率进行平均计算，再结合未来的经济发展趋势，对未来教育投资规划期内的通货膨胀率做出合理的预测。近年来，随着经济的发展，各国的大学教育费用也在不断提高，涨幅通常都高于通货膨胀率，所以，在计算时，应该在通货膨胀率的基础上再加上 2～3 个百分点。如果预测未来的一般通货膨胀率为每年 5%，则估计大学的费用至少每年应该增加 7%～8%。因为教育费用无弹性的特点，为了避免到时资金不足的情况出现，所以一般都会预计多一点费用。

虽然对通货膨胀率的预测并不需要十分精确，但从个人财务规划的合理性角度出发，对大学费用增长率的预测却是越准确越好。当无法决定时，建议采用保守的计算方式，以避免出现无法支付费用的情况。如果子女上大学后，客户发现教育投资规划筹集的资金大于实际支付额，则可以将多余的部分用于其他规划。

(二) 教育费用的估算

由于基础教育阶段的费用相对固定，进行教育规划的重要步骤是估算大学教育的费用，这是整个教育投资规划的核心。因此此处重点介绍大学教育费用的估算。

首先，进行大学教育投资规划时要明确客户的子女要上何种类型的大学。不同类型的学校，比如专业型大学与综合型大学的教育费用就有着天壤之别。再者，公立学校和私立学校的学费也大不相同。以美国为例，其私立大学的学费就远高于公立大学，前者一般在 4 万美元到 7 万美元之间，而后者只需要 2 万美元左右。当然，客户不应该仅从财务的角度来选择学校，并不是学校的费用越高，其教育质量就越好。学校教育质量需要从多方面来评价，更重要的是要根据客户子女的实际情况来选择学校。要考虑的因素有：学校的特点和地理位置、师资力量、学费高低、子女的兴趣和爱好、子女的学习能力等。此外，需要了解客户子女目前的年龄。如果客户的子女现在只有 5 岁，则其教育投资规划的时间是 13 年(假设子女读大学时 18 岁)；如果客户子女现已 14 岁，则只有 4 年的时间来实施教育投资规划了。对于这两种客户而言，投资金额和投资方式显然是截然不同的。

其次，在了解了教育投资规划的时间和计划考入大学的类型后，理财规划师就需要向客户询问有关该大学的收费情况和预测未来相应的增长率。只有当这两个数据确定以后，才可以开始进行计划。就大学的收费情况而言，许多大学都会提供这方面的资料，客户只需要和学校的招生办公室联系，就可以免费获取这些数据。要注意的是，学校提供的数据中也许并没有包括需要客户进行计划的所有费用，比如它通常会包括学费、住宿费和膳食费，但却不会包括交通费。而交通费对于外地的学生来说，是一笔不小的开支。如果客户希望子女能够到国外留学，那交通费的支出就更大了。由于每年交通费用都在不断变化，其具体的数额比学费本身更难确定；另一个容易被忽视的支出是通信费，对于外地学生，该项费用的 4 年总支出额应该纳入教育投资规划中。除此以外，课外活动费、医疗保险费等也需要被考虑在内。

三、确定教育投资额

教育投资规划要结合客户现时和未来的财务状况，分析计划期间每期(月或年)需要的投资金额和投资方式。客户子女所需教育投资的具体数额取决于其子女所上大学的种类和初始投资距离子女上大学的时间长短。在确定了客户教育投资规划的基本数据，即该计划所需的资金总额、投资计划的时间、客户可以承受的每月投资额、通货膨胀率和基本利率后，理财规划师就可以帮助客户制定教育投资规划了。

理财规划师可以根据各大学公布的所需教育费用，再根据不同的通货膨胀率计算大学教育所需的投资。现在，许多投资基金和保险公司都有若干大学教育的投资策划方案，并附有不同通货膨胀率下计算现值的贴现因子。通过计算投资总额的终值和现值，可以求出一次性投资计划所需的费用或是分期投资计划每月所需支付的费用。

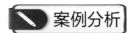 案例分析

　　王先生的儿子今年 6 岁。王先生的子女教育投资规划目标是在儿子 18 岁上大学时能积累足够的大学本科和硕士的教育费用。假设我国目前大学本科 4 年需要花费 60 000 元，硕士阶段需要花费 35 000 元，结合通货膨胀率、大学收费增长、经济增长等因素，预测教育费用年均增长率为 5%。王先生目前已经有 30 000 元教育准备金，不足部分打算以定期定额投资基金的方式来解决。王先生投资的平均回报率大约为 4%。

　　问题：为实现这一教育目标，请估算未来所需教育资金和当前现值。

　　解析：简便起见，假设学费一次性支付，不考虑学费支付的时间差异。

　　(1) 12 年后，王先生的儿子上大学时：

　　应准备的大学教育费用 = 60 000 × (F/P，5%，12) = 107 751(元)

　　已准备金额 = 30 000 × (F/P，4%，12) = 48 031(元)

　　尚需准备金额 = 107 751 − 48 031 = 59 720(元)

　　每年应提存金额 = 59 720 ÷ (F/A，4%，12) = 3 975(元)

　　每月应提存金额 = 3 975 ÷ 12 = 331(元)

　　(简便起见，不考虑每月提存金额的时间价值差异。)

　　(2) 16 年后，王先生的儿子读硕士时：

　　应准备的硕士教育费用 = 35 000 × (F/P，5%，16) = 76 401(元)

　　每年应提存金额 = 76 401 ÷ (F/A，4%，16) = 3 501(元)

　　每月应提存金额 = 3 501 ÷ 12 = 292(元)

任务二　选择适当的教育规划工具

　　客户的子女从出生到接受高等教育，教育消费时间跨度长、涉及数额大，这就给子女教育规划留下了很大的空间。在了解客户对其子女的教育需求、估算教育费用以后，理财规划师要做的是分析怎样才能更好地为客户理财，以帮助实现他们的教育目标。因此，教育费用筹集投资工具的选择成为教育规划的一项重要内容。

一、教育资金的来源渠道

　　在我国，教育资金的主要来源渠道为家庭，也可以通过其他的一些渠道获得，如政府教育资助、奖学金、教育贷款、留学贷款等。

1. 政府教育资助

政府每年都会在财政预算中拨出一部分资金用以对符合条件的学生提供教育资助。这类教育资助通常有着严格的资助限制，主要包括特殊困难补助、减免学费政策及"绿色通道"政策等。

(1) 特殊困难补助及减免学费政策。特殊困难补助和减免学费政策是高校资助政策的辅助性措施。这两个政策共同的特点就是无补偿资助。特殊困难补助是各级政府和高校对经济困难学生遇到一些特殊性、突发性困难给予的临时性、一次性的无偿补助。减免学费政策是国家对部分确因经济条件所限缴纳学费有困难的学生，特别是对孤残学生、少数民族学生及烈士子女、优抚家庭子女等实行的政策。

(2) "绿色通道"政策。"绿色通道"是指让经济困难、无法交足学费的新生在不交学费的情况下顺利办理全部入学手续。

2. 奖学金

政府的教育资助有时是以奖学金方式发放，但这类奖学金所占比例相对较小。各类民间机构和组织，如企业、公司、基金、宗教慈善团体、服务机构、学术组织等，也通过学校设立奖学金奖励成绩及其他方面突出的学生。

3. 教育贷款

教育资金的来源除了客户自身拥有的资产收入和政府或民间机构的资助外，还包括政府为家庭贫困学生提供的各种专门的低息贷款。教育贷款是教育费用重要的筹资渠道，我国的教育贷款政策主要包括以下三种贷款形式。

(1) 学校学生贷款，指高校利用国家财政资金对学生办理的无息贷款。

(2) 国家助学贷款，是由国家指定的商业银行面向在校的全日制高等学校经济确实困难的本专科学生(含高职学生)、研究生及第二学士学位学生发放的，用于帮助他们支付在校期间的学费和日常生活费，并由教育部门设立"助学贷款专户资金"给予财政贴息的贷款。

(3) 一般性商业助学贷款，是指银行按商业原则自主向个人发放的用于支持境内高等院校困难学生学费、住宿费和就读期间基本生活费的商业贷款。商业助学贷款实行"部分自筹、有效担保、专款专用和按期偿还"的原则。

4. 留学贷款

除上述几种教育贷款方式外，对于想让子女出国接受高等教育的客户来说，银行还会为符合条件的留学人员提供留学贷款。留学贷款是指银行向出国留学人员或其直系亲属、配偶发放的，用于补贴出国留学人员学费、基本生活费等必需费用的个人贷款。但是，留学贷款相比国内住房贷款、汽车贷款条件要苛刻得多，手续也比较复杂。

二、教育规划的工具

一般来说，教育规划工具可以分为短期教育规划工具和长期教育规划工具。

(一) 短期教育规划工具

短期教育规划工具主要包括：各种贷款，如教育助学贷款、商业助学贷款、个人商业贷款；可变现的资产，如家庭资产等。

如果教育规划进行得比较晚，在短期内就需要一笔资金来支付子女的教育费用，则应考虑通过贷款来实现目标。采用贷款这种方式很容易占用退休规划资金，所以在做决定之前应该慎重考虑，并确保不会影响退休规划和其他安排。

一般情况下，可以首先考虑让子女就读学费较低的学校。其次，可以将债务归在子女的名下，自己作为债务的担保人或第三方，只有当子女的财务状况显示其无法偿还债务时才需要为其承担此义务。不少大学为了吸引优秀的学生，可以为本校学生提供低息贷款。另外，还可以争取政府和资助性机构的贷款，如我国的政策性助学贷款，不过这类贷款有严格的限制，不容易取得。当然也可以选择银行贷款，银行贷款一般没有特别的要求和限制，不过必须支付较高的利息。

(二) 长期教育规划工具

长期教育规划工具包括传统教育投资工具和其他教育投资工具。在子女教育投资规划中，如果客户较早进行教育投资规划，财务负担和风险都较低，所以与其他投资计划相比较，教育投资规划更重视长期工具的运用和管理。

1. 传统教育投资工具

传统教育投资工具主要包括个人储蓄、定息债券和教育保险等。这些投资工具的优点是风险相对较低和有稳定的收益。

(1) 个人储蓄。定期储蓄一定的资金，当子女在每个阶段开学时，就能有一笔资金支付其费用。但采用个人储蓄的方式要求能自觉并且有能力定期进行储蓄，这对于不少人来说有一定的难度，尤其是在有其他的需求时，这一储蓄常常被挪用并且不能按期归还。

(2) 定息债券。投资者定期购买一定数额的定息债券，然后在需要的时候出售债券，就可以获得资金，在子女教育规划中常用的是储蓄债券。由于客户可以设立一个专门的投资账户，存入一定资金，然后每月该账户可以自动为客户购买债券。因此这种投资工具不仅节约了客户的时间，并且能够持之以恒地为子女教育规划储备资金。但定息债券的缺点也是很明显的，由于定息债券是以单利计息，所以投资成本要高于个人储蓄。

(3) 教育保险。教育保险又称教育金保险、子女教育保险，是以为孩子准备教育基金为目的的保险。教育保险是储蓄型险种。教育保险的保障对象为 0 周岁(指出生满 28 天且已健康出院的婴儿)~17 周岁的少儿；有些保险公司的教育保险所针对的对象为出生满 30 天~14 周岁的少儿。目前，少儿教育保险主要有以下三种。①纯粹的教育保险，可以提供初中、高中和大学期间的教育费用，通常以附加险的形式出现。②可固定返还的保险，其返还的保险金不仅可以作为孩子上学期间的教育费用，在以后还可以持续提供生存金。③理财型保险，如万能保险、投资连结保险等，具有较强的投资理财功能，也可以作为教育基金的储备，在子女初中、高中或者大学中的某个阶段领取作为其教育金。

　　教育保险的优点是兼具强制储蓄、保障功能。强制储蓄指父母必须每年存入约定金额，从而保证储蓄计划一定能够完成。保障功能最能体现其保费豁免条款，即投保教育保险的家庭，一旦父母因特定原因而无力再继续承担保费时，保险公司会豁免剩余应缴保费，而保单中对孩子的一切保障权益均不改变(日后孩子的教育基金照领)。教育保险的缺点是不能提前支取，资金流动性较差，早期退保可能导致本金受到损失。

2. 其他教育投资工具

　　其他教育投资工具主要有政府债券、基金定投、股票与公司债券、大额可转让存单、教育信托基金和共同基金等，这些投资工具的价格会随着供求关系和通货膨胀的变化而变化，为客户提供一定的保障。

　　(1) 政府债券。此类债券一般由中央政府或地方政府发行，由于收益具有稳定性和安全性，是子女教育规划的主要投资工具。

　　(2) 基金定投。基金定期定额投资是一种值得推荐的教育规划工具，它具有类似长期储蓄的特点，能积少成多，平摊投资成本，降低整体风险，还有自动逢低加码、逢高减码的功能，无论市场价格如何变化，总能获得一个比较低的平均成本，因此定期定额投资可抹平基金净值的高峰和低谷，消除市场的波动性。只要选择的基金有整体增长，投资人就会获得一个相对平均的收益，不必再为入市的择时问题而苦恼。另外，基金由于自身的特点，特别是一些平衡型基金，很适合作为子女教育规划工具，目前很多银行推出了"基金定投"业务，是一种值得推荐的子女教育规划工具。

　　基金定投需注意的问题主要有：最好选择股票型基金或者配置型基金；长期投资选择波动性较大的基金；活用各种弹性的投资策略；根据财务能力弹性调整投资金额。

　　(3) 股票与公司债券。一般而言，子女教育规划并不鼓励客户采用风险太高的投资工具，如股票与公司债券。但如果规划期较长，这些工具则可以采用，它们相对较高的回报率可以帮助客户较早地完成子女教育规划。

　　(4) 大额可转让存单。大额可转让存单与整存整取定期储蓄基本相同，但利率可上浮一定比例，因此回报率相对较高，安全性和收益性的协调是其成为较好的子女教育规划工具的主要原因。

　　(5) 教育信托基金。此类基金由客户购买，受益人是客户的子女。尽管子女在成年之前对资金并没有支配权，但在许多国家该基金的收益可以享受税收优惠。客户在投资此类基金之前，必须先按照有关法律将资金转移到子女的名下，这样才能保证将来基金的收益用于教育。如果子女未能上大学，则基金的收益应按照合同的规定转为其不动产或其他资产。

　　(6) 共同基金。这种投资方式的最大优点就是其多样化的投资和灵活性，可以在需要时将资金在不同的基金之间转换。

 实训活动

　　学生分组讨论政府教育资助对学生们读大学有什么帮助。

任务三 制定教育规划方案

教育规划的制定，最重要的是要帮助客户确定其子女教育所要达成的目标，所需要的教育费用，以及这些费用如何筹措，最终实现子女读大学的心愿。

为了更好地说明如何制定子女教育规划，下面用案例来演示为客户制定子女教育投资规划的流程。

一、案例资料

吴女士40岁，离异；女儿今年17岁，再过一年女儿就要上大学了。家庭资产状况是：一套价值30万元的自住房产；积蓄3万元；股市投资5 000元。目前收支状况是：本人月收入2 000元，孩子的父亲每月支付抚养费400元；吴女士及女儿每月生活费为1 500元，每月给父母赡养费200元。

要求：根据吴女士的家庭状况，为她做一份教育规划。

二、制定教育规划

1. 家庭资产分析

首先，对吴女士的家庭资产情况进行分析，具体情况如表6-1和表6-2所示。

表6-1 资产负债状况

单位：元

资产		负债	
房产	300 000		
储蓄	30 000		
股票	5 000		
资产合计	335 000	负债合计	0

净资产：335 000

表6-2 每月收支状况

单位：元

收入		支出	
本人工资	2 000	生活费	1 500
子女抚养费	400	父母赡养费	200
收入合计	2 400	支出合计	1 700

每月节余：700

2. 家庭财务分析

吴女士有总资产33.5万元，但主要是房产；生活负担较重，日常收支节余少；女儿很快就要上大学。因此，对于吴女士来说，近几年的主要理财目标是子女教育和家庭的财务安全，理财主要原则是资产保值并保持其较好的流动性，以满足日常开支、突发事件及女儿一年后大学教育的资金需要。

3. 制定教育规划方案举例

假设女儿大学 4 年所需费用共计 4 万元，则可参考的教育规划方案如下。

(1) 教育储蓄计划。以吴女士女儿的名字开设教育储蓄账户，从现在开始为孩子进行为期 3 年的教育储蓄。从每月结余的 700 元中转存 555 元到教育储蓄账户，3 年共存近 2 万元，到大学三年级开始时取出。教育储蓄作为零存整取储蓄将享受整存整取利息，而且享受利息免税优惠政策。

(2) 教育助学贷款。在大学一年级入学时，可凭学校入学证明，用 30 万元的住房在银行申请 2 万元教育助学贷款，用来支付大学一、二年级的学费、生活费，此项贷款采取每季度扣息，毕业后 3 年内归还本金。

实训活动

学生分组讨论子女教育规划与其他理财规划相比有什么特点。

项目小结

1. 教育规划是指筹集为实现预期教育目标所需要的费用而进行的一系列资金管理活动。本项目主要讨论的是子女教育规划，即为子女将来的教育费用进行规划和投资。

2. 教育规划的重要性在于：首先，教育是一种生产性投资；其次，子女教育是一项长期的投资；再次，子女成长的每一个阶段都需要规划。

3. 子女教育规划与一般理财规划的区别在于：子女教育规划必须专款专用，不能挪用；另外，子女教育规划的理财工具宜保守，保本是最高指导原则。

4. 根据子女的兴趣爱好和实际情况，确定适合子女发展的目标，然后按照这个设定的目标进行财务规划，做到有备无患，并能有针对性地引导子女朝着这个既定方向发展，这是最正确的做法。

5. 制定子女教育规划的原则包括注意与子女沟通、规划尽早进行、宁多勿少、充分利用定期定额计划来实现子女教育基金的储蓄。

6. 长期教育规划工具可以分为传统教育投资工具和其他投资工具。

项目训练

一、单选题

1. 关于教育规划的必要性，下列叙述错误的是(　　)。

　　A. 良好的教育对于个人来说意义重大

　　B. 教育费用逐年增长

  C. 教育金在各种理财规划中金额最大

  D. 教育金是最没有时间弹性与费用弹性的理财目标

 2. 与教育储蓄相比，教育保险的优点不包括(　　)。

  A. 范围广   B. 可分红

  C. 变现能力较强   D. 特定情况下保费可豁免

 3. 下列选项中，不属于长期教育规划工具的为(　　)。

  A. 教育储蓄   B. 投资房地产   C. 教育保险   D. 购买共同基金

 4. 以下不属于短期教育规划工具的是(　　)。

  A. 资助性机构贷款 B. 银行贷款   C. 政府贷款   D. 教育储蓄

 5. 确定大学教育费用实际上是(　　)。

  A. 计算教育资金缺口   B. 设定一个通货膨胀率

  C. 计算未来学费终值是多少   D. 设定投资期间

二、多选题

 1. 子女教育规划的原则有(　　)。

  A. 目标合理   B. 稳健投资   C. 提前规划   D. 定期定额

 2. 子女教育规划的主要特点是(　　)。

  A. 没有时间弹性   B. 没有费用弹性

  C. 子女的资质无法事先预测   D. 越早越好

 3. 制定教育理财规划方案包括(　　)几个步骤。

  A. 设定投资目标   B. 规划投资组合计划

  C. 咨询与验证   D. 执行与定期检查

 4. 短期教育规划工具包括(　　)。

  A. 政府教育资助 B. 奖学金   C. 教育贷款   D. 留学贷款

 5. 传统教育投资工具主要包括(　　)。

  A. 个人储蓄   B. 购买定息债券 C. 购买教育保险 D. 购买股票

 6. 教育支出最主要的资金来源是客户自身的收入和资产。除此以外，教育资金来源还有(　　)。

  A. 政府教育资助   B. 奖学金   C. 教育贷款   D. 留学贷款

 7. 目前，(　　)可以用来强制储蓄，以保证到时获得足够的教育金。

  A. 自动划转定期定额投资   B. 教育保险

  C. 公司债券   D. 国债   E. 大额存单

三、简答题

 1. 子女教育规划应遵循哪些原则？

 2. 教育理财规划有哪些步骤？

保 险 规 划

🔍 知识目标

1. 掌握保险在家庭理财中的功能，以及客户面临的风险类型。
2. 熟悉不同客户的保险理财需求，以及保险理财工具的选择方法。
3. 熟悉制定保险理财规划的流程。

🔍 能力目标

1. 能够根据不同客户的保险理财需求，为客户选择适合的保险理财产品。
2. 能够根据客户类型，为客户提供保险理财建议、制定保险理财规划。

🔍 思政目标

1. 培养学生遵守行业规则、严格遵守劳动纪律的观念。
2. 培养学生对保险在理财中的重要性有充分的认知。

案例导入

保险的意义

1933 年 4 月 9 日，上海《申报》的"人寿保险专刊"第四期，刊出了胡适先生的一幅题词，堪称中国知名学者向国人推荐人寿保险的一次"先例"。题词内容如下。

人寿保险含有两种人生常识。第一，"人无远虑，必有近忧"，所以壮年要做老年的准备，强健时要做疾病时的计划。第二，"日计不足，岁计有余"，所以少量的金钱，只要有长久积聚，也可以供重大用度。

无怪乎，胡适先生老年时曾将保险与人生伦理联系起来，做过这样一番感叹。他说："保险的意义，只是今天做明天的准备；生时做死时的准备；父母做儿女的准备；儿女幼时做儿女长大时的准备；如此而已。今天预备明天，这是真稳健；生时预备死时，这是真旷达；父母预备儿女，这是真慈爱。能做到这三步的人，才能算作是现代人。"

资料来源：佚名. 2014 年中国养老现状分析[EB/OL].[2016-02-17].http://www.doc88.com/p-3744515710346.html.

思考： 保险在人生理财规划中起着怎样的作用？

保险规划是针对人生可能面临的人身伤害、疾病、火灾等各种风险，为规避这些风险而在购买保险理财产品上的计划。理财规划人员的工作主要涉及帮助客户分析其所面临的人身、财产和责任方面的风险，分析客户保险理财需求，提供咨询服务等。要求理财规划师掌握收集客户与风险管理规划相关的基本信息的方法，了解人身保险产品、财产保险产品的类型，并能够结合市场上的保险产品进行比较，选出性价比较高的保险产品，分析保险产品的基本内容。制定保险规划的业务流程如图 7-1 所示。

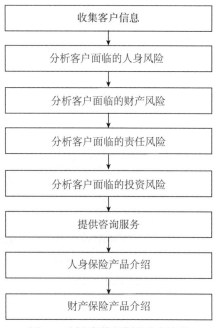

图 7-1 制定保险规划的业务流程

模块一　保险理财需求

任务一　保险理财概述

一、保险在家庭理财中的功能

一般认为，保险具有分散风险、补偿损失等基本功能，以及由此派生出的防灾防损、投资理财等功能。就家庭理财的角度而言，保险具有以下功能。

(一) 风险保障

目前我国的保障制度还不完善，并且家庭对灾害的承受能力比较脆弱，不论是家庭成员的生老病死，还是火灾、水灾对家庭的冲击都是巨大的。家庭在平时资金宽裕的情况下缴纳保险费，而在面临危难时得到援助，使生活能够得以正常维持，这是保险最根本的功能，也是家庭理财规划中对保险的基本定位。

(二) 储蓄功能

对于长期寿险，保单现金价值的存在使得保单具有储蓄功能，并且保单现金价值采取复利计算账户收益，即在保险期内投资账户中的现金价值以年为单位进行利滚利。而像银行等其他理财产品采取的主要是单利，即一定期限、一定数额的存款会有一个相对固定的收益。不论是采取固定收益还是浮动利息，在理财期限内，银行理财产品都采取单利计算。从这个角度看，部分寿险产品在储蓄生息方面具有一定优势。

(三) 资产保护功能

在特定条件下，寿险保单能够起到资产保护的功能。以企业主为例，当由于债权债务问题发生法律诉讼时，银行里的资金甚至股票、房地产等都可能被冻结。但是，投保所形成的人寿保单的相应价值却不受影响。因为人寿保险合同是以人的寿命和身体为保险标的，未经被保险人书面同意，保单不得转让或者质押，因此当所有的财产都被冻结甚至拍卖时，人寿保险的保单不会被冻结和拍卖，而其保单贷款功能则又使其成为最好的"变现"工具，即便企业遇到破产情形，也不会因此一贫如洗。

(四) 融通资金功能

保险，尤其是长期寿险，可为投保人提供临时的融资功能。这种功能主要通过保单质押贷款来实现。保单质押贷款的根本作用在于能够满足保单的流动性和变现要求。一般金融资产的流动变现能力是依靠二级市场的资产交易得以实现的。但人寿保险保单具有长期性的特征，同时它不能通过建立二级市场和保单交易来实现其流动性变现要求。因此，为赋予保单一定的流动和变现能力，寿险公司设计出的各种保单质押贷款条款应运而生。

（五）规避通货膨胀及利率风险功能

目前我国投资渠道极为广阔，人们可以选择银行存款、股票、债券等多种投资方式，这些投资方式显然受到通货膨胀及利率波动的影响，而保险产品则具有较强的稳定性，它本身就是一种分散风险的理财行为，其预定利率具有前瞻性且一般对国家的利率变化并不是特别敏感，如变额万能寿险(即投资连结保险)、万能寿险等正是为应对通货膨胀及利率风险而产生的。

二、识别客户面临的主要风险

客户面临的风险主要包括人身风险和财产风险两个方面。

（一）人身风险

人的身体和生命所面临的风险无非是生、老、病、死、伤、残，这些风险都会给我们带来财务上的损失，因此我们在进行保险规划时必须根据不同情况做出适当的选择。从个人理财的角度，我们可以把人身风险按照以下三个方面划分。

1. 过早离世的风险

如果遭遇意外致使生命过早结束，除了给家人造成不可磨灭的伤害以外，若死者的收入是家庭中主要甚至唯一的经济来源，会造成家庭顿失主要经济支柱，家人的生活也没有了保障，可能会陷入困境。

2. 寿命太长的风险

人人都希望长寿，但是从收入和生活的角度来看，如果活到 100 岁，从 60 岁退休开始收入来源随着通货膨胀等原因便逐渐减少。如果仅仅依靠工资和之前工作中的节余来维持退休后 40 年的生活，那么生活质量会受到很大影响。

3. 生活质量太差的风险

因为各种原因无法达到正常的生活质量，例如，因为疾病需要花费大额的医疗费等。

（二）财产风险

从广义上看，财产不仅仅包括有形的物质财产，还包括由此产生的责任及带来的利益，所以个人所面临的财产风险也可分为以下几种。

1. 财产损失风险

财产损失风险是指可能导致财产发生损害、灭失和贬值的风险。例如，建筑物因火灾、地震、暴雨等风险事故的发生所遭到的损毁，家庭物品因他人盗窃而发生的丢失，机械设备由于折旧、更新等原因导致的贬值等。这些财产损失直接导致我们的资产减少和支出增加，给我们的财务活动带来负面的影响。

2. 责任风险

责任风险指因侵权、违约、过失(有时甚至是无过失)等原因给他人造成了人身伤害或财产损失，按照法律、合同、道义应承担经济赔偿责任的风险。例如，汽车撞伤了行人，如果是属于驾驶员的过失，就应依法对受害人或其家属给予经济赔偿；产品因质量问题给消费者造成了人身伤害或财产损失，生产企业将承担相应的民事赔偿责任；医生、会计师、审计师等专业人员因工作疏忽给有关当事人带来了损失，也应依法承担经济赔偿责任。责任风险将导致个人的支出增加，致使财务状况恶化。

3. 信用风险

信用风险是指在经济交往中，权利人与义务人之间由于一方违约或犯罪而给对方造成经济损失的风险。例如，银行将贷款贷出后，就面临着借款人可能不还款或拖延还款的风险；卖方将商品发给买方而买方尚未付清货款时，卖方就面临买方违约的风险。信用风险导致个人资金管理活动不畅，扰乱预算收支安排。

思政专栏

(央广网北京 2022 年 7 月 26 日消息)据银保监会网站消息，银保监会和田银保监分局近日开出罚单，针对中国人民财产保险股份有限公司民丰支公司员工挪用保险费进行赌博的违法违规行为，对该支公司罚款 20 万元，对当事员工杨敏禁业终身。

经查，人保财险民丰支公司存在"保险公司及其工作人员在保险业务活动中挪用保险费"的违法违规行为，2020 年 1 月至 4 月，该公司员工杨敏利用职务便利挪用保险费 144.36 万元，用于网络彩票赌博，上述行为违反《中华人民共和国保险法》的规定。上述事实，有挪用保费明细、网络赌博付款明细、现场检查事实确认书、询问调查笔录等证据证明。

根据《中华人民共和国保险法》，和田银保监分局决定对人保财险民丰支公司罚款 20 万元，对时任该支公司经理张燕峰予以警告，并处罚款五万元，对当事员工杨敏禁业终身。

资料来源：央广网。

思考： 在为客户理财，运用保险等理财工具时，应该遵守职业道德，严格按照工作流程，完成为客户提供理财服务的业务流程。

实训活动

学生分组，讨论个人将面临哪些人身风险和财产风险，又将如何面对？

任务二 保险理财需求分析

一、不同人生阶段的保险需求

人生的 4 个阶段及其保险需求如表 7-1 所示。

表 7-1 人生的 4 个阶段及其保险需求

阶段	特征	保险需求
少儿期	· 经济不独立，没有收入 · 需要较大的教育费用支出 · 免疫力较差，容易患病 · 自我保护能力弱，易受伤害	· 学生平安保险 · 少儿健康保险 · 少儿教育保险
青年期	· 开始有独立的经济收入 · 积蓄较少，消费欲望高 · 父母年纪渐大，责任增大 · 准备结婚、买房、购车	· 定期交保费的储蓄型保险 · 人身意外伤害保险 · 医疗费用保险 · 贷款保险
中年期	· 收入稳定，希望生活安定 · 家庭财产较多，要求保全 · 储蓄较丰，有投资需求 · 上有老下有小，责任较重 · 身体开始出现各种疾病 · 注重感情和家庭和睦	· 分红、连投、万能等储蓄投资保险 · 高额人身意外伤害保险 · 家庭财产险、汽车保险 · 重大疾病等健康保险
老年期	· 收入减少 · 疾病增加 · 关注养老保险 · 生病卧床需要护理	· 养老年金保险 · 疾病住院保险 · 老年看护保险

二、收入水平与保险需求

按照经济收入状况，将消费者分为高收入阶层、高薪阶层和中低收入阶层，其各自的主要风险及保险需求如下。

(一) 高收入阶层

1. 高收入阶层的特征

高收入阶层是指率先致富的一部分经商者、演艺界明星、体育界明星等，这部分人数量不多，但收入极高，有很强的经济能力和较强抵御风险的能力。这些人优越感很强，一般自认为不需要保险，所得收入已够子孙花销。

2. 高收入阶层的主要风险及保险需求

高收入阶层一样会面临风险并导致较大的财务波动,他们同样需要购买保险来转移风险,稳定财务。当然,普通的保险产品对他们意义确实不大,而必须针对他们的特殊身份、社会地位、精神满足感等特点来制定保险规划,主要考虑以下因素。

(1) 资产提前规划,遗产税已经成为国际上大多数国家采用的一项重要税种,我国的遗产税也正处于紧锣密鼓的筹划阶段。高收入阶层是遗产税关注的重点,为了将更多资产合理合法地转移给下一代,高收入阶层可以提前考虑利用寿险合理合法规避遗产税。

(2) 意外险是高收入阶层的重点选择,以应对未来不确定的人身风险。高收入阶层收入较高,花销也不低,意外事故可能造成重大的财务波动,因此,必须合理安排意外保险,转嫁较大的财务风险。

(3) 满足特殊的精神需求,高额的寿险保单往往是他们身价、地位的重要体现。

(4) 健康险也是他们需要考虑的重点,健康的身体是每个人一生的追求,无论是富人还是穷人。对于高收入阶层而言,治疗疾病的花费和疾病期间收入的损失将更高,因此,一份高额的健康保险可减少这方面的损失。

综合起来,高收入阶层主要应考虑定期保障型保险、意外险、健康险、终身寿险等险种,保费支出可以是年收入的20%以上。

(二) 高薪阶层

1. 高薪阶层的特征

高薪阶层主要是指外资合资企业高级职员、高收入的业务人员、部分文体工作者及知识分子,他们的物质生活和精神生活都比较优越、充实,生活水平较高。

2. 高薪阶层的主要风险及保险需求

由于这部分人不享受国有企业职工的福利待遇,大部分人仍有后顾之忧,担心老年时由于各种原因收入减少,生活水平下降或患病时支付不起高额的医疗费等意外事件发生。这部分个人或家庭对人身保险的需求比较强烈,而且也具有较高的保险购买力,制定保险规划时考虑的重点如下。

(1) 保障期长,能够应付养老问题的险种应该尽早考虑,如养老保险、终身保险。

(2) 为应对疾病风险和医疗费用,必须购买足够的健康保险和医疗保险。

(3) 高薪阶层的消费者通常会有一部分剩余资金,可以考虑购买一定的投资连结型产品,在得到保障的同时,享受保险公司专业、稳健经营的成果。

(4) 由于这个收入阶层的一家之主是家庭的主要经济来源,应该为其投保意外险。

综合起来,该阶层消费者主要考虑养老保险、终身寿险、健康保险、医疗保险、投连与分红保险、意外险等,各险种的保险金额总体上低于高收入阶层,保费支出可以是家庭收入的10%~20%。

(三) 中低收入阶层

1. 中低收入阶层的特征

中低收入阶层的人口比例最大，从事的职业比较广泛，他们收入较低，各项福利保障也相对不高，抵御风险的能力较弱，因此，他们是寿险公司主要的客户。

2. 中低收入阶层的主要风险及保险需求

从收入状况上分，这部分人群可以进一步细分：一类是收入微薄，除维持生活费用外无力购买保险；另一类是收入除用于生活开支外，还有相当一部分剩余资金，这就为其选择保险提供了条件。由于我国实行多年的就业、福利、保障三位一体的社会保障制度正在深化改革，中低收入阶层普遍希望寻求一种能够取代社会保障，而又花钱不多的保障方式，因此，主要考虑如下因素。

(1) 中低阶层消费者收入低，抵御风险的能力不强，低保费、高保障的险种是他们的首选，如保障型的人寿保险和短期的意外伤害保险。

(2) 该收入阶层的消费者应付疾病风险的能力也比较弱，为了应付日益增长的高额医疗费，应着重考虑健康保险。

(3) 该阶层的消费者一般比较关注本金的返还，如果经济收入允许，可考虑储蓄保险、返本保险。

综合起来，中低收入阶层应该主要考虑定期保障型保险、健康保险、医疗保险、分红保险、储蓄保险等险种，保费支出通常是家庭收入的3%～10%。

三、购买保险的注意事项

(1) 人身保险的个人和家庭总需求和净需求的计算可能受通货膨胀率、贴现率、收入增长率、年金系数等假设的影响，应该注意分析计算结果的合理性和可靠性，以及某种假设变化时可能造成的影响方式和影响程度，而不能迷信定量分析。

(2) 个人和家庭保险需求不是一成不变的，而是随着家庭财产、收入水平、消费水平、家庭人口结构与年龄、法律政策变化等因素而变化的，应该每隔一段时间(如3～5年)或发生重大的家庭事件时重新评估保险需求和保险规划的适当性。

(3) 个人和家庭保险需求还可能包括残疾收入保险、长期护理保险等各个方面，要谨防某些风险保险过度，同时防止遗漏某些保险需求或保障不足。

 案例分析

新婚夫妇的保险理财方案

崔某，28岁，公司职员，太太26岁，小学教师，两人都有社会保险。两人为结婚而贷款购买了价值30万元的房子，月供1 800元。家庭月收入4 500元左右，每月的基本生活费1 500元。由于刚结婚，银行储蓄只有2万元。计划近期要孩子。

情况分析：有30万元的固定资产，月收入4 500元，固定支出3 300元，结余1 200元，收支比率为73%。有房贷，支出较多，并计划近期要小孩。想要通过保险理财，解决意外伤害或疾病风险及房贷的还款问题。

理财建议：将每月的1 200元结余三等分，400元用于定期银行储蓄，为宝宝降生做准备，400元用于生活备用金，解决平时生活的需要，另外400元可以买入一些高保障、低支出的意外伤害保险、定期寿险和健康保险，特别是具有孕期保障功能的女性保险。

 **实训活动**

学生分组，讨论不同生命周期的客户对保险的需求有什么不同。

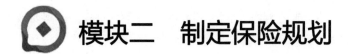

任务一　保险规划工具

一、人身保险

人身保险是以人的身体、生命或劳动能力为保险标的的一种保险。保险人对被保险人因意外伤害、疾病、衰老等原因导致伤残、死亡、丧失劳动能力等，给付约定的保险金。根据保障范围的不同，人身保险可分为人寿保险、人身意外伤害保险和健康保险。

（一）人寿保险

人寿保险又称"生命保险"，是以人的生命为保险标的，当被保险人于保险期内死亡或生存至一定年龄时，保险人对被保险人履行给付保险金责任的一种保险。在传统意义上，一般将人寿保险分为生存保险、死亡保险和两全保险，但是传统险种没有充分考虑通货膨胀的影响，随着时代的进步，原有的传统保险形式已无法满足人们的需求，由此而产生了新型的投资型寿险，其包括投资连结险、万能险和分红险三大类。

1. 生存保险

生存保险是以被保险人在保险期间内仍然生存作为给付条件的一种人寿保险。如果在此期间内保险人死亡，所缴保费亦不退还。生存保险主要是为年老的人提供养老的保障，一般不作为独立的险种，而是与其他险种结合办理，例如生存保险与年金保险结合成为现行的养老保险。

2. 死亡保险

死亡保险是指在保险有效期内被保险人死亡，保险公司给付保险金的保险。根据保险的期限分为定期死亡保险和终身死亡保险。

(1) 定期死亡保险是指被保险人在一定期限内发生死亡事故时由保险人给付保险金的一种保险，即被保险人在保险期内死亡，才可以得到保险金。假若保险期满后被保险人仍然生存，保险公司不承担给付责任，即得不到赔款。定期死亡保险只有保险功能，没有储蓄功能，其保费是人寿保险中最便宜的。这种保险适合收入较低而急需较高保险金额的人购买，通常作为终身寿险或生死两全保险的补充，可以用作贷款的担保手段。

(2) 终身死亡保险也叫终身寿险，保险期限从保单生效之日起，直至被保险人死亡为止，也就是以被保险人终身为保险期限，所以被保险人的死亡不论发生在何时，保险公司总是要负责赔款。

3. 两全保险

两全保险又称为生死合险，是指无论被保险人在保险期内死亡还是到保险期满时仍然生存，均能领取约定保险金的一种保险。其中死亡给付的对象是受益人，期满生存给付的对象是被保险人。生死合险在某种程度上较大地满足了投保者取得生命的保障和投资的愿望。

4. 投资型寿险

除了以上几种传统寿险之外还有将保障和投资融于一体的投资型险种，主要包括投资连结险、万能险和分红险。

(1) 投资连结险，也称变额寿险。它集保障和投资功能于一体，其保额随着投资收益的变化而变化。传统寿险都有一个固定的预定利率，而投资连结险则不存在固定利率，保险公司将客户交付的保险费分成"保障"和"投资"两部分，其中，"投资"部分的回报率是不固定的，投保人可根据自身喜好将用于投资的保费分配到不同投资账户，并可以随时支取投资账户里的资金。

投资连结险在投保人收益和保险金给付方面具有以下特点：①保证最低死亡给付金，也就是说不论投资账户的收益如何，保额不能低于某个限额；②不设最低保证利率，将来获得的保险金取决于投资账户中资金的投资收益；③投资账户内的资金由保险公司的投资专家负责投资运作，投保人享有全部投资收益，但同时也承担全部的投资风险。

(2) 万能险，也称万能寿险。它是一种可以任意支付保险费及任意调整死亡保险金给付金额的人寿保险，也就是说，投保人在交纳了一定量的首期保费后，可随着自身的需求和经济状况选择缓缴或者停缴任何数量的保费，以此改变保险金额。万能寿险提供了一个人仅用一张寿险保单解决保障问题的可能性，弹性的保费缴纳和可调整的保障，使它十分适用于人生终身保障规划。

(3) 分红险。分红型保险是指保险公司将其实际经营成果，按照一定比例向投保人进行分配的人寿保险。分红型保险，依据功能可以分为投资和保障两类。保险公司的分红险既不是固定的，也不是保证的，其分红水平与公司的经营状况有着直接的联系。

分红保险的红利主要来源于利差益、死差益和费差益所产生的可分配盈余。利差益，指资产运用的实际利率大于预定利率时产生的利益。死差益，指保险公司的实际风险发生率低于预计的风险发生率，也就是实际死亡人数比预计的死亡人数少时所产生的盈余。费差益，即保险公司实际所用的营运管理费用低于预计的营运管理费用时所产生的利益，反之，则称为费差损。

(二) 人身意外伤害保险

人身意外伤害保险是指在约定的保险期内，因发生意外事故而导致被保险人死亡或残疾，支出医疗费用或暂时丧失劳动能力，保险公司按照双方的约定，向被保险人或受益人支付一定量的保险金的一种保险。

所谓意外伤害是指非本意的、外来的、不可预料的原因造成被保险人的身体遭到严重创伤的客观事件。如人们在游泳时，不幸溺水身亡属于意外事故；而在水里突发心脏病导致死亡就不属于意外伤害，因为它是由身体内部本已存在的疾病引起的。其特点一般是交费少、保障高。其保障项目有以下四项。

(1) 死亡给付。被保险人遭受意外伤害造成死亡时，保险人给付死亡保险金。

(2) 残废给付。被保险人因遭受意外伤害造成残废时，保险人给付残废保险金。

(3) 医疗给付。被保险人因遭受意外伤害支出医疗费时，保险人给付医疗保险金。意外伤害医疗保险一般不单独承保，而是作为意外伤害导致死亡、残废的附加险承保。

(4) 停工给付。被保险人因遭受意外伤害暂时丧失劳动能力，不能工作时，保险人给付停工保险金。

(三) 健康保险

健康保险是以人的身体为标的，当被保险人因意外事故或疾病造成残疾、死亡、医疗费用支出及丧失工作能力而使收入遭受损失时，由保险人给付保险金的一种人身保险。

一般来说，健康保险的保险责任包括两大类：一是被保险人因意外事故或疾病所致的医疗费用损失，即人们习惯上所称的医疗保险或医疗费用保险；二是被保险人因意外事故或疾病所致的收入损失，这类健康保险被称为残疾收入补偿保险。

构成健康保险所承保的疾病风险必须符合三个条件：①必须是由于明显的非外来原因造成的；②必须是由于非先天性的原因造成的；③必须是由于非长存的原因造成的。

二、财产保险

财产保险，是指以各类物质财产及其相关利益或责任、信用作为保险标的的一种保险。财产保险的范围最初仅限于有客观实体的"物"，所以叫作"对物的保险"或"损害保险"。后来，随着社会经济生活的发展，财产保险的范围又扩大到了无形的财产，即与财产有关的利益、费用、责任等。

习惯上将保险标的分为有形财产、相关经济利益和损害赔偿责任三大类。因此，财产保险通常也被划分为财产损失保险、责任保险和信用保证保险。

（一）财产损失保险

财产损失保险是指狭义的财产保险，是以有形财产为保险标的的保险，如企业财产保险、家庭财产保险、机动车辆保险、船舶保险、货物运输保险、工程保险、特殊风险保险、农业保险等。对于个人理财而言，主要的财产保险产品包括家庭财产保险、房屋保险、机动车辆保险、盗窃保险等，在进行保险规划时要特别注意。

（二）责任保险

责任保险是以被保险人依法应负的民事损害赔偿责任或经过特别约定的合同责任作为保险标的的保险。以责任保险承保的风险性状为标准，其可以分为公众责任保险、产品责任保险、雇主责任保险、职业责任保险和第三者责任保险等。

（三）信用保证保险

信用保证保险是指权利人向保险人投保债务人的信用风险的一种保险，是企业用于风险管理的保险产品。信用保证保险包括合同保证保险、忠实保证保险、产品保证保险、商业信用保证保险、出口信用保险、投资保险。对于个人理财规划而言，常见的是申请贷款时，如购买汽车向银行申请贷款，可以向保险公司购买汽车消费贷款保证保险作为担保。

 案例分析

普通收入成长型家庭保险理财

金先生，30岁，科研单位的总务科科长，妻子28岁，在外贸公司工作，两人都有社保。有一套价值45万元的住房，月供2 000元。家庭月收入6 000元，年终奖金10 000元。月支出2 800元左右，银行存款30 000元。

情况分析：夫妻有一套价值45万元的固定资产，年收入82 000元，年固定支出57 600元，年结余24 400元，理财目标是在保障家庭财务安全的前提下，解决孩子的教育经费问题。

理财建议：将每年结余的24 400元中，15 000元用于储蓄、购买国债或基金等，为孩子的教育和夫妻的养老做准备；9 400元用于购买一些高保障低支出的意外伤害保险、定期寿险和健康保险，转移健康和意外等风险。给孩子购买50 000元的教育分红保险，使有限的资金参与保险公司的利润分配，期满时可得到约100 000元的教育金，使孩子的教育金在保险公司的管理下保值增值。

实训活动

1. 到保险公司实地调查，索取不同的保险单，学会介绍保险理财产品。
2. 通过网上搜索、电话咨询和拜访保险代理人等方式咨询保险产品。

任务二　制定保险规划方案

一、保险规划的原则

个人参加保险的主要目的就是个人和家庭生活的安全、稳定。从这个目的出发，个人在投保时主要应掌握如下两个原则。

（一）转移风险的原则

投保是为了转移风险，在发生保险事故时可以获得经济补偿。从这个原则出发，必须首先分析家庭的主要风险是什么，怎么合理地把这些风险转嫁给保险公司。

（二）量力而行的原则

保险是一种契约型行为，属于经济活动范畴，投保人必须支付一定的费用，即以保险费来获得保险保障。投保的险种越多，保障范围越大，相应的保险金额也越高，保险期间越长，需支付的保险费也越多。因此，投保时要根据自己的经济状况量力而行。

二、制定保险规划的步骤

制定保险规划的步骤：确定保险标的—选择保险产品—确定保险金额—合理规划保险期限与缴费期限—选择合适的保险公司与保险中介。

（一）确定保险标的

确定保险标的是购买保险的首要任务。保险标的可以是财产及相关利益、人的寿命和身体。投保人可以是本人、与本人有密切关系的人，以所拥有的财产及可能依法承担的民事责任作为保险标的。

在为自己或家人购买人身保险时，投保人通常要考虑三个因素。

(1) 适合性。在购买人身保险时，必须考虑保障的范围，是否适合投保人自身的情况。

(2) 经济支付能力。人寿保险通常是一种具有储蓄功能的长期产品，具有投资性质，每年需要缴纳一定的保费，投保人必须确保每年有足够的收入流支付保费。

(3) 选择性。保险市场中险种和产品十分丰富，而且推陈出新，没有人能够包揽所有的保险产品，一方面未必需要，另一方面保险费用也难以支付，因此，必须根据家庭的实际需要和经济购买力，有选择地投保险种。比如，在购买力有限的情况下，成年人或家庭的主要收入者的保险应该优先于子女或受抚养人；年轻时应该侧重于保障型的险种，随着年龄的增长，应该将投保的重点转向健康保险和具有储蓄功能的保险。

(二) 选择保险产品

人们在生活中面临着各种人身风险、财产风险和责任风险，因此，在确定保险需求和保险标的后，必须考虑投保什么险种。以人身保险为例，每个人都同时面临着意外伤害、死亡与疾病的风险，因此，我们应该分别为这些风险投保相应的意外伤害保险、人寿保险和健康保险。对于财产保险，同一家庭也面临着多方面的风险，比如家用汽车面临着失窃、碰撞、第三者责任等风险，这时车主就必须分别投保盗抢险、车损险、第三者责任险等多种险种或附加险种。

投保人在金融理财师、保险代理人、保险经纪人或其他财务顾问的帮助下，能够全面细致地分析不同保险标的所面临的风险及需要投保的险种，综合考虑各类风险发生的概率、事故风险可能造成的损失幅度，以及个人风险承受能力。

(三) 确定保险金额

家庭需要购买多少金额的保障，在确定保险产品的种类之后，就需要确定保险金额。保险金额是指当保险标的的保险事故发生时，保险公司所赔付的最高金额。一般情况下，常用两种方法帮助人们确定需要多少金额的保险(主要指保障型保险的金额)，比如生命价值法、倍数法、家庭需求法等。

1. 确定保险金额的原则

许多人花费非常多的钱购买保险，目的是拥有一个全面的保障计划，但却因为保险费用的不合理分配而不能达到此目标。他们花费太多的钱用于保险计划中的某些方面，而忽略了其他方面的保障。为了更合理地利用保险费，可参考下列两个基本购买原则。

(1) 重视高额损失原则。损失的可能性规模是一个比损失的概率更好的衡量一个损失标的重要性的标准。比如某一年的低死亡率对于制订保险计划的意义较小，更重要的是某人死亡后给其家属带来的高额损失；对于责任险也一样，虽然风险发生的概率较小，但是一旦遇到事故或灾难，受到的损失比较大。因此，一项低概率的高额损失理论上适合购买保险。要购买的保险的种类和数量的第一优先顺序应当根据可能性损失的大小来决定。

(2) 充分利用免赔额原则。充分利用免赔额原则指的是保险费用不应当用以保护那部分财务上能够承受的可能性损失。当最大可能损失能够负担时，该风险应当完全通过自留来处理。当最大可能损失超出承受范围时，免赔额以下的损失由被保险人承担，其他费用由保险承担。

在财产保险及一些健康保险、责任保险中，保险公司都规定了开始赔偿的最低额，保险公司只负责赔偿此限额以上的部分，以下的部分则由被保险人自己承担，这一限额就是免赔额。显然，免赔额越高，被保险人自己承担的就越多，相应地，所缴的保费也越低。

2. 确定保险金额的方法

1) 生命价值法(资本化价值法)

生命价值是指家庭成员不幸离去给家庭造成的净收入损失，就是个人未来收入或个人价值在扣除个人生活费用之后的资本化价值。例如，王先生年税后收入 12 万元，如果发生意外事件导致收入中断的话，那么仅凭其妻子的收入应付整个家庭每年 5 万元的生活费开销就会变得捉襟见肘，这时候对于王先生的保险保障就要充分考虑这种情况。

衡量年收入资本化价值的基本步骤是：①确定个人的工作或服务年限；②估计未来工作期间的年收入；③从预计年收入中扣除税收、保险费及个人消费，得到净收入；④选择适当的贴现率计算预期净收入现值，得到个人经济价值。

"生命价值法则"是以一个人的生命价值作为依据，来考虑应购买多少保额的保险。该法则可分三步：估计被保险人以后的年均收入；确定退休年龄；从年收入中扣除各种税收、保费、生活费等支出后剩余的钱。据此计算，可得出被保险人的生命价值。

【例 7-1】李先生今年 30 岁，假设其 60 岁退休，退休前年平均收入是 9 万元，平均年收入的 1/3 自己花掉，2/3 用于家人。用"生命价值法则"计算李先生的生命价值，并考虑其寿险保额。

解析：按"生命价值法则"，李先生的生命价值计算如下：

$$生命价值 = (60-30) \times (9-3) = 180(万元)$$

那么，这 180 万元可以作为考虑现阶段该购买多少保额寿险的参考标准之一。

有关"生命价值法则"还有一个更加科学的计算方法，那就是根据投保人的收入情况，把每年的增长幅度计算进去，然后算出退休前的收入总值，再扣除通货膨胀的因素，计算出一个数值，可以作为保额的参照。不过，这个计算过程相对比较复杂。

在计算生命价值之后，还要考虑家庭需求情况。这个规则是考虑当事故发生时可确保至亲的生活准备金总额。计算方式是将至亲所需生活费、教育费、供养金、对外负债、丧葬费等，扣除既有资产，所得差额作为保额的粗略估算依据。需要注意的是，如被保险人可从自己购买的人寿保险、企业保险等处获得一定的保险保障，最终确定保额时，还应适当扣除这些保障。

【例 7-2】仍以李先生为例，假设其家庭目前年收入为 13 万元左右，每年最大支出就是大约 3 万元的房贷，房贷要还 20 年，加上其他开支，总支出 5.5 万元左右。家庭现有一套价值 40 万元的房屋。请从家庭需求的角度考虑寿险保额。

解析：考虑李先生家最大的开支房贷要还 20 年，他还需要以保险补偿家庭未来 30 年的开支，那么他的家庭需求计算如下：

$$家庭需求 = 5.5 \times 20 + (5.5-3) \times 10 - 40 = 95(万元)$$

综合两种法则，李先生适合的寿险保额在 95 万～180 万元。当然，随着生活条件和收入水平的改变，保额也应随之调整。

2) 倍数法

所谓倍数法，其实是一种经验总结，是以家庭年收入的一定倍数来计算家庭所需保障金额，其优势是简单明了、操作方便。根据家庭状况的不同，计算方法也不同。

(1) 双十定律。"双十定律"是目前最为常用的简易确定保险保额的参考原则之一。所谓"双十定律"，指的是"保险金额确定为家庭年收入的 10 倍"及"总保费支出为家庭年收入的 10%"为宜。以"双十定律"确定的保险金额可以保障被保险人遭遇不测后,该家庭大约 10 年内不会由于被保险人的死亡出现生存困难。以"双十定律"确定的保费则较为符合家庭合理支出细则。"双十定律"并非一成不变,也可根据现实家庭状况进行调整。比如,可根据家庭对保险费用的承担能力不同,选择调整相对的保险金额的额度为年收入的 8~12 倍。

(2) 7-7 法。7-7 法指一个标准家庭大约需要某个主要家庭成员(家主)7 年薪水的 70%,才能缓解由于其身故所带来的经济压力,因此用此经验方法来估计家庭的人寿保险需求,即

$$保险金额 = 被保险人当前年收入 \times 7 \times 70\%$$

这里的标准家庭是指有双亲和孩子的家庭,选择薪水的 70%则是扣除了家主维持自身生存的费用支出。

> 【例 7-3】某家庭为标准家庭,经济支柱姜先生年收入为 4 万元,那么姜先生购买人寿保险所需要的死亡保险金额是多少?
>
> $$保险金额 = 40\,000 \times 7 \times 70\% = 196\,000(元)$$

(3) 非标准家庭保险需求。假如家长希望孩子能享受良好的高等教育,则投保人的人寿保险的死亡保险金额为家长当前年收入的 4 倍,再加上孩子数量与当前年收入的乘积。

需要注意的是,无论选择哪种方法来测算,都要基于通货膨胀率、收入增长率、投资收益率等很多假设条件,因此保险的测算并非绝对,任何精确周到的测算都不能一劳永逸,需要根据预算制约、目标调整、财务缺口、退休年龄变化等家庭实际需求进行调整。例如,计算当一方发生不幸时,给家庭带来多大的资金缺口,这些缺口一般包括:子女独立前的生活教育费用;另一方过渡时期的生活费用;父母赡养及医疗费用;房贷及其他债务等。

3) 家庭需求法

家庭需求法测算的是家庭开支,它所针对的是家庭主要收入来源者不幸死亡后,其经济依存者维持原有经济开支水平需要多少钱。

家庭主要收入来源者的死亡,会对家庭造成重大的财务损失,人寿保险的意义就在于为这种不确定的风险损失提供可靠的经济补偿。家庭需求法寿险规划流程包含以下步骤。

(1) 计算维持目前家庭生活水平的财务需求,其中包括:家庭需还清的债务、依存者的生活费支出、子女教育费支出,商业保险费支出等。

(2) 查明已有财务资源,其中可能包括的项目有:社会保险金金融资产、实物资产预期收入等。

(3) 扣除已有财务资源,得到家庭财务净需求即寿险需求。

(4) 安排购买与家庭寿险需求相当的寿险保额。

4) 确定家庭能负担的保险费

要确定年缴多少保费来满足自身保险需求,首先要明确自己每年愿意且能够拿出多少资金进行保险保障。要确定家庭能够负担的保险费金额,可以从以下几个方面入手。

(1) 确定家庭每年可节余的资金总额。

(2) 明确可结余资金总额中计划用于投资、保障的资金额占节余总额的比例,从而确定家庭每年用于投资的资金。

(3) 决定能够购买保险保障的金额总量。

当然，保险费用的选取也有简单的计算方法，比如根据前文所讲"双十定律"，家庭保险费用可定位为家庭年收入的 10%，这一数额同样可根据实际情况调整，如低收入阶层家庭购买保险，则保险费用的比率可以调整为家庭年收入的 8%。

(四) 合理规划保险期限与缴费期限

1. 保险期限的选择

在保险期限的选择上，很多人存在的误区就是"保险期限的选择越长越好"。其实这是错误的。过长的保险期限没有实际必要，例如对于固定保险金额的保险来说，保障到家主 70 岁和保障到 80 岁，虽然可以多保障 10 年，但考虑到通货膨胀因素，相同保额的实际保障能力是急剧萎缩的。一名 30 岁的投保人，投保 20 万元保额，70 岁和 80 岁发生事故的赔付金额一样，但按照 5% 的通货膨胀率计算，70 岁的实际保障能力为 2.8 万元，而 80 岁的实际保障能力仅为 1.7 万元，几乎没有效果，只是心理安慰而已。另外，同等情况下过长的保险期限导致高昂的保费，以定期寿险和终身寿险为例，定期寿险可能只保障 30 年，终身寿险能保终身，但费用却相差 3 倍左右。因此，家庭要根据自身的情况，合理选择保险期间。

2. 缴费期限的选择

缴费期限的选择主要针对购买按期缴纳保费的保险产品而言。一般情况下，购买保险产品，尤其是健康险时，建议尽量选择较长的缴费期限。原因主要有三点，其一是同等保额下，缴费期限越长，每期所缴金额越低，可以降低投保人的缴款压力；其二是绝大多数期缴保险产品采取的是均衡费率，一旦产品选定，每年保费数量是固定的，延长缴费期限可以抵制通货膨胀压力；其三是很多保险产品设有保费豁免条款。例如李先生为儿子购买一份具有保费豁免条款的两全保险，保险金额 30 万元，年缴保费 1 万元，缴费期间 20 年。两年后该保险合同依然有效，且李先生免交以后各期保费。

(五) 选择合适的保险公司与保险中介

购买保险不同于购买一般商品，投保人在缴纳保费之后，保险保障能否如期实现取决于整个保险期间保险公司是否具有充足的偿还能力，能否提供良好的保险售后服务。因此，选择一家合适的保险公司及获取保险的渠道至关重要。考察保险公司的优劣可以从公司经营理念、财务实力、理赔记录、管理水平、服务质量等方面加以考察，但对于一般的消费者来说，这并非一件易事。个人获取保险公司相关信息的渠道如下。

1. 来自保险公司和销售人员披露的信息

这类信息主要包括各种广告宣传资料、对外公布的财务报告、保险销售人员的介绍等。这方面的信息是最为普遍的，但由于商业利益的驱使，这些信息容易言过其实，产生误导作用，消费者必须保持清醒的头脑，认真进行横向比较，"兼听则明"，而不能只听一面之词。

保险销售人员的水平参差不齐，评价一个业务员的水平主要从以下几个方面入手：①个人的言行举止是否得体，职业道德是否良好；②业务知识是否熟练，解答问题是否准确；③是否拥有代理人资格证书，是否有职级。对于不熟悉的业务员，可根据其提供的电话号码，向其所在保险公司询问确认后再做决定。

2. 来自监管机构披露的信息

这类信息主要包括关于保险公司的统计信息、年度报表、监管与处罚信息等。这些信息对于发现没有偿还能力或有问题的保险公司具有最权威的、最直接的作用。

3. 来自社会监督范畴的信息

这类信息主要包括商业评级机构提供的信息等级、媒体报道、社会舆论等方面的信息。国际著名评级机构在客观性、专业性和独立性方面具有明显的优势，其评级符号的含义也很直观简单，而且评级较高的保险公司会主动在自己的各种宣传、广告材料中提及，很容易获得。

 **案例分析**

普通收入成熟型家庭保险理财

曲先生 50 岁，某国企的办公室主任，妻子 48 岁，国企普通员工，两人均有社保，夫妇月收入在 4 000 元左右，每月支出约 1 500 元。家中有一个参加工作两年的女儿，没有其他经济负担。有一处房屋，还有 100 000 元银行存款。

情况分析：正值中年，月收入 4 000 元，固定支出为 1 500 元，结余 2 500 元，收支比率 37.5%。家庭储蓄存款 100 000 元，主要作为应对临时突发事件的备用金。

理财建议：将银行里的 100 000 元合理分配，50 000 元用于购买国债和基金等，为养老做好准备；将每年结余的 30 000 元中支出 15 000 元用于买入一些高保障的意外伤害保险、终身健康保险等，转移医疗费用的支出责任，解决健康和意外等风险发生时的医药费和养老需要，使家庭的储蓄和其他投资不受影响，也不给孩子增加负担。余下的 15 000 元可以用于健康投资。

实训活动

学生分组，到保险公司调研、观摩，了解保险公司为客户提供保险理财服务的工作流程，阅读为客户制定的保险理财规划建议书。

项目小结

1. 风险的客观存在是保险产生和存在的自然前提，风险的发展是保险发展的客观依据。保险就是以小钱防范风险，以确定的支出防范不确定的风险，从而更稳定地规划和管理家庭财务。

2. 保险规划是针对人生中的风险,定量分析保险需求额度,并做出最适当的财务安排,避免风险发生时给生活带来的冲击,保障生活质量不受影响。保险规划的目的在于:通过对个人经济状况和保险需求的深入分析,帮助其选择合适的保险产品并确定合理的期限和金额,免除财务上的后顾之忧。

3. 个人面临的风险主要包括人身和财产两个方面,而其中保险人愿意并能够承保的风险称为可保风险。

4. 保险是进行家庭风险管理最有效的方法之一,家庭风险管理和保险规划的目的在于根据自身的经济状况和对保险需求的深入分析,帮助自身选择合适的保险产品并确定合理的期限和金额。

5. 保险产品主要分为财产保险和人身保险两大类。保险规划中应遵循转移风险、量力而行的原则。

 项目训练

一、单选题

1. 保险人在确定人身意外伤害保险费率时考虑的最主要因素是(　　)。
    A. 年龄　　　　　　B. 性别　　　　　　C. 职业　　　　　　D. 体格

2. 在人身意外伤害保险中,意外事故发生的原因必须是意外的、偶然的和(　　)。
    A. 可预知的　　　　B. 可测定的　　　　C. 多变化的　　　　D. 不可预见的

3. 在人身意外伤害保险中,保险人给付保险金的条件是被保险人必须因遭受客观事故而导致某种后果,如(　　)。
    A. 死亡或疾病　　　B. 疾病或失业　　　C. 残疾或死亡　　　D. 退休或残疾

4. 医疗保险中不包括(　　)。
    A. 普通医疗保险　　　　　　　　　　B. 意外伤害医疗保险
    C. 生育保险　　　　　　　　　　　　D. 手术医疗保险

5. 特种疾病保险采用(　　)给付方式。
    A. 定额　　　　　　B. 定值　　　　　　C. 实报实销　　　　D. 按比例

6. 财产保险中重复保险适用(　　)。
    A. 平均分摊原则　　　　　　　　　　B. 比例分摊原则
    C. 第一赔偿原则　　　　　　　　　　D. 顺序赔偿原则

7. 家庭财产保险的分类不包括(　　)。
    A. 两全家财险　　　　　　　　　　　B. 长效还本家财保险
    C. 个人收藏的邮票保险　　　　　　　D. 普通家财保险

8. 王某为自己价值 10 万元的财产投保了一份保险金额为 5 万元的家财保险,在保险期间王某家发生火灾导致室内财产损失 8 万元。则保险公司应该赔偿(　　)。
    A. 10 万元　　　　　B. 8 万元　　　　　C. 5 万元　　　　　D. 4 万元

9. 可以任意支付保险费及任意调整死亡保险金给付金额的人寿保险是( )。

    A. 传统寿险   B. 分红寿险   C. 投资连结寿险   D. 万能寿险

二、多选题

1. 将保障和投资融于一体的创新型投资型险种，主要包括( )。

    A. 投资连结险   B. 生死两全险   C. 分红险   D. 万能险

2. 人身意外伤害险的保障项目有( )。

    A. 死亡给付   B. 伤残给付   C. 医疗给付   D. 停工给付

3. 构成健康保险所承保的疾病风险必须符合( )的条件。

    A. 由于明显的非外来原因造成   B. 由于非先天性的原因造成

    C. 由于非长存的原因造成   D. 由于明显的外来原因造成

4. 下列属于人寿保险的有( )。

    A. 终身寿险   B. 两全寿险   C. 定期寿险

    D. 年金保险   E. 健康保险

5. 制定保险规划的步骤包括( )。

    A. 确定保险标的   B. 选择保险产品   C. 确定保险金额

    D. 明确保险期限   E. 选择保险公司

三、简答题

1. 对于市场上的各类保险产品你有多少了解？

2. 制定保险规划应遵循哪些原则？

3. 制定保险规划的步骤是什么？

项目八

税 收 规 划

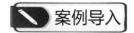 **案例导入**

避税与偷税

关于个人所得税的征收税率，全世界基本上都是采用分级税率制。在西班牙、德国等欧洲高福利国家，收入越高的人，适用的个税税率也越高。梅西作为世界顶级球星，年薪约 6 000 万欧元，但西甲球员工资收入的税率高达 52%。

根据著名的网站 Football Leaks 的信息，梅西父子是利用两个不同国家或地区的税率差异，转移自己的收入而达到避税目的。梅西父子在某"避税天堂"国家开设一家匿名公司，然后这家公司以一笔费用"买下"梅西个人某个时期的肖像权。梅西很多广告代言合同由商家直接和该公司签订，费用打入公司账户，一段时间以后，公司注销，相关公司和账户全都消失得无影无踪。下一段时期的肖像权，又交给新的一家公司代理。

该"避税天堂"国家税率极低，甚至对此类离岸公司还有各种税费优惠。我们可以计算：

某商家愿意掏 1 000 万欧元预算请梅西代言，梅西在西班牙正常纳税，只能拿到 500 万欧元左右，且未来用手中的 500 万欧元去做任何投资，所得也同样要缴纳接近 50% 的税。然而，若是该商家把 1 000 万欧元交给梅西的匿名公司，该公司享受"避税天堂"国家优惠只缴纳 10 万欧元税费。同时，预先以 200 万欧元"买下"梅西同期肖像权，梅西只需要在西班牙为 200 万欧元肖像权"收入"缴纳 100 万欧元所得税——如此一来，他的实际所得是 890 万欧元，比不避税多出 390 万欧元！

讨论： 偷税与避税两者有何区别？如果请你进行税收规划，有什么好的建议？

资料来源：根据新浪体育网相关资料整理而来。

税收规划又称节税，是纳税人在法律允许的范围内，通过对经营、投资、理财等经济活动的事先安排，充分利用法律提供的优惠和差别待遇，减少税负，达到整体税后收益最大化。

税收规划主要涉及帮助客户计算当前应纳税额、评价客户纳税状况等财务问题，要求理财规划人员能够正确把握税收规划的含义，熟悉制定税收规划前的各项准备工作，掌握计算客户当前应纳税额、评价客户纳税状况等业务的操作能力。制定税收理财规划的流程如图 8-1 所示。

图 8-1　制定税收理财规划的流程

模块一　个人理财相关税收

任务一　我国个人所得税制度

一、了解个人所得税的税制模式

从世界范围看，个人所得税的税制模式有三种：分类征收制、综合征收制与混合征收制。分类征收制就是将纳税人不同来源、性质的所得项目，分别规定不同的税率征收；综合征收制是对纳税人全年的各项所得加以汇总，就其总额征税；混合征收制是对纳税人不同来源、性质的所得先按照不同的税率征税，然后将全年的各项所得进行汇总征税。

二、我国个人所得税的税制模式

我国现阶段实行的个人所得税制是分类税制，即将个人所得分为工资、薪金所得，劳务报酬所得，稿酬所得，特许权使用费所得，经营所得，利息、股息、红利所得，财产租赁所得，财产转让所得，偶然所得 9 个征税项目，并相应规定了每个应税项目的费用扣除标准、适用税率及计税办法。从我国近年的实际情况来看，个人所得税占全部税收的比重一般维持在 6%的水平上。

三、个人所得税概述

个人所得税是以个人(自然人)取得的各项应税所得为对象征收的一种税。

(一) 纳税义务人

根据《中华人民共和国个人所得税法》(以下简称《个人所得税法》)的规定，我国个人所得税的纳税义务人包括居民个人和非居民个人。

在中国境内有住所，或者无住所而一个纳税年度内在中国境内居住累计满 183 天的个人，为居民个人。居民个人从中国境内和境外取得的所得，依照《个人所得税法》规定应缴纳个人所得税。

在中国境内无住所又不居住，或者无住所而一个纳税年度内在中国境内居住累计不满183 天的个人，为非居民个人。非居民个人从中国境内取得的所得，依照《个人所得税法》规定应缴纳个人所得税。

(二) 纳税申报

有下列情形之一的，纳税人应当依法办理纳税申报：取得综合所得需要办理汇算清缴；

取得应税所得没有扣缴义务人；取得应税所得，扣缴义务人未扣缴税款；取得境外所得；因移居境外注销中国户籍；非居民个人在中国境内从两处以上取得工资、薪金所得；国务院规定的其他情形。

具体申报方式如下。

(1) 居民个人取得综合所得，按年计算个人所得税；有扣缴义务人的，由扣缴义务人按月或者按次预扣预缴税款；需要办理汇算清缴的，应当在取得所得的次年 3 月 1 日至 6 月 30 日内办理汇算清缴。预扣预缴办法由国务院税务主管部门制定。

(2) 居民个人向扣缴义务人提供专项附加扣除信息的，扣缴义务人按月预扣预缴税款时应当按照规定予以扣除，不得拒绝。

(3) 非居民个人取得工资、薪金所得，劳务报酬所得，稿酬所得和特许权使用费所得，有扣缴义务人的，由扣缴义务人按月或者按次代扣代缴税款，不办理汇算清缴。

(4) 纳税人取得经营所得，按年计算个人所得税，由纳税人在月度或者季度终了后 15 日内向税务机关报送纳税申报表，并预缴税款；在取得所得的次年 3 月 31 日前办理汇算清缴。

(5) 纳税人取得利息、股息、红利所得，财产租赁所得，财产转让所得和偶然所得，按月或者按次计算个人所得税，有扣缴义务人的，由扣缴义务人按月或者按次代扣代缴税款。

(6) 纳税人取得应税所得没有扣缴义务人的，应当在取得所得的次月 15 日内向税务机关报送纳税申报表，并缴纳税款。

(7) 纳税人取得应税所得，扣缴义务人未扣缴税款的，纳税人应当在取得所得的次年 6 月 30 日前，缴纳税款；税务机关通知限期缴纳的，纳税人应当按照期限缴纳税款。

(8) 居民个人从中国境外取得所得的，应当在取得所得的次年 3 月 1 日至 6 月 30 日内申报纳税。

(9) 非居民个人在中国境内从两处以上取得工资、薪金所得的，应当在取得所得的次月 15 日内申报纳税。

(10) 纳税人因移民境外注销中国户籍的，应当在注销中国户籍前办理税款清算。

 实训活动

假设单位每月 20 日发工资，请问如果达到缴纳税款的要求，税款应该什么时候缴入国库？

任务二　个人理财的相关税种

以课税对象的性质进行分类，我国的现行税制大致可以分为所得税类、流转税类、资源税类、财产税类和行为税类。在这几大税类里，所得税尤其是个人所得税和个人理财的关系最为密切，因此，本节着重介绍个人所得税。

一、个人所得税的征税范围

(一) 工资、薪金所得

工资、薪金所得，是指个人因任职或受雇而取得的工资、薪金、奖金、年终加薪、劳动分红、津贴、补贴及与任职或受雇有关的其他所得。这就是说，个人所得中，只要是与任职、受雇有关，不管是以现金、实物、有价证券等何种形式支付的，都是工资、薪金所得项目的课税对象。

工资、薪金所得征税范围有关规定如下。

(1) 个人因退职、退养和解除劳动关系而取得的收入，应征个人所得税。

(2) 个人因内部退养取得的一次性补偿收入，应征个人所得税。

(3) 退休人员再任职取得的收入，应征个人所得税。

(4) 企事业单位和个人超过规定比例和标准缴付的基本医疗保险费、基本养老保险费和失业保险费、住房公积金，应征个人所得税。

(5) 企业为员工支付的各项免税之外的保险金，应征个人所得税。

(6) 个人因公务用车和通信制度改革而按月取得的公务用车、通信补贴收入扣除一定标准公务费用后的余额，应征个人所得税。对不按月发放的补贴收入，分解到所属月份并与该月份"工资、薪金所得"合并后计征个人所得税。

(7) 个人因没有休带薪年假而从任职受雇单位取得的补贴应当合并到工资、薪金所得中缴纳个人所得税。

(8) 根据《个人所得税法》的规定，对于发给个人的福利，不论是现金还是实物，均应缴纳个人所得税。但目前我们对于集体享受的、不可分割的、非现金方式的福利，原则上不征收个人所得税。

(9) 因工作需要，从单位取得并实际用于工作中的劳动保护用品，不属于个人所得，不征收个人所得税。

(10) 单位发放的取暖费、防暑降温费补贴，应征收个人所得税。

(11) 个人在国家法定节假日加班取得 2 倍甚至更多的加班工资，应并入工资、薪金所得，依法计征个人所得税。

(二) 劳务报酬所得

劳务报酬所得，是指个人从事设计、装潢、安装、制图、化验、测试、医疗、法律、会计、咨询、讲学、新闻、广播、翻译、审稿、书画、雕刻、影视、录音、录像、演出、表演、广告、展览、技术服务、介绍服务、经济服务、代办服务及其他劳务取得的所得。

(三) 稿酬所得

稿酬所得是指个人因其作品以图书、报纸形式出版、发表而取得的所得。这里所说的"作品"，是指包括中外文字、图片、乐谱等能以图书、报刊方式出版、发表的作品；个人作品包括本人的著作、翻译的作品等。作者去世后，对取得其遗作稿酬的个人，应按稿酬所得项目计税。

(四) 特许权使用费所得

特许权使用费所得，是指个人提供专利权、著作权、商标权、非专利技术及其他特许权的使用权取得的所得；提供著作权的使用权取得的所得，不包括稿酬所得。作者将自己的文字作品手稿原件或复印件公开拍卖(竞价)取得的所得，应按特许权使用费所得计税。

(五) 经营所得

经营所得包括以下几个方面。

(1) 个体工商户从事生产、经营活动取得的所得，个人独资企业投资人、合伙企业的个人合伙人来源于境内注册的个人独资企业、合伙企业生产、经营的所得。

(2) 个人依法从事办学、医疗、咨询及其他有偿服务活动取得的所得。

(3) 个人对企业、事业单位承包经营、承租经营及转包、转租取得的所得。

(4) 个人从事其他生产、经营活动取得的所得。

(六) 利息、股息、红利所得

利息、股息、红利所得，是指个人拥有债权、股权等而取得的利息、股息、红利所得。

(七) 财产租赁所得

财产租赁所得，是指个人出租不动产、机器设备、车船及其他财产取得的所得。

(八) 财产转让所得

财产转让所得，是指个人转让有价证券、股权、合伙企业中的财产份额、不动产、机器设备、车船及其他财产取得的所得。

(九) 偶然所得

偶然所得，是指个人得奖、中奖、中彩及其他偶然性质的所得。

个人取得的所得，难以界定应纳税所得项目的，由国务院税务主管部门确定。

二、个人所得税的税率

根据《个人所得税法》，个人所得税的税率如下。

1. 综合所得

综合所得，适用 3%～45% 的超额累进税率，具体如表 8-1 所示。

2. 经营所得

经营所得，适用 5%～35% 的超额累进税率，具体如表 8-2 所示。

3. 其他所得

利息、股息、红利所得，财产租赁所得，财产转让所得和偶然所得，适用比例税率，税率为20%。

表8-1　个人所得税税率表(综合所得适用)

级数	全年应纳税所得额	税率/%	速算扣除数
1	不超过 36 000 元的部分	3	0
2	超过 36 000 元至 144 000 元的部分	10	2 520
3	超过 144 000 元至 300 000 元的部分	20	16 920
4	超过 300 000 元至 420 000 元的部分	25	31 920
5	超过 420 000 元至 660 000 元的部分	30	52 920
6	超过 660 000 元至 960 000 元的部分	35	85 920
7	超过 960 000 元的部分	45	181 920

注：① 本表所称全年应纳税所得额是指依照《个人所得税法》第六条的规定，居民个人取得综合所得以每一纳税年度收入额减除费用 60 000 元以及专项扣除、专项附加扣除和依法确定的其他扣除后的余额。

② 非居民个人取得工资、薪金所得，劳务报酬所得，稿酬所得和特许权使用费所得，依照本表按月换算后计算应纳税额。

表8-2　个人所得税税率表(经营所得适用)

级数	全年应纳税所得额	税率/%
1	不超过 30 000 元的	5
2	超过 30 000 元至 90 000 元的部分	10
3	超过 90 000 元至 300 000 元的部分	20
4	超过 300 000 元至 500 000 元的部分	30
5	超过 500 000 元的部分	35

注：本表所称全年应纳税所得额是指依照《个人所得税法》第六条的规定，以每一纳税年度的收入总额减除成本、费用以及损失后的余额。

 知识拓展

2006 年我国个税起征点由 800 元提至 1 600 元，并在税前扣除"三险一金"(基本养老保险费、基本医疗保险费、失业保险费和住房公积金)；紧接着在 2008 年，个税起征点进一步提高至 2 000 元；2011 年个税起征点提至 3 500 元，同时工资、薪金所得由九级超额累进税率缩减至七级。

2018 年 8 月 31 日第十三届全国人民代表大会常务委员会第五次会议再次修正，以每一纳税年度的收入额减除费用 60 000 元以及专项扣除、专项附加扣除和依法确定的其他扣除后

的余额为应纳税所得额，非居民个人的工资、薪金所得，以每月收入额减除费用 5 000 元后的余额为应纳税所得额，修正方案自 2019 年 1 月 1 日起施行。

三、个人所得税应纳税额计算

（一）居民个人的综合所得应纳税额计算

居民个人的综合所得，以每一纳税年度的收入额减除费用60 000 元以及专项扣除、专项附加扣除和依法确定的其他扣除后的余额，为应纳税所得额。

其中，专项扣除包括居民个人按照国家规定的范围和标准缴纳的基本养老保险、基本医疗保险、失业保险等社会保险费和住房公积金等；专项附加扣除包括子女教育、继续教育、大病医疗、住房贷款利息或者住房租金、赡养老人等支出。

居民个人的综合所得应纳税额的相关计算公式为

$$应纳税额＝应纳税所得额×适用税率－速算扣除数$$

$$应纳税所得额＝年度收入额－准予扣除额$$

$$准予扣除额＝基本扣除费用＋专项扣除＋专项附加扣除＋依法确定的其他扣除$$

（二）非居民个人的工资、薪金所得应纳税额计算

非居民个人的工资、薪金所得，以每月收入额减除费用 5 000 元后的余额为应纳税所得额；劳务报酬所得、稿酬所得、特许权使用费所得，以每次收入额为应纳税所得额。

非居民个人的工资、薪金所得应纳税额计算公式为

$$应纳税额＝应纳税所得额×适用税率－速算扣除数$$

$$＝(每月收入－5 000)×适用税率－速算扣除数$$

（三）经营所得应纳税额计算

经营所得，以每一纳税年度的收入总额减除成本、费用以及损失后的余额，为应纳税所得额。

经营所得应纳税额的相关计算公式为

$$应纳税额＝应纳税所得额×适用税率－速算扣除数$$

$$应纳税所得额＝年应税收入额－准予税前扣除金额$$

（四）财产租赁所得应纳税额计算

财产租赁所得，每次收入不超过 4 000 元的，减除费用 800 元；4 000 元以上的，减除20%的费用，其余额为应纳税所得额。相关的计算公式如下。

1. 每次收入≤4 000 元

$$应纳税额＝应纳税所得额×适用税率＝(每次收入－800)×20\%$$

2. 每次收入>4 000 元

$$应纳税额＝应纳税所得额×适用税率＝每次收入×(1-20\%)×20\%$$

注意：对个人出租住房取得的所得减按 10% 的税率征收个人所得税。

(五) 财产转让所得应纳税额计算

财产转让所得，以转让财产的收入额减除财产原值和合理费用后的余额，为应纳税所得额。相关的计算公式为

$$应纳税额＝应纳税所得额×20\%$$

$$应纳税所得额＝转让财产的收入额-(财产原值＋合理费用)$$

(六) 利息、股息、红利所得和偶然所得应纳税额计算

利息、股息、红利所得和偶然所得，以每次收入额为应纳税所得额。相关的计算公式为

$$应纳税额＝每次收入额×20\%$$

【例 8-1】王某购买福利彩票支出 500 元，取得中奖收入 15 000 元，计算应纳个人所得税税额。

解析：以每次的收入额为应纳税所得额，无任何费用扣除。

$$偶然所得应纳税额＝应纳税所得额×适用税率$$
$$＝每次收入额×20\%$$
$$＝15\,000×20\%$$
$$＝3\,000(元)$$

特别注意：

(1) 劳务报酬所得、稿酬所得、特许权使用费所得以收入减除 20% 的费用后的余额为收入额。稿酬所得的收入额减按 70% 计算。

(2) 个人将其所得对教育、扶贫、济困等公益慈善事业进行捐赠，捐赠额未超过纳税人申报的应纳税所得额 30% 的部分，可以从其应纳税所得额中扣除；国务院规定对公益慈善事业捐赠实行全额税前扣除的，从其规定。

 实训活动

收集家庭某位成员工资、薪金收入的全年金额，计算其个人所得税应纳税额是多少？

任务三 金融投资相关的税收

金融投资是指将货币转化为股票、债券、银行存款等金融资产的投资形式。个人通过金融投资，可以取得股息、红利、利息等收入。在个人投资中，主要涉及所得税和印花税。

一、所得税

对于个人的金融投资所得，国家一般要按 20% 的比例税率对其征收个人所得税，而且在课税时不允许纳税人进行任何费用扣除。下面对几种金融投资产品分别进行介绍。

(一) 基金产品

针对购买基金产品所得的收益，相关税收规定如下。

(1) 个人投资者买卖基金份额获得的差价收入，在对个人买卖股票的差价收入未恢复征收个人所得税以前，暂不征收个人所得税。

(2) 个人投资者从基金分配中获得的股票的股息、红利收入和企业债券的利息收入，由上市公司、发行债券的企业在向基金支付上述收入时，代扣代缴 20% 的个人所得税。

(3) 个人投资者从基金分配中获得的国债利息、买卖股票差价收入，在国债利息收入、个人买卖股票差价收入未恢复征收个人所得税以前，暂不征收个人所得税。

(4) 个人投资者从封闭式基金分配中获得的企业债券差价收入，按现行税法规定，应对个人投资者征收个人所得税。

(5) 内地个人投资者通过基金互认从香港地区基金分配取得的收益，由该香港地区基金在内地的代理人按照 20% 的税率代扣代缴个人所得税。

(二) 国债和国家发行的金融债券

根据《个人所得税法》的规定，国债和国家发行的金融债券利息免纳个人所得税。

(三) 银行理财产品

对于银行理财产品(包含人民币理财产品、外汇理财产品)收益是否纳税，国家税务总局并没有具体规定，实际操作中多数银行没有代扣代缴个人所得税。因此，目前对个人取得的银行理财产品(教育储蓄、保险理财产品、人民币理财产品、外汇理财产品、信托产品)收益，暂不征收个人所得税。

二、印花税

印花税是国家对单位和个人在经济交往中书立、使用、领受应税经济凭证征收的一种税。个人在金融投资中进行证券交易也会涉及印花税问题。

(一) 证券(股票)交易印花税

经国务院批准，财政部、国家税务总局决定从 2015 年 9 月 1 日起，调整证券(股票)交易印花税税率，由 1‰ 下调为 0.5‰，即对买卖、继承、赠与所书立的 A 股、B 股股权转让书据，由立据双方当事人分别按 0.5‰ 的税率缴纳证券交易印花税。

(二) 开放式证券投资基金有关印花税问题

《财政部 国家税务总局关于开放式证券投资基金有关税收问题的通知》财税〔2002〕128号第二条第三点规定，对基金取得的股票的股息、红利收入，债券的利息收入、储蓄存款利息收入，由上市公司、发行债券的企业和银行在向基金支付上述收入时代扣代缴20%的个人所得税；对投资者(包括个人和机构投资者)从基金分配中取得的收入，暂不征收个人所得税和企业所得税。

王先生一年前持有某股票5 000股，今天加仓5 000股，等到分红之后就卖掉5 000股，那么王先生应该怎么交个人所得税？

 模块二　制定税收规划

任务一　税收优惠

一、个人所得税的免征

下列各项所得，免征个人所得税。

(1) 省级人民政府、国务院部委和中国人民解放军军以上单位，以及外国组织、国际组织颁发的科学、教育、技术、文化、卫生、体育、环境保护等方面的奖金。

(2) 国债和国家发行的金融债券利息。

(3) 按照国家统一规定发给的补贴、津贴。

(4) 福利费、抚恤金、救济金。

(5) 保险赔款。

(6) 军人的转业费、复员费、退役金。

(7) 按照国家统一规定发给干部、职工的安家费、退职费、基本养老金或者退休费、离休费、离休生活补助费。

(8) 依照有关法律规定应予免税的各国驻华使馆、领事馆的外交代表、领事官员和其他人员的所得。

(9) 中国政府参加的国际公约、签订的协议中规定免税的所得。

(10) 国务院规定的其他免税所得。

二、个人所得税的减征

有下列情形之一的，可以减征个人所得税，具体幅度和期限由省、自治区、直辖市人民政府规定，并报同级人民代表大会常务委员会备案。

(1) 残疾、孤老人员和烈属的所得。

(2) 因自然灾害遭受重大损失的。

(3) 国务院规定的其他减税情形。

支持新冠感染疫情防控和经济社会发展税费优惠政策

新冠感染疫情发生以来，党中央、国务院部署出台了三批支持新冠感染疫情防控和复工复产的税费政策。第一批政策主要聚焦新冠感染疫情防控工作，既注重直接支持医疗救治工作，又注重支持相关保障物资的生产和运输，还注重调动各方面力量积极资助和支持疫情防控。第二批政策主要聚焦减轻企业社保费负担，阶段性减免企业养老、失业、工伤保险单位缴费，减征基本医疗保险费，降低企业用工成本、增强其复工复产信心。第三批政策主要聚焦小微企业和个体工商户，对增值税小规模纳税人，按单位参保养老、失业、工伤保险的个体工商户，为个体工商户减免物业租金的出租方给予税费优惠，增强其抗风险能力，助其渡过难关。

资料来源：国家税务总局官网。

思考：税收取之于民，用之于民。在新冠感染疫情防控下，税务部门确保了国家支持新冠感染疫情防控和复工复产税费优惠政策落实到位，让纳税人实实在在享受到相关税费优惠。

张女士在上海市一家外贸公司上班，刚刚生下一个儿子，公司为此在国家规定的标准外又给予了张女士一笔生育津贴。请问这笔钱要不要缴纳个人所得税，如何缴纳？

任务二 制定税收规划方案

税收规划是帮助纳税人在法律允许的范围内，通过对经营、理财和薪酬等经济活动的事先筹划和安排，充分利用税法提供的优惠与待遇差别，以减轻税负，达到整体税后利润、收入最大化的过程。

一、税收规划的分类

税收规划由于其依据的原理不同，采用的方法和手段也不同，主要可分为三类。

(1) 避税规划，即为客户制订的理财计划，采用"非违法"的手段获取税收利益。避税规划的主要特征有以下几点：非违法性，有规则性，前期规划性和后期的低风险性，反避税性，有利于促进税法质量的提高。

(2) 节税规划，即理财计划采用合法手段，利用税收优惠和税收惩罚等倾斜调控政策，为客户获取税收利益的规划。节税规划的主要特点如下：合法性，有规则性，经营的调整性与后期无风险性，有利于促进税收政策的统一和调控效率的提高。

(3) 转嫁规划，即理财计划采用纯经济的手段，利用价格杠杆，将税负转给消费者、供应商或自我消转的规划。转嫁规划的主要特点如下：纯经济行为，以价格为主要手段，不影响财政收入，促进企业改善管理、改进技术。

 知识拓展

偷税、避税、税务筹划

偷税、避税、税务筹划三者的共性在于，其行为目的是规避或减小税收负担，但从概念与法律性质上却存在较大差异。

偷税是指纳税人故意违反税收法规，采用欺骗、隐瞒等方式逃避纳税的违法行为。如为了少缴纳或不缴纳应纳税款，有意少报、瞒报应税项目、销售收入和经营利润；有意虚增成本、乱摊费用，缩小应税所得额；转移财产、收入和利润；伪造、涂改、销毁账册票据或记账凭证等。偷税损害了国家利益，触犯了国家法律，情节严重的构成偷税罪，属于破坏社会主义经济秩序罪的一种，对构成偷税罪的要依法惩处。

避税是指纳税人通过合法手段减轻纳税义务的行为，即纳税人以合法形式来规避、降低或递延纳税义务的行为。避税具有合法性但不具有合理性，它有悖于国家税法的立法意图和政府的税收政策。

税务筹划是指在纳税行为发生之前，在不违反法律、法规的前提下，通过对经营、投资、理财等活动的事先筹划和安排，尽可能获得"节税"的税收利益，以达到少缴税和递延缴纳为目标的一系列谋划活动。税务筹划具有合法性与合理性，它既不违背国家的税法又反映了政府的税收政策。

二、税收规划的原则

在进行税收规划过程中，应遵循以下几项基本原则。

(1) 合法性原则。合法性原则是税收规划最基本的原则，这是由税法的税收法定原则所决定的。

(2) 目的性原则。目的性原则是税收规划最根本的原则，是由税法基本原则中的税收公

平原则所决定的。

(3) 规划性原则。规划性原则是税收规划最有特色的原则，这是由作为税收基本原则的社会政策原则所引发的。

(4) 综合性原则。综合性原则是指进行税收规划时，必须综合考虑规划，以使客户整体税负水平降低。

三、税收规划的基本方法

(一) 避免应税收入(或所得)的实现

从减轻税收负担的角度来看，纳税人要尽量取得不被税法认定为是应税收入(或所得)的经济收入，这是个人税收筹划的基本方法。

根据我国现行税法规定，几乎各税种中都存在此类筹划的空间。例如，财产的增值部分只要不变现，一般就不对其课征所得税，这也是各国所得税法的一个普遍规定。当个人的财产增值以后，如果将其出售转让，则增值部分的变现收入就变成了应税所得，个人要就其缴纳所得税。因此，从税收筹划的角度考虑，个人尽量不要将财产的增值部分变现，如果需要资金，可以用财产作抵押进行信贷融资(当然还要比较税款和利息成本的大小)。

(二) 避免适用较高税率

税率是决定纳税人税负高低的主要因素之一。各税种的税率及同一税种各税目的税率大多存在一定的差异。一般情况下，适用税率高，应纳税额就多，税后收益就少，因此，尽量使所从事的经济活动适用较低的税率，对纳税人降低税收负担意义重大。

 案例分析

提高福利降工资

西安高新区一公司聘用高管，计划支付年薪是 120 万元，但经过咨询税务师事务所后，与高管达成协议，将年薪降低为 80 万元，同时给高管提供一套现房和一辆车供使用。请分析降低年薪有什么好处？

分析：增加薪金收入能满足消费需求，但由于工资、薪金适用的个人所得税税率是超额累进税率，当累进到一定程度，新增工资、薪金带给个人的可支配收入就会逐步减少。因此，想办法降低名义收入，把个人现金性工资转为提供必需的福利待遇，这样既满足了消费需求，又可少缴纳个人所得税。

(三) 充分利用"税前扣除"

各国税法中都有一些允许纳税人税前扣除的条款，纳税人应当充分利用这些规定，多扣除一些费用，缩小税基，减轻税负，尤其是当纳税人的所得适用超额累进税率时，如果纳税

人可以多扣除一些费用，缩小了税基，其所得适用的最高边际税率和实际税负就会降低。

(四) 理财选择可避税的产品

随着金融市场的发展，新的理财产品不断推出。其中，很多理财产品不仅收益比储蓄高，而且不用纳税。比如投资基金、国债、保险、教育储蓄等，众多的理财产品无疑给工薪阶层提供了更多的选择。合适的理财产品不仅能避税，而且合理分散了资产投资风险，还增强了收益的稳定性，这是现代人理财的智慧之举。

1. 选择免征个人所得税的债券投资

《个人所得税法》规定，国债和国家发行的金融债券的利息免征个人所得税。其中，国债利息是指个人持有我国财政部发行的债券而取得的利息所得，即国库券利息；国家发行的金融债券利息是指个人持有经国务院批准发行的金融债券而取得的利息。

投资免征 20%个人所得税的国债和国家发行的金融债券既遵守了税法的条款，又实现了避税，还从中赚取了部分好处，因此，对大部分工薪阶层来说是一个很好的避税增收渠道。

2. 选择正确的保险项目获得税收优惠

我国相关法律规定，居民在购买保险时可享受三大税收优惠。

(1) 个人按照国家或地方政府规定的比例提取并向指定的金融机构缴付的住房公积金、医疗保险金，不计入个人当期的工资、薪金收入，免征个人所得税。

(2) 由于保险赔款是赔偿个人遭受意外不幸的损失，不属于个人收入，免征个人所得税。

(3) 按照国家或省级地方政府规定的比例缴付的住房公积金、医疗保险金、基本养老保险金和失业保险基金存入银行个人账户所取得的利息收入，也免征个人所得税。

(五) 积极利用通信费、交通费、差旅费、误餐费发票等

我国税法规定，凡是以现金形式发放的通信补贴、交通费补贴、误餐补贴，视为工资、薪金所得，计入计税基础，计算缴纳个人所得税。凡是根据经济业务发生实质，并取得合法发票实报实销的，属于企业正常经营费用，不需要缴纳个人所得税。所以，建议纳税人在报销通信费、交通费、差旅费、误餐费时，应以实际、合法、有效的发票据实列支，实报实销，在一定程度上取得避税的效果。

项目小结

1. 我国目前实行的是超额累进税率，即不同的收入水平，适用不同的税率。

2. 个人所得税的征税对象主要包括：工资、薪金所得，劳务报酬所得，稿酬所得，特许权使用费所得，经营所得，财产租赁所得，财产转让所得，利息、股息、红利所得和偶然所得。

3. 了解目前我国对个人所得税的减免政策。

4. 税收规划的基本方法包括避免应税收入的实现、避免适用较高税率、充分利用"税前扣除"等。

项目训练

一、单选题

1. 个人所得税的综合所得适用的是(   )的超额累进税率。
   A. 3%~45%　　　　　　B. 5%~45%　　　　C. 3%~35%　　　　D. 5%~35%

2. 股息、红利所得,适用的是(   )。
   A. 超额累进税率　　　　　　　　　B. 定额税率
   C. 比例税率　　　　　　　　　　　D. 定额累进税率

3. 根据《个人所得税法》的规定,个人转让房屋所得应属于(   )。
   A. 财产转让所得　　　　　　　　　B. 特许权使用费所得
   C. 偶然所得　　　　　　　　　　　D. 劳务报酬所得

4. 下列不属于个人所得税免税项目的是(   )。
   A. 福利费、抚恤金、救济金　　　　B. 军人的转业费、复员费
   C. 保险赔款　　　　　　　　　　　D. 企业发行的企业债券利息

5. 以下项目所得,应按"劳务报酬所得"缴纳个人所得税的是(   )。
   A. 个人取得特许权的经济赔偿收入
   B. 个人从非雇佣单位取得的营销业绩奖励
   C. 个人投稿所获得的收入
   D. 出租汽车经营单位对出租车驾驶员采取单车承包或承租方式运营,出租车驾驶员从事客货营运取得的收入

二、多选题

1. 超额累进税率适用于(   )。
   A. 工资、薪金所得　　　　　　　　B. 偶然所得
   C. 稿酬所得　　　　　　　　　　　D. 经营所得

2. 税收规划的原则包括(   )。
   A. 合法性原则　　　　　　　　　　B. 目的性原则
   C. 规划性原则　　　　　　　　　　D. 综合性原则

3. 根据我国《个人所得税法》的规定,下列利息收入不用缴纳个人所得税的是(   )。
   A. 教育储蓄利息　　　　　　　　　B. 委托贷款利息
   C. 国债券利息　　　　　　　　　　D. 国家发行的金融债券利息

4. 个人税收规划的基本内容包括(   )。
   A. 避税规划　　　　　　　　　　　B. 节税规划
   C. 转嫁规划　　　　　　　　　　　D. 综合性规划

三、简答题

1. 简述个人所得税的征税范围。

2. 个人投资股票后获得的股息、红利怎样缴纳个人所得税？

3. 简述免征个人所得税的情况有哪些。

退休规划

🔍 知识目标

1. 熟悉退休规划的影响因素和原则。
2. 掌握退休规划的基本工具。
3. 掌握退休规划的流程。

🔍 能力目标

1. 能够区别各类退休规划工具的特点并进行灵活选择。
2. 根据退休规划的目标，制定退休规划方案。

🔍 思政目标

1. 养老规划是人生的未雨绸缪，尊重收入支出规律，在收入高峰期开始制定养老规划。
2. 协调年轻时期消费与退休养老的关系，年轻时期的理性消费是对养老阶段的积累。

让退休有闲更有钱不是梦

退休规划应该是所有理财规划当中涉及期间最长、资金需求最大的一个重要规划。退休规划的灵活性相对较差，如果养老资金不足，唯一可以解决的方式就是由子女或社会来供养。随着中国步入老龄化社会，子女供养人数相对增加，退休后如果想过一个有尊严的晚年，那么退休规划就显得尤其重要，会投资和不会投资的养老结果大不相同。年轻人应该提早做准备，才能保证晚年生活无忧。通常可以拿出工资的30%左右进行储蓄，积累足够的资金，投资稳定收益的理财产品，跑赢通货膨胀，不要让资产贬值。也就是说，在为子女进行教育规划之余，也要尽早、更多地为自己以后的养老做一定的准备。

退休规划是为了保证客户在将来有一个自立的、有尊严的、高品质的退休生活，而从现在开始实施的理财方案。本项目主要涉及帮助客户分析其养老需求，确定退休目标，预测退休后的资金需求和退休后收入，制订退休养老计划等问题，要求理财规划师能够收集客户退休养老方面的信息，通过对我国养老保险制度、企业年金制度和常见保险产品的了解，为客户提供咨询服务。制定退休规划业务流程如图9-1所示。

图9-1　制定退休规划业务流程

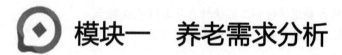

模块一　养老需求分析

退休养老是每一个人都要经历的人生过程。人在年轻时应该多赚钱，以便退休后能过上安逸舒适的晚年生活，但并不是每一个人都能顺利地安度晚年，在现实生活中，有很多因素会对退休以后的生活水平产生影响，因而产生了对退休养老规划的需求。

任务一　退休养老概述

一、退休规划的必要性

退休后的生活通常占据了人生三分之一的时间，是充分享受人生的最好时期。一个人如果想过上高品质的生活，晚年活得有尊严，就应该及早开始制定自己的养老规划，重视自己退休后的养老问题。

（一）退休生活时间在延长

科技进步、经济增长方式的变化及高等教育的普及等因素大大推迟了个人就业的年龄，而与此同时，人们的退休年龄却没有推迟，其结果就是人们的工作年限减少，这就意味着为未来进行经济积累的时间减少。

随着生活水平和医疗水平的提高，个人的平均寿命相比以前有了快速增长，如此一来，造成的结果就是现代人的退休生活大幅延长。更长的退休生活需要人们在退休之前积攒起更多的储蓄，因此如何提前做好退休规划就变得非常重要了。

（二）老龄化社会的趋势

根据美国最新的调查报告显示：在美国，100 个老人中，只有 9 个退休后会有富裕的生活，46 个过着一般人的生活，有 20 个处于贫困状态，还有 25 个已经过世了。在中国，很多大型城市已经提早进入了老龄化社会。人口老龄化日趋严重，已成为中国未来人口发展过程中不可逆转的趋势。因此，如何在未来谋求一份令人满意的退休生活，就成为我们要提前考虑并计划的事情了。

（三）传统的"养儿防老"方法不可行

俗话说"养儿防老"，随着社会的发展，这种养老模式越来越显露出它的弊端。据调查，目前在我国的老年人中，"空巢"率已经达到 26.4%，这就意味着约有四分之一的老人身边无子女照料。而随着我国家庭人口数量的减少，"空巢"家庭逐渐增多是必然趋势。

当前我国大多数为独生子女家庭，即一个子女供养两位老人，成家后，两人要供养四位老人甚至更多。他们既要努力工作，为社会做贡献，又要养育自己的子女，如此重的压力让他们不堪重负。因此，在未来退休生活的安排上，"存钱防老"观念已取代"养儿防老"成为新趋势。

（四）通货膨胀

人们在退休后失去了工资收入，而退休养老金的替代率仅有 60% 左右，一个人如果没有补充的养老金，其退休后的生活水平会严重下降。利用自己退休前的储蓄来补充养老金，则会受到通货膨胀的影响。历史经验告诉我们，如果不能很好地保持这部分资金的增值水平，辛苦攒下的退休金也许就会被通货膨胀吞噬。

（五）退休后高昂的医疗费用

无论年轻时多么强壮，随着年龄的增加，身体的机能也会衰退，体质减弱，各种疾病接踵而至。按照一般统计，老年人花费的医疗费用是年轻人的三倍以上。而随着医疗体制的改革和医疗技术的发展，医疗费用的上涨速度惊人。有资料表明，我国医疗服务费用近年来增长速度过快，超过了人均收入的增长，医药卫生消费支出已成为我国居民继家庭食品、教育、住房支出后的第四大消费。因此，退休后的医疗费用支出将成为退休规划的重要组成部分。

(六) 退休保障制度的不完善

各国都有自己的退休保障制度，其制度体系各不相同，但都不能保证所有人的退休生活都获得完善的保障。一般来说，社会保障体系提供的退休金只能维持基础的生活水平，按目前的养老金提取比例，在未来社会平均工资稳定提升的前提下，不论现在工资多少，最后拿到的退休金数额差别并不大，因为社会统筹的养老保险保障的是老年人的基本生活。但是，并非每个人都希望在"温饱"状态下度过余生，尤其是现在薪水较高的人，更担忧自己不能适应"由丰入俭"的生活。要想仅仅通过某项独立的退休保障制度获得足够的退休费用是不现实的，因此，建立多渠道、多层次的个人退休保障计划是非常有必要的。

二、退休规划的原则

(一) 及早规划原则

要想使退休后的生活过得丰富且有意义，就要未雨绸缪，提早做好规划和安排。越早准备养老基金，越有利于退休后的生活安排。在退休规划里，时间是非常重要的变量。一般来说，退休规划最晚应该在退休年龄前 20 年做准备。从表 9-1 所示的小李与小王的例子可以看出，在条件允许的情况下，进行早期的强制性储蓄是非常有必要的。

表 9-1　早期强制性储蓄投资回报对比

小李	每年投资	投资回报率 12% 28～62 岁不再投资	小王	每年投资	投资回报率 12% 28～62 岁每年投资
22 岁	2 000 元		28 岁	2 000 元	
23 岁	2 000 元	22～27 岁，小李每年投资 2 000 元，6 年后将得到 16 230 元	……	2 000 元	
……	2 000 元		……	2 000 元	28～62 岁，小王每年投资 2 000 元，35 年后最终将得到 863 327 元
27 岁	2 000 元		……	2 000 元	
28 岁	0 元	28～62 岁，小李不再增加投资，之前投资获得的 16 230 元，35 年后的现金价值是 856 938 元	……	2 000 元	
……	0 元		……	2 000 元	
62 岁	0 元		62 岁	2 000 元	

(二) 弹性化原则

退休规划的制定要符合自己的实际情况，不能好高骛远。根据自己的收入水平、身体状况、消费习惯等制定适合自己的养老目标。制定的退休规划方案要有一定的弹性或缓冲性，以确保能根据环境的变动而做出相应的调整。比如，在规划未来养老目标时，可能会遇到一些不确定的事件，例如未来十多年经济不景气、投资收益率下降等，这就需要及时调整退休规划的目标。

(三) 退休基金使用的收益化原则

为了保证退休后的生活，比较传统的做法就是增加储蓄。事实上，在增加储蓄的时候，应当注意这部分储蓄的收益大小，因为任何资金都是有时间价值的。准备的退休基金在投资中应遵循稳健性的原则，但是这并不意味着要放弃退休基金进行投资的收益。通常，投资者总是在稳健性和收益性之间寻求一个折中方案，在保持稳健性的前提下，寻求收益的最大化。

(四) 谨慎性原则

谨慎性原则包括两个方面：一些人对自己退休后的经济状况过于乐观，高估了退休后的收入或者低估了退休后的开支。在退休规划中，应本着谨慎性原则，多估计些支出，少估计些收入；对风险承受力较弱的人来讲，养老金应以存款和保险为主，保证基本生活需求，量力而行追求品质生活。离退休年龄稍远时，可以适当选择一些收益和风险相对高的投资产品；离退休年龄较近时，应选择稳健的储蓄型低风险投资产品。

 实训活动

学生分组，对现实生活中的"养儿防老"家庭进行调查，讨论现如今"养儿防老"作为养老安排的可行性。

任务二　退休养老需求分析

为了保证退休规划的准确性和有效性，首先应当结合客户的职业规划分析客户的退休养老需求。在分析客户的退休养老需求时，应当注意以下几个问题。

一、确定退休目标

退休目标是指人们所追求的退休之后的一种生活状态。我们可以将退休目标分解成两个因素：退休年龄和退休后的生活质量要求。

(一) 退休年龄

对理财规划师来说，估计客户的退休年龄是非常重要的。因为确定了退休年龄就意味着确定了客户的剩余工作时间，从而为结合退休目标进而确定储蓄率奠定基础。根据相关法律法规，国家法定的企业职工退休年龄是男性年满 60 周岁，女工人年满 50 周岁，女干部年满 55 周岁。自由职业者的退休年龄国家没有强制性的规定，往往更加灵活。但是，随着中国人

口老龄化趋势的发展，在总体上存在着推迟退休年龄的趋势。经济的景气状况及自身的精神和身体状况也会对客户的退休年龄产生影响。如果客户较早地退休，他将不可避免地面对经济压力。

(二) 退休后的生活质量要求

客户的生活方式和生活质量要求应当是建立在对收入和支出进行合理规划的基础上，不切实际的高标准只能让客户的退休生活更加困难。在制定退休规划时，理财规划师要特别警惕客户为了短期利益而做出有损退休生活的行为。

应当指出，客户在退休年龄和退休后的生活质量两方面的要求并不是孤立的，两者之间相互关联。例如，有些客户为了获得更多的时间享受退休生活，可能不得不降低对退休后生活质量的要求；而有些客户为了追求更高质量的退休生活，则必须延长工作时间，推迟退休时间。

二、预测退休后资金需求

退休后到底还可以活多久非个人所能控制，退休后的预期余寿并不是简单地用平均死亡年龄减退休年龄，每个人可以根据自己的健康状况或家族是否有长寿的遗传因素估计自己的终老年龄。值得注意的是，退休后余寿太长以至于生活费用不够用的情况也很常见。因此，越保守的人应该假设自己能活得越长，比如超过了平均年龄，或超过了平均余寿，甚至假设自己可以活到90岁，并以此为基础，计算自己的退休总需求。由于医学技术的迅猛发展，应当充分考虑未来人类寿命普遍大幅提高带来的养老支出问题。

退休后选择不同的生活状态必然对应着不同的资金需求。确定了退休目标之后，就应当进一步地预测退休后的资金需求。进行这一预测的简单方法就是以当前的支出水平和支出结构为依据，将通货膨胀等各种因素考虑进来之后分析退休后的支出水平和支出结构的变化。这样按差额调整以后，就大体得到了退休后的资金需求。当然，在预测资金需求时，不可能非常准确，因为许多不确定性的因素都会存在，理财规划师所能做的就是根据自己的专业知识进行大致估算。

每个家庭的消费习惯不同，但同一个家庭的消费习惯并不会因退休而有大幅改变。假使客户现在就有记录家庭收支的习惯，通过目前支出细目的相应调整来编制退休后的支出预算，会让退休后的生活目标更容易实现。具体来说，在调整的时候可遵循以下四个原则。

(1) 按照目前家庭人口数与退休后家庭人口数的差异调整膳食和购买衣物的费用。如假设现在的家庭是上有两位老人、下有两个孩子的六口之家，预计退休后子女已经独立，则生活费用可以按四人计算。

(2) 去除退休前可支付完毕的负担，如子女的高等教育费用、房屋贷款每月应摊的本息、限期缴纳的保险费等都应该在还有工作收入时支付完毕，计算退休费用时可以将这些费用从现有费用中减除。

(3) 减去因工作而必须额外支出的费用，如交通费等。

(4) 加上退休后根据规划而增加的休闲费用及因年老而增加的医疗费用。调整完以后的费用就是根据目前的价格水平所计算出来的退休时所要花费的费用，然后再参考过去年度的物价变化，设定通货膨胀率，最后就可以测算出退休后第一年的生活费用。

根据上面的程序算出来的只是退休后第一年的生活费用。究竟退休时要准备多少钱才能安度余生？最简单的算法是，不考虑这笔钱的投资收益率与以后每年的通货膨胀率，或假设两者相互抵消，则退休时准备的退休养老基金应该等于退休后第一年的生活费用乘以退休后余寿。

假设在 60 岁退休时第一年的支出达到 10 万元，若按 80 岁终老，则简单估算退休时需准备的退休养老基金为 200 万元。

案例分析

假设刘先生从事特殊行业，按照国家规定可以在 55 岁退休，妻子李某为银行职员，同样是 55 岁退休。夫妇俩同岁，距离退休还有 20 年，目前家庭各项支出结构和规模如表 9-2 第二列所示。为了对退休后的生活费用进行估计，理财规划师首先根据退休后的预测按照目前的价格水平对支出结构和规模进行调整，如表 9-2 第三列所示。假设通货膨胀率为 3%，则调整后的 40 000 元支出水平的购买力在退休后第一年与 72 244 元的购买力等价。

表 9-2 退休后第一年生活费用估计

单位：元

项目	目前支出	退休调整	通货膨胀率	退休时终值
食物	10 000	10 000		
衣物	5 000	3 000		
交通	5 000	3 000		
休闲	5 000	7 000		使用理财计算器，已知 N=20，I=3%，PV=40 000，则求得 FV=72 244
医疗	5 000	7 000	3%	
保费、房贷	20 000	0		
子女教育	10 000	0		
其他	10 000	10 000		
合计	70 000	40 000		

思政专栏

中国人口老龄化现状与趋势

20 世纪 90 年代以来，中国的老龄化进程加快。65 岁及以上老年人口从 1990 年的 6 299 万增加到 2000 年的 8 811 万，占总人口的比例由 5.57% 上升为 6.96%，目前中国已经进入老龄化时代。性别间的死亡差异使女性老年人成为老年人口中的绝大多数。预计到 2040 年，65 岁及以上老年人口占总人口的比例将超过 20%。同时，老年人口高龄化趋势日益明显：80 岁及以上高龄老人正以每年 5% 的速度增加，到 2040 年将增加到 7 400 多万人。

迅速发展的人口老龄化趋势，与人口生育率和出生率下降，以及死亡率下降、预期寿命提高密切相关。目前中国的生育率已经降到更替水平以下，人口预期寿命和死亡率也接近发达国家水平。随着 20 世纪中期出生高峰的人口陆续进入老年阶段，可以预见，21 世纪前期将是中国人口老龄化发展最快的时期。

中国政府高度重视人口老龄化问题，积极发展老龄事业，初步形成了政府主导、社会参与、全民关怀的发展老龄事业的工作格局。国家成立了全国老龄工作委员会，确定了老龄工作的目标、任务和基本政策；颁布了《中华人民共和国老年人权益保障法》，并把老龄事业明确纳入了经济社会发展的总体规划和可持续发展战略。

老年人的基本生活得到了保障。城市初步建立了养老保险制度和包括老年人在内的医疗保险制度，以及居民最低生活保障制度；农村实行以土地保障为基础的"家庭养老为主与社会扶持相结合"的养老保障制度。许多地方还对救助贫困老年人和高龄老年人采取了特殊的措施。

老年服务事业发展迅速。中国政府修订了《老年人建筑设计规范》《城市道路和建筑物障碍设计规范》等相关条例，方便老年人的居住与出行。社区卫生站、托老所、老年活动中心、老年学校、老年休闲广场等老年服务场所逐渐增加，服务老年人的志愿者队伍不断壮大。

资料来源：根据中国网相关资料整理而来。

思考：我国老龄化时代的到来，对年轻的你有什么启示？肩负了家庭父母养老责任的你，多多思考如何让父母早理解、明白养老规划的重要性，肩负起早日协助父母开始家庭养老规划的重要职责。

 实训活动

学生对自己的父母进行退休养老资金的估算，分析父母养老资金是否足够？如果不足，应如何补充？

模块二 制定退休规划

任务一 制定退休规划概述

在对客户的退休养老需求进行分析后，还应该预测客户的退休收入，找到退休后的资金需求和退休后的收入之间的差距，进而制定详尽的退休规划方案。

一、影响退休规划的客观因素

在制定退休规划方案时，需要考虑各种影响因素，主要包括以下方面。

(一) 退休时间

退休时间决定了个人积累养老金的期限长短，也与退休后的生活时间相关，是影响退休规划的主要因素之一。比如，一个人决定 50 岁退休与 65 岁退休，最明显的区别在于，65 岁退休意味着养老金的积累时间延长了 15 年，退休后的生活时间缩短了 15 年。

(二) 性别差异

一般来说，女性的平均寿命比男性要长。2017 年国家统计局发布的数据显示，2015 年中国人口平均预期寿命达到 76.34 岁，而男性为 73.64 岁，女性为 79.43 岁，女性比男性的平均寿命长 5.79 岁。因而女性相比男性而言，需要准备更多的养老金。

我国女性干部的退休年龄为 55 岁，男性的退休年龄为 60 岁，那么，对女干部来说，养老金的积累时间少了 5 年，退休后的生活时间相对男性的平均寿命又多了 5 年。根据养老规划的谨慎性原则，女性要想有一个高质量的老年生活，就需要准备相对男性来说更多的养老金。

(三) 经济运行周期

经济运行周期是影响退休规划的一个重要客观因素。在经济繁荣时期，积累养老金是有利的，反之则是不利的。对于已经退休的人来说，经济周期的变动会对他的退休生活产生影响，此时要看他有没有能力获取其他收入。

(四) 通货膨胀

事实上，通货膨胀是退休规划中不容忽视的重要因素。因为随着时间的推移，通货膨胀会使人们手中的现金价值不断缩水，钱就越来越不值钱了。通货膨胀率是影响货币时间价值的主要因素。假如你来自一个普通百姓家庭，现在一年的生活费用是 5 万元，每年的通货膨胀率为3%，那么30年后这个家庭如要保持现在的生活品质，一年的生活费用就会变成12.14万元。

二、制定退休养老规划

在对客户家庭的退休需求进行分析后，应该预测其退休收入，找到退休后的资金需求和退休后收入之间的差距，进而制定退休养老规划。

(一) 预测退休后的收入

退休后的生活水平取决于退休后的收入。退休后的收入包括社会保障收入、企业年金收入、商业保险、投资收益等。退休后的收入是退休后的生活保障，不同的养老规划工具一起构成了退休养老的不同"防线"。

一般来说，社会保险是养老的第一道"防线"，企业年金是养老的第二道"防线"，商业养老保险是养老的第三道"防线"，第四道养老"防线"是个人储蓄的退休养老基金，养老的第五道"防线"是个人房产的变现收入。这些"防线"对不同的人来说有不同的作用，有的人可能有这些保障，有的人则没有。

(二) 计算养老金缺口

已经确定了客户退休养老资金需求，并且对客户退休养老收入进行了预测，通常退休养老资金需求与预测的退休养老收入之间会存在差异，并且这个差异往往表现为预测的退休养老收入达不到退休养老资金需求。所以，在制定退休养老规划方案时，往往先用退休养老资金需求(折现值)减去退休养老收入(折现值)，就可以得到退休养老资金的缺口，简称"大缺口"。需要注意的是，计算的时间以退休当年为标准。

退休养老资金的大缺口＝退休养老资金需求(折现值)－退休养老资金收入(折现值)

由于大多数客户目前已经积累了一定额度的退休养老资金，并且这些退休养老资金也在不断地投资增值，例如，如果存放在银行就会每年得到银行存款利息，对外投资就会得到投资收益，所以已经积累的退休养老资金在退休时会产生增值，即退休时刻的终值。用上面计算出来的退休养老资金的缺口(大缺口)减去已经积累的退休养老金资金在退休时的终值，就得到了退休养老资金的"小缺口"。

退休养老资金的小缺口＝退休养老资金需求(折现值)－退休养老收入(折现值)－
已有退休养老资金的积累(终值)

(三) 养老金缺口的弥补方案

计算出来的养老资金"小缺口"就是客户应该从现在开始积累养老资金要达到的目标。为了达到这一目标，可以采用定投(固定时期、固定额度)的方式，也可以采取其他方式储备退休养老资金。

一般来说，退休养老资金的保存方法主要有银行存款、债券和基金等形式，同时，也可以在股票市场行情较好的时候配置少量的股票。因为退休养老资金的专项使用，其保存应当在保证资金安全的基础上关注收益率。

(四) 调整方案

随着实际生活中各种情况的变化，退休目标、资金需求、预期退休收入等都可能发生变化，导致预期的养老目标无法实现，此时，就需要对退休养老规划的方案进行调整。调整的方法有提高现在储蓄的比例(降低目前的消费水平)、寻找收入更高的工作、进行收益率更高的投资、延长工作年限(推迟退休)、退休后兼职工作、降低退休后的生活水平等。

 **实训活动**

学生分组，讨论延长退休年龄对我国养老产业有什么影响？

任务二　退休规划工具选择

退休规划工具主要包括退休规划的基本工具和创新工具。向客户提供退休规划工具的咨询服务时，应在收集客户信息的基础上，根据客户的状态和需要，有选择地向客户介绍。

一、退休规划的基本工具

大多数国家的养老保险体系由三部分构成，即基本养老保险、企业年金和个人储蓄性养老保险。三者的设立主体不同，基本养老保险由国家设立，企业年金是一种企业化形式，个人储蓄性养老保险是个人行为。随着投资理财方式越来越多元化，可供养老的资金渠道也日益增多。目前主要的退休养老工具有三个：社会养老保险、企业年金、商业养老保险。

(一) 社会养老保险

1. 社会养老保险的概念

社会养老保险是国家和社会根据一定的法律和法规，为解决劳动者在达到国家规定的解除劳动义务的劳动年龄，或者因为年老丧失劳动能力退出劳动岗位后的基本生活而建立的一种社会保障制度。社会养老保险不以营利为目的，它是社会保障制度的组成部分，是社会保险最重要的险种之一，包括三个层次的含义。

(1) 社会养老保险是在法定范围内的老年人完全退出或基本退出社会劳动生活后才自动发生作用的。

(2) 社会养老保险的目的是保障老年人的基本生活需要，为其提供可靠的生活资金来源。一般来说，养老的内容有三个层次：第一层次是指物质生活，即衣食住行；第二层次是指劳务服务，如需要专人提供生活服务；第三层次是指精神安慰，情感交流。

(3) 社会养老保险是以社会保险手段达到保障的目的。社会保险一般是由国家立法，强制实行，企业和个人都必须参加。社会养老费的来源一般由国家、企业、职工三方共同负担或者由企业和职工双方共同负担，只要劳动者符合享受社会保险的条件，即劳动者与用人单位建立了劳动关系，或者已按规定缴纳各项社会保险费，即可享受社会保险待遇。

2. 社会养老保险的模式

1) 按筹集资金的方式划分

(1) 现收现付制。这是指当期的收入全部用于支付当期的养老开支，不留或只留很少的基金，即靠后代养老的模式。根据每年养老金的实际需要，从工资中提取相应比例的养老金，本期征收，本期使用，不为以后使用提供储备。

(2) 完全基金制。这是指以远期纵向平衡为原则的社会保障基金筹集模式。此种模式要求劳动者在整个就业期间，采取储蓄方式筹集社会保障基金，建立个人账户，作为长期储存及保值增值积累的基金，所有权归个人，达到领取条件一次性或按月领取。

(3) 部分基金制。这是现收现付制和完全基金制的折中。社会保障基金的一部分用来支付当期接受者的保险金，剩余部分投资于政府管理的基金，该基金用于支付将来的保险金。该制度希望能综合以上两种制度的优点，既注重效率，鼓励职工努力工作多做积累，又兼顾公平，体现共济性。人口结构老龄化时，退休人员有一部分积累，能给政府和下一代减轻养老支付压力，而且积累的基金与完全基金制下积累的基金相比较少，在一定程度上降低了管理的成本和承担的风险。

2) 按资金征集渠道划分

(1) 国家统筹型。工薪劳动者在年老丧失劳动能力后，均可享受国家法定的社会保险待遇，但是国家并不能向劳动者本人征收养老资金，全部资金来源于财政。

(2) 强制储蓄型。养老基金来源于企业和劳动者双方，国家不进行投保资助，只是给予一定的优惠政策。

(3) 投保资助型。养老基金来源于国家、企业和劳动者三方。这种模式以国家为主体，通过立法强制实施，强调企业与职工按照一定的比例定期缴纳养老保险费，形成社会保险金。

3. 我国的基本养老保险制度

在我国实行养老保险制度改革以前，基本养老金也称退休金、退休费，是一种主要的养老保险待遇。

1991年，《国务院关于企业职工养老保险制度改革的决定》(国发〔1991〕33号)规定，随着经济的发展，逐步建立起基本养老保险与企业补充养老保险和职工个人储蓄型养老保险相结合的制度。

1997年，《国务院关于建立统一的企业职工基本养老保险制度的决定》(国发〔1997〕26号)(以下简称《决定》)中更进一步明确，各级政府要把社会保险事业纳入本地区国民经济与社会发展计划，贯彻基本养老保险只能保障退休人员基本生活的原则，为使离退休人员的生活随着经济与社会发展不断得到改善，体现按劳分配原则和地区发展水平及企业经济效益的差异，各地区和有关部门要在国家政策指导下大力发展企业补充养老保险，同时发挥商业保险的补充作用。

从 2006 年开始，个人账户的规模一律为个人工资的 8%，全部由个人缴费形成，单位缴费不划入个人账户。当前按照"新人新制度、老人老办法、中人逐步过渡"的方针实行养老金的发放。

(1) 关于"新人"。在《决定》实施后参加工作的参保人员属于"新人"，缴费年限满 15 年，退休后将按月发放基本养老金。基本养老金水平与缴费年限的长短、缴费基数的高低、退休时间的早晚直接挂钩。退休时的基础养老金月标准按照当地上年度在岗职工月平均工资和本人指数化月平均缴费工资的平均值为基数，缴费满 1 年的计发 1%。个人账户养老金月标准为个人账户储蓄额除以计发月数，计发月数根据职工退休时城镇人口平均预期寿命、本人退休年龄、利息等因素确定。

按照基本养老金的计发办法，参保人员多缴费 1 年，养老金中的基础部分增发 1 个百分点，上不封顶，形成"多工作、多缴费、多得养老金"的激励机制。

(2) 关于"中人"。在《决定》实施前参加工作、实施后退休的参保人员属于"中人"。由于以前这部分人个人账户的积累比较少，缴费年限满 15 年后，退休后在发给基础养老金和个人账户养老金的基础上，再发给过渡性养老金。

(3) 关于"老人"。在《决定》实施前就已经退休的参保人员属于"老人"，他们仍然按照国家原来的规定发给基本养老金，同时随着基本养老金调整而提高养老保险待遇。

(二) 企业年金

1. 企业年金的含义

国际劳动组织对年金的定义是员工在年老、死亡、残疾时，由社会保障制度给予长期、定期的现金支付。在我国，企业年金实际上是指企业及其职工在依法参加基本养老保险的基础上，自愿建立的补充养老保险制度，是企业在国家宏观指导下，由企业内部决策执行的，是多层次养老保险体系的组成部分。

2. 企业年金的特征

(1) 非营利性。与基本养老保险制度相似，企业年金以为职工提供保障或福利为目的。但和基本养老金相比，覆盖面比较窄，只有经济效益比较好的单位才有能力为职工提供保障。

(2) 企业行为。企业年金与基本养老金不同，这是企业在自愿的基础上形成的制度，完全属于企业行为之一。一方面可以促进职工参与企业的管理，以提高企业的效益；另一方面可以增强企业的凝聚力，促使职工爱岗敬业。

(3) 政府鼓励。由于企业年金可以承担一部分社会保障的责任，减轻国家的负担，所以政府支持企业实行这种政策，对企业有税收优惠。

(4) 市场化运营。企业年金的缴费人及受益人享有账户资金投资的决策权、委托权，实行市场化运营，以便使其账户资金达到增值的目的。

3. 我国企业年金的现状

(1) 企业年金的费用由企业和职工双方共同缴纳。企业缴费每年不超过本企业上年度职工工资总额的 1/12，企业和职工个人缴纳合计一般不超过本企业上年度职工工资总额的 1/6。所以，我国企业年金的管理办法主要是控制企业和个人总的缴费规模，并不要求企业比职工多缴费用，这主要是因为我国基本养老保险缴费中企业负担比例远远大于职工。

(2) 企业年金基金实行完全积累，采用个人账户进行管理。企业和个人缴费、年金的投资运营收益都记入个人账户。职工达到退休年龄退休后，可以从本人年金账户中一次或定期支取。没有达到退休年龄的，不得提前支取。职工变动工作单位时，企业年金个人账户资金可以随同转移。出境人员可以根据个人要求一次性支取。职工或退休人员死亡后，其企业年金个人账户余额由其指定的受益人或法定继承人一次性领取。所以，我国的企业年金为确定缴费型，即企业年金计划不向职工承诺未来年金的数额，职工退休后年金的多少完全取决于职工个人的缴费金额及投资收益；同时，企业不能自行确定领取企业年金的年龄，要参照国家统一规定的法定退休年龄。

(3) 应确定年金基金的受托人。企业年金应与受托人签订合同，一方为企业，一方为受托人，企业年金基金必须和受托人、账户管理人、投资管理人和托管人的自有资产分开，即企业年金实行单独管理，实行养老基金的管理模式。

(4) 企业年金的受托人可以是企业成立的企业年金理事会，也可以是符合国家规定的法人受托机构。企业年金理事会由企业和职工代表组成，其中职工代表不少于 1/3。

(三) 商业养老保险

1. 商业养老保险的含义

商业养老保险是指个人自愿地为实现老年收入保障提前进行的养老积累行为，通常有两种方式，即银行储蓄和购买商业养老保险(主要是年金保险)。年金保险是人寿保险的一种，与养老金的关系最为密切。

发展商业养老保险对社会、对个人有着积极的意义。首先，有利于完善社会保障体系。保险作为一种有利于社会稳定的制度安排，被称为"稳定器"。从世界范围来看，基本社会保险、企业补充保险和商业保险构成了一个国家养老与健康保障体系的三大支柱，越来越多的人开始把商业保险作为解决养老、医疗等问题的有效手段。其次，有利于促进我国经济发展方式的转变。商业养老保险是一种市场化、社会化的养老风险管理机制，通过这种机制，能够有效降低家庭养老风险，减少人们的不安全感，刺激家庭消费，从而促进经济的增长，实现消费和投资的平衡增长。最后，有利于优化我国金融市场结构。由于商业养老保险的周期长、资金量大、来源稳定，形成金融市场中重要的融资渠道，为国民经济建设提供大量长期的资金支持，促进金融资源的优化配置。

2. 选择商业养老保险产品应注意的因素

在购买商品时，我们关注的是价格因素和非价格因素，在选择养老保险产品时也要关注这两个因素。

对于价格因素，"适合自己的才是最好的"，所以应根据自己的需求做出选择。目前，各保险公司的产品价格存在差异，但差异不大。

对于非价格因素，主要包括以下几个方面。

(1) 保险公司的偿付能力。因为保险毕竟是对未来的一种承诺，应考虑发生事故或需要给付时，保险公司是否能够顺利履行承诺。因此，我们应该选择那些实力比较雄厚、经营相对稳健、管理较为规范的保险公司。

(2) 保险公司的服务质量。保险公司是否能够在发生保单理赔给付时提供及时周到的服务，其技术条件及在民众中的口碑都可以作为选择保险公司时的重要参考指标。

(3) 保险公司的网络机构。网络机构的多少一方面可反映其业务规模和经营能力的大小，另一方面也能反映出其客服能力的强弱。所以，应该尽量选择那些网络机构分布比较广泛的公司，以便在异地发生事故时可以比较顺利地享受到保险服务。否则，只能等回到原居住地以后才能向保险公司申请索赔，而且手续、取证等相对来说都比较麻烦。

(4) 保险公司的经营特长。每一家保险公司都对客户群进行了细分，每家公司在经营特定保险产品方面的优势不同，所以，应选择那些在自己所需的产品方面有优势的公司。

二、退休规划的创新工具

(一) 养老信托

养老信托是指由委托人与受托人签订信托契约，约定将信托资金一次交付给受托人，由受托人依照委托人的指示，挑选适当的金融产品作为投资组合，在约定的信托期内，由委托人指定的受益人领取本金或孳息，信托期满再由受托人将剩余的信托财产交付受益人的一种信托行为。信托财产主要有基金、存款、股票等金融工具。

(二) 以房养老

"以房养老"即住房的反向抵押贷款，又叫"倒按揭"。住房的反向抵押贷款，是指已经拥有房屋产权的老年人将房屋的产权抵押给银行、保险公司等，该金融机构对借款人年龄、预计寿命、房屋的现值、未来的增值折损情况及借款人去世时房产的价值等进行综合评估后，按其房屋的评估价值减去预期折损和预支利息，并按人的平均寿命计算，将其房屋的价值化整为零，分摊到预期寿命年限中去，按月或年支付现金给借款人，一直延续到借款人去世。当借款人去世后，相应的金融机构获得房屋的产权，进行销售、出租或者拍卖，所得用来偿还贷款本息，相应的金融机构同时享有房产的升值部分。如今，这种贷款方式在美国及欧洲的一些发达国家已经发展得很成熟了，许多老年人将之作为安度晚年的一种有效保障。

 实训活动

学生分组，对养老工具的特点和适用情况进行分析。

　　退休规划是整个人生规划的重要组成部分。随着我国老龄化现象的日益严重,退休资金的规划日益成为每个人必须面临的问题。本项目主要阐述了以下方面的内容。

　　1. 首先,提醒大众早日将退休规划纳入议事日程,以免到老年时使自己的生活受到影响。其次,对养老保险的基本知识有所了解,尤其是根据我国对养老保险的规定,制定适合自己的养老规划。如果企业建立了企业年金制度,则需要同时关注这部分内容,因为企业年金可以减轻个人的养老负担,影响到养老资金的规划。最后,了解一下商业养老保险的内容,选择适合自己的方案。

　　2. 重点介绍养老资金的计算。计算步骤主要为:在确定退休时间、投资利率的情况下,首先计算养老资金总需求,然后按照定期定投的方式计算每年需要投资的资金;如果目前个人资金不足,则需要根据个人的情况做出不同的选择,如延长工作年限、提高定期定投标准、降低目前的生活质量、降低退休后的生活质量等,或者几种方法同时运用,以达到满足养老需求的目的。

项目训练

一、单选题

　　1. (　　)是整个个人财务规划中不可缺少的部分,是为了退休后能够享受自立、有尊严、高品质的生活。

　　　　A. 投资规划　　　B. 退休规划　　　C. 风险管理规划　　　D. 银行储蓄存款规划

　　2. 退休规划中首先要考虑的问题是(　　)。

　　　　A. 家庭结构　　　　　　　　　B. 退休年龄

　　　　C. 影响退休规划的其他因素　　　D. 预期寿命

　　3. 国家法定的企业职工退休年龄是男工人年满(　　)周岁。

　　　　A. 45　　　　　B. 50　　　　　C. 55　　　　　D. 60

　　4. 国家法定的企业职工退休年龄是女工人年满(　　)周岁。

　　　　A. 45　　　　　B. 50　　　　　C. 55　　　　　D. 60

　　5. 国家法定的女干部退休年龄是年满(　　)周岁。

　　　　A. 45　　　　　B. 50　　　　　C. 55　　　　　D. 60

　　6. (　　)是社会保障制度的重要组成部分,是社会保险最重要的险种之一。

　　　　A. 失业保险　　　　　　　　　B. 医疗保险

　　　　C. 社会养老保险　　　　　　　D. 人寿保险

二、多选题

1. 影响退休理财规划的因素是(　　)。
   A. 预期寿命的增长
   B. 性别差异
   C. 提早退休
   D. 社会保障和养老金资金紧张

2. 控制退休理财风险的方式有(　　)。
   A. 对风险敬而远之
   B. 理性对待风险
   C. 组合投资，降低风险
   D. 学会分散和转嫁风险

3. 制定退休理财规划的原则有(　　)。
   A. 本金安全最重要
   B. 保证有充足的现金以备急用
   C. 量入为出养成习惯及理财组合多样化，注意整体收益
   D. 制订计划，防止意外

4. 制定退休理财规划常见的误区体现在(　　)。
   A. 越早规划越好
   B. 规划开始太迟
   C. 对收入和费用的估计太过乐观
   D. 投资过于保守

5. 制定退休理财规划的步骤有(　　)。
   A. 估算养老所需费用
   B. 估算能筹措到的养老金
   C. 估算养老金的差距
   D. 制订养老金筹措增值计划

三、简答题

1. 简述制定退休规划的必要性。
2. 影响退休规划的客观因素有哪些？
3. 简述制定退休规划的步骤。
4. 退休规划的工具如何选择？

遗 产 规 划

知识目标

1. 掌握遗产的界定范围、遗产规划的目标与原则。
2. 熟悉遗产规划方案的内容及其制定过程。
3. 掌握各类遗产规划工具。

能力目标

1. 能够分析遗产传承所涉的财产问题。
2. 能够根据客户目标灵活运用遗嘱、遗产委托书、遗产信托、保险等遗产规划工具制定遗产规划方案。

思政目标

1. 了解遗产规划在社会经济发展中的重要作用，培养学生的爱岗敬业精神。
2. 在遗产继承中既要尊重权利、尊重法律，同时又要坚持互谅互让、和睦团结的中华民族传统美德，培养学生形成正确的遗产继承观。

遗产风波

　　某著名相声演员留下千万遗产，却因为没有留下一份遗嘱，迟迟难以入土为安。他的大女儿因为难以支付房贷而被告上法庭，而大女儿及其妹妹又以父亲财产被伯父侵占为由打起了官司。入土为安，这样简单的一件事对于已逝去的名人来说，似乎成为奢望。因遗产引发的纷争，令家人、亲戚、朋友争相撕破脸皮，上演着一幕幕现实版的"豪门恩怨"。

　　名人在精神上和身体上都比普通民众要承受更大的压力，因而名人因疾病或自杀等原因过早离世的事例经常出现，名人又属于超高收入者，家底丰厚，因此，他们的突然离世很容易引发遗产纠纷，从而导致亲情破裂，甚至亲人相互仇视。

资料来源：根据新浪娱乐网相关资料整理而来。

　　遗产规划是为了保证家庭财产安全继承而设计的财产规划方案，是当事人在其健在时通过选择适当的遗产管理工具和制定合理的遗产分配方案，对其拥有或控制的财产进行安排，确保这些财产能够按照自己的意愿实现特定目的，是从财务的角度对个人生前的财产进行整体规划。

　　本项目主要涉及帮助客户界定遗产范围，把握遗产规划的目标及基本原则，协助客户填写相关的文本文件。要求理财规划师能够准确收集客户家庭结构信息，熟悉有关财产权属的法律规定，能够根据客户具体情况分析其财产风险；掌握遗产的界定及遗产分割的方法。制定遗产规划的业务流程如图 10-1 所示。

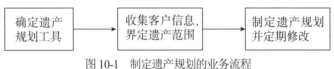

图 10-1　制定遗产规划的业务流程

 # 模块一　遗产与遗产规划的基本知识

任务一　界定遗产的范围

一、遗产的概念及其法律特征

（一）遗产的概念

遗产是财产继承权的客体。所谓遗产，是指自然人死亡时遗留的个人合法财产，它包括不动产、动产和其他具有财产价值的权利。

作为一种特殊财产，遗产只存在于由继承开始后到遗产处理结束前这段时间之内。自然人生存时拥有的财产不是遗产，只有在他死亡之后，遗留下来的财产才是遗产。遗产处理之后，已经转归承让人所有，也不再具有遗产的性质。

(二) 遗产的法律特征

1. 时间上的时效性

自然人生前所拥有的个人合法财产只有在其死亡后方可称之为遗产，因而自然人生存时，其所拥有的个人财产不能称之为遗产；而继承人在分割完遗产之后，就使遗产转化为个人合法拥有的财产，也不能称之为遗产。因此，遗产在法律上具有时效性，只能在自然人死亡之时起至遗产分割完毕前这一特定时间段内，自然人生前遗留的财产才能被称为遗产。

2. 性质上的财产性

死者生前享有的民事权利包括财产权和人身权两种权利。而可以被继承的只能是财产权，各国一般都废除了身份继承，仅实行财产继承。原属于被继承人的人身权利，如姓名权、肖像权，不能作为遗产。

3. 财产的可转移性

遗产是可以与人身分离而独立转移给他人所有的财产。能够作为遗产转移给他人的并不是被继承人生前拥有的一切财产。一般说来，遗产仅指能够转移给他人的财产，如所有权、债权等。另外，与个人身份密切结合，一旦分离便不复存在的财产权利同样不能作为遗产。举例来说，承包经营权不能由继承人直接继承；有偿的委托合同、演出合同等的一方当事人在尚未履行合同义务时或者履行中死亡，未履行的部分则自然终止，它所含有的权利不能转移，也就不能作为遗产由他人承受。

4. 财产的生前个人合法所有性

自然人死亡时遗留的财产必须是合法财产，才具有遗产的法律地位，如系非法所得不能作为遗产，继承人不得继承。另外，法律规定的不得作为遗产进行继承的财产也无遗产的法律地位。例如，在我国根据相关法律规定，珍贵文物在一定条件下就不能成为遗产；被继承人生前非法占有的属于他人的财产，也不能作为遗产由继承人继承。

5. 权利与义务的统一性

继承人在继承遗产的同时也要以所继承的财产为限承担被继承人生前的债务，这就是权利与义务的统一性。同样，如果继承人放弃了继承权，则不再承担被继承人生前的债务。

二、遗产的界定范围

(一) 遗产的形式

遗产包括自然人死亡时遗留的一切合法的不动产、动产和其他具有财产价值的权利。遗产主要有以下三大类表现形式。

1. 自然人享有财产所有权的财产

(1) 合法收入。其包括薪金、存款利息、合法经营的收入、红利、接受赠与或继承所得的财产等。

(2) 文物、图书资料。自然人的文物一般指自然人收藏的书画、古玩、艺术品等。但是如果有特别珍贵的文物，应按该国文物保护的有关规定处理。自然人个人所有的图书资料，如果涉及国家机密的，应按国家有关保密的规定处理。

(3) 大宗物件。这一般是指自然人个人购置的汽车、游艇、私人飞机等。

(4) 其他。以自然人名义持有的公司有价证券、人寿保险单、信托产品、投资基金产品、公司股权等合法财产。

2. 自然人的知识产权中的财产权

知识产权是指自然人在科学技术和文学艺术领域里从事智力创造活动所产生的民事权利，包括著作权、专利权、商标权、发明权和其他科技成果权等。

知识产权具有双重性，它既有人身权的内容，又有财产权的内容。知识产权中，人身权不可让渡，不能列入遗产范围。可以作为遗产的知识产权中的财产权如下。

(1) 著作权中的财产权。著作权中的财产权是指因著作权的行使而获得的经济利益，如取得的报酬、稿酬的权利，可以作为遗产依法继承。一般来说，著作权中的人身权，如署名权、修改权和保护作品完整权只能由继承人来保护，不能作为遗产继承。在中国，发表权也属于人身权的一种，但如果死者生前未发表，但又未表示不发表的，则在作者死后 50 年内，可由继承人行使发表权。

(2) 专利权中的财产权。如果专利权人在专利权的有效期内死亡，则其权利由继承人继承。按照《中华人民共和国专利法》的规定，专利权取得须经登记，继承人通过继承取得专利，要凭继承权证书到专利局办理专利权继承登记。

(3) 商标权中的财产权。商标权包括专有使用权、许可使用权和转让权。商标注册人过世后，商标专用权由继承人继承。在中国，同专利权一样，继承人继承商标专用权后，要凭继承权证书到国家商标局办理专用权继承登记。

(4) 发现权、发明权和其他科技成果权中的财产权。在中国，自然人对自己的科学发现、创造发明和其他科技成果，如合理化建议和技术改进，有权申请领取荣誉证书、奖金或者其他奖励。在获得的奖励中，荣誉证书、奖章和奖状与自然人的人身不可分离，不得转让与继承，而奖金和其他物质奖励属于财产权利，可以继承。

(5) 商业秘密权。商业秘密是指不为公众所知悉，能为权利人带来经济利益，具备实用性并经权利人采取保密措施的技术信息和经营信息。它具有一定的经济价值，具有可转让性，因此也可以继承。例如，在中国民间有许多家传绝技，可以由继承人继承。

知识产权是一个开放的系统，随着社会的发展和科学的进步，知识产权的范围也在不断扩大。总体而言，凡属于知识产权范围的财产权利都可以继承。

3. 自然人享有的他物权及债权

这是指除个人财产所有权和知识产权中的财产权以外的自然人的合法财产权利，包括他物权和债权。

(1) 他物权。他物权是指在他人所有的物上设定或享有的权利。按照一般民法理论,他物权包括用益物权和担保物权。其中,属于用益物权的承包经营权和公共财产使用权依法不得转移,因而不能作为遗产;典权和属于担保物权的抵押权和留置权则属于遗产的范围。

(2) 债权。一般来说,具有财产性质的债权应作为遗产转移给他的继承人。因合同行为、侵权行为、不当得利和无因管理而使被继承人成为债权人的,且债权的标的为财产而不是一种行为,则这些债权可以由继承人继承。

(3) 自然人依法应缴纳的税款和债务。继承遗产应当清偿被继承人依法应缴纳的税款和债务,缴纳税款和清偿债务以他的遗产实际价值为限。继承人放弃继承的,对被继承人依法缴纳的税款和债务可以不负偿还责任。

从上述规定我们可以看出,遗产不仅包括利益,而且包括义务。对于自然人生前应纳税而未纳税的,继承人在继承遗产时要承担此项纳税义务。如放弃继承,则可免除其纳税义务。同时,对于自然人生前所负债务,只要这种债务具有财产性质,而不是必须以行为为标的的,则继承人在继承遗产时应当一并承担。对此特别要强调的是,继承人在承担纳税和偿还债务义务时仅以所继承的遗产实际价值为限,超过遗产实际价值的部分,继承人不再承担。

(二) 遗产不包括的事项

(1) 复员、转业军人的回乡生产补助费、复员费、转业费、医疗费。

(2) 离退休金和养老金。这些费用的领取权只能由离退休人员和有关组织成员享有,不得转让,亦不得在他们死亡后由继承人继续行使。

(3) 工伤伤残抚恤金和残疾军人抚恤金。

(4) 人身保险金。

(5) 与被继承人密不可分的人身权利。

(6) 与公民人身有关的专属性的债权债务。

(7) 国有资源的使用权。

(8) 自留山、自留地、宅基地的使用权。

案例分析

遗产的处理方案

马俊于 2005 年去世,其妻张华于 2013 年去世,遗有夫妻共有房屋 5 间。马俊遗有伤残补助金 3 万元。张华 2004 年以个人名义在单位集资入股获得收益 1 万元。双方生有一子马明,2009 年病故。马明生前与胡芳婚后育有一子马飞。张华长期患病,生活不能自理,由表任常生及改嫁儿媳胡芳养老送终。5 间房屋于 2015 年 11 月被拆迁,拆迁单位与胡芳签订《危旧房改造货币补偿协议书》,胡芳领取作价补偿款、提前搬家奖励款、搬迁补助费、货币安置奖励费、使用权补偿款共计 25 万元。

讨论：以上几项中，哪些属于马俊的遗产？

解释：提前搬家奖励款和货币安置奖励费是对在世的人的奖励，不属于遗产，而搬迁补助费和使用权补偿款是遗产，因为补助和补偿都是针对房屋原来的使用权，而逝者拥有原房屋的使用权份额。

三、对遗产转移的征税

(一) 遗产税的性质

遗产税是对自然人去世以后遗留的财产征收的税收，通常包括对被继承人征收的税收和对继承人继承的遗产征收的税收。遗产税属于财产税制度中的一个组成部分，具有财产税的典型特征。

征收遗产税的前提条件是被继承人死亡，如被继承人未死亡，不发生财产继承也就不会发生遗产税的纳税义务。就继承人来说，被继承人所遗留的遗产就是继承人继承的遗产，所以，对继承财产征税就等于对遗赠财产征税，因而在许多国家，遗产税和继承税是互称的。

遗产税是一个古老的税种，历史悠久，名称繁多，各国实行的遗产税制度差异很大，我国目前尚未开征遗产税。

(二) 遗产税与赠与税的关系

赠与税是自然人将自己的财产赠与他人时，依法对赠与财产应缴纳的税款。赠与税的征税客体是赠与的财产，除包括赠与人无偿赠送给他人的货币和实物外，还包括无偿免除的债务人的债务或无偿为他人承担的债务，以及无偿提供他人的预期可得的财产，如指定受益人的保险金。

在不实行遗产税制度的国家，税收制度不涉及财产赠与行为。但是，在实行遗产税制度的国家，都同时实行赠与税制度，目的在于防止一些人通过赠与行为逃避遗产税纳税义务。只有同时设立遗产税和赠与税，才能保持税收制度的完整性和税收管理的严密性。赠与税一般是作为遗产税的补充或者配套措施而设立的。

如上所述，赠与税主要是为了弥补遗产税的不足，所以其税制模式主要以遗产税为参照。凡是采取总遗产税制的国家，其赠与税原则上以赠与人为纳税人，即按照其全部赠与额征收赠与税；而采取分遗产税制的国家，其赠与税原则上以受赠人为纳税人，即按照各个受赠人的受赠额分别征收赠与税。因此，遗产税又被称为赠与人税，赠与税又被称为受赠人税。至于采取混合遗产税制的国家，相应地采取赠与人税和受赠人税相结合的制度。

 实训活动

学生分组，讨论如何界定遗产的范围。

世界著名避税港

1. 对所得和财富完全不征税: 瑙鲁、瓦努阿图、巴哈马、巴多斯、百慕大、卢森堡、特克斯与凯科斯群岛。

2. 对个人所得征收低税: 格林纳达。

3. 对所得和财富征收低税: 安提瓜、奥地利、瑞士。

4. 仅对国内来源所得征税: 英属维尔京群岛、开曼群岛、直布罗陀、马恩岛、利比里亚、列支敦士登、荷兰、巴拿马、新加坡、圣文森特。

5. 对国外来源所得适用低税率征税: 海峡群岛、塞浦路斯、科克群岛、爱尔兰荷属安的列斯、蒙特斯提特岛。

任务二　明确遗产规划的内容

遗产规划是指当事人在其健在时通过选择遗产管理工具和制定遗产分配方案,将拥有或控制的各种资产或负债进行安排,从而保证在自己去世时尽可能实现个人为其家庭所确定的目标安排。适当的遗产规划要求根据遗产所有者想要达到的目标来考虑各种要素,遗产规划主要包括如下内容。

一、个人情况记录的准备

理财规划师在进行遗产管理时,除了需要客户填写有关的个人资料外,还应该要求客户准备个人情况记录文件。这是因为,在客户去世时,如果这些文件齐全,将有利于其亲友办理有关的手续。个人记录应包括如下信息:①原始遗嘱的放置位置;②信托文件的放置位置;③顺位名单;④孩子监护人的名单;⑤预先计划好的葬礼安排信息;⑥出生和结婚证明;⑦银行账户;⑧保险安排;⑨养老金计划;⑩房地产所有权;⑪投资组合纪录;⑫股票持有证明;⑬分期付款/贷款;⑭信用卡。

二、制定遗产规划的原则

在制定遗产规划时,理财规划师需要注意以下几个原则。

(一) 保证遗产规划的可变性

由于客户的财务状况和目标处于不断变化之中,其遗产规划必须具有可变性。因此,理财规划师在制定遗产规划时,也要保证它在不同的时期都能满足客户的需要。从遗产规划的制定到生效期间,理财规划师要时常和客户沟通,对遗产规划的内容不断进行调整,以保证遗产规划能满足不同时期客户的需要。

由于遗嘱和可撤销性信托可以随时修改和调整，所以它们是保证遗产计划可变性的重要工具。客户可以通过它们来控制自己名下的所有财产，一方面将财产指定给有关的受益人，另一方面可以实现纳税金额的最小化。此外，客户还可以在其信托资产中使用财产处理权条款，该条款授予指定人在当事人去世后拥有进行财产转让的权利。被指定的个人可以在必要时改变在遗嘱中的声明，将遗产分配给他认为最有需要的受益人。

（二）确保遗产规划的现金流动性

客户在去世时，其家人要为其支付有关的费用，如临终医疗费、法律和会计手续费、遗嘱执行费、遗产评估费等。在扣除应支付的这类费用并偿还其所欠的债务后，剩余部分才可以分配给受益人。所以，如果客户遗产中现金数额不足，反而会导致其家人陷入债务危机。要避免这种情况的发生，理财规划师必须帮助客户在其遗产中预留充足的资金以满足支出。

（三）减少遗产纳税金额

遗产税不同于其他税种，受益人要在将全部遗产登记并计算和缴纳税金之后，才可以处置财产。因此，受益人必须先筹集一笔资金把税款缴清，才可获得遗产。所以，减少税收支出也是遗产规划中的重要事项。由于各个国家的税收制度有所差异，理财规划师需要根据不同客户的情况进行处理。一般来说，采用捐赠、不可撤销性信托和资助慈善机构等方式都可以减少纳税金额。

需要强调的是，尽管使遗产纳税最小化在遗产规划中相当重要，但这并不适用于所有的客户，目前我国并未开征遗产税，因此，理财规划师在制定遗产规划时首先要考虑如何将遗产正确地分配给客户希望的受益人，而不是减少纳税额。

三、确定遗产规划的目标

理财规划师要帮助客户确定其遗产规划目标，这可以通过客户填写调查表的形式来完成。需要格外注意的是，不同客户在不同时期的遗产规划目标有所不同。所以，可变性是遗产规划中最重要的特点，理财规划师在为客户制定遗产规划时应该留有一定的变化余地，并且要和客户一起定期或不定期地审阅和修改遗产规划。

一般遗产规划的目标主要涉及以下几个方面。

(1) 确定谁将是遗产所有者的继承人(或者受益人)，以及每位受益人获得的遗产份额。

(2) 确定遗产转移的方式。

(3) 在与遗产所有者的其他目标保持一致的情况下，将遗产转移的成本降到最低水平。

(4) 为遗产提供足够的流动性资产以偿还其债务。

(5) 保持遗产规划的可变性。

(6) 确定由谁来清算遗产，这涉及选择遗嘱执行人的问题。

(7) 规划慈善赠与。

希望把自己的财产最大限度地留给后人，或者保证后续治疗费用，或是为子女和妻子做好安排,这都是财产传承规划中的内容。因此,理财规划师最重要的是要了解规划的目标,才能有目的地去规划、安排,给客户的财产规划画上一个圆满的句号。

 案例分析

客户不同时期遗产规划目标的变化

情况一:赵先生现年40岁,已婚并有三个子女,他计划将子女送往综合性大学接受教育。目前,他拥有的资产包括公司股权、投资基金股权和房产等,负债则有抵押贷款等。他的遗产规划目标是在偿还债务和保障妻子一定的生活水平后,将剩余财产留给子女作为其教育基金。

解析:这时,理财规划师可以根据客户的需要将大部分的财产留给三个子女。

情况二:10年后,赵先生身体健康,但已离婚并再婚,又有了新的子女。客户的状况也发生了变化,他已经结束了大多数的公司业务,现在主要持有各种基金股和债券,但债务尚未偿还。这时他对前任子女的态度和40岁时也有所不同,并更疼爱其与现任妻子共同养育的儿女。

解析:这时,理财规划师需要根据客户的现时情况重新确定遗产规划目标,调整遗产计划中的内容。

情况三:又过20年,赵先生的子女已经成年,其原有的抵押贷款也已经还清,赵先生及其妻子退休在家。赵先生此时最大的愿望是希望保证妻子的生活水平在其去世后不会改变。

解析:这时,理财规划师就需要再次调整遗产规划目标,修改该客户的遗产规划。

 实训活动

学生分组搜集相关资料,举例说明遗产规划的必要性。

 思政专栏

随着近年来我国经济的不断发展,居民家庭财富不断增加,遗产规划的问题开始凸显出来,当灾难降临时,国内因被继承人毫无征兆地意外逝去而招致的遗产纠纷正在不断增多。来自中国基层法院的统计资料显示,有近70%的遗产继承纠纷是由于被继承人生前未立遗嘱或未制定遗产规划引起的,而在剩下的30%遗产纠纷中又有将近84%的案件是因为遗嘱欠缺法律要件或形式、内容违法。可见,当下国人的遗产规划意识和专业知识还是比较欠缺的。如果全社会拥有财产的潜在被继承人都能够提前在律师、私人理财顾问等专业人士的帮助下,制定遗产规划、拟好遗嘱,那么各种遗产纠纷将会大幅减少。

遗产规划是个人理财规划中不可缺少的部分,又是一个家庭的财产得以世代相传的切实保障。西方国家对公民的遗产传承有着严格的管理和税收规定,所以其国民对于遗产规划有着很高的需求和认识。我国虽然还未正式开征遗产税,但已经拟定了《遗产税暂行条例(草案)》,

相信在不久的将来会正式颁布实施，所以学习遗产规划的知识对于我们来说是非常有必要的。

资料来源：根据中国基层法院统计资料整理而来。

思考： 做好遗产规划有利于建立和谐稳定的社会。一方面，遗产规划可以避免后人争产，引发家庭纷争，同时也为被抚养人提供生活、教育及工作等方面的保障；另一方面，可以理清债权债务，避免与第三方产生债权债务纠纷。

 # 模块二 制定遗产规划

遗产规划是个人财务规划中不可缺少的一部分。在西方发达国家，政府对居民的遗产有严格的管理和税收规定，所以一般民众对遗产规划服务有相当的需求。遗产规划是个人财务规划中相当重要的一部分。但对于像中国这样的发展中国家，遗产规划还是一个陌生的领域。这一方面是因为中国还没有开始对遗产实行征税，另一方面是因为价值观的不同，不少客户忌讳谈及这方面的话题。然而，随着经济的发展和人们遗产意识的提高，市场对遗产规划的需求将会越来越大。

任务一 收集客户信息

与客户沟通，收集客户信息，全面了解客户的财产情况，包括家庭结构、资产和负债，最后制定继承人清单。

一、收集家庭成员信息

（一）客户信息收集流程

(1) 与客户沟通，收集客户信息，介绍财产分配规划对其家庭及个人的影响，并向客户介绍制定该规划所需要了解的必要信息。

(2) 指导客户填写客户家庭结构调查表，如表 10-1 所示。

表 10-1 客户家庭结构调查表

客户姓名		客户性别		客户年龄	
客户住址		客户职业		客户家庭成员人数	
成员姓名	成员与客户关系	成员性别	成员年龄	成员健康状况	成员职业

(3) 详细了解客户及其家庭成员目前的工作、生活、经济状况，客户对其家庭成员所应承担的抚养、赡养等义务。

(二) 客户家庭成员关系

1. 婚姻关系

婚姻是家庭财产关系形成的前提，婚姻是否有效直接影响到婚姻关系双方的财产界定和分配结果。婚姻关系对一个家庭的结构、财产状况有着重要影响，不仅对夫妻权利与义务关系形成有重要的意义，而且对子女的身份、家庭利益分配也会产生重大影响。

2. 子女

子女是家庭成员的重要组成部分，包括婚生子女和非婚生子女。父母对子女有抚养教育的义务，子女对父母有赡养扶助的义务。父母对子女不履行抚养义务时，未成年的或不能独立生活的子女有要求父母付给抚养费的权利。子女对父母不履行赡养义务时，无劳动能力或生活困难的父母，有要求子女付给赡养费的权利。

3. 父母

在家庭关系中，父母是相对子女而言的观念。在一个家庭里，父母与子女互为家庭成员，是承担亲属间抚养权利与义务的基本主体，具有密切的人身和财产关系。

法律上的父母子女关系可以分为两类：一类是自然血亲的父母子女关系，包括父母与婚生子女、父母与非婚生子女；另一类是拟制血亲关系，包括养父母与养子女、继父母与受其抚养教育的继子女。

4. 兄弟姐妹

兄弟姐妹是血缘关系中最近的旁系血亲。依照法律规定，兄弟姐妹在一定条件下，相互负有法定的扶养义务。有负担能力的兄、姐，对父母已经死亡或父母无能力抚养的未成年弟、妹有扶养义务；有负担能力的兄弟姐妹，对无劳动能力而且生活困难的兄弟姐妹，应给予一定的帮助。

5. 祖父母、外祖父母

祖父母、外祖父母是孙子女、外孙子女除父母以外最近的直系亲属。依据有关规定，有负担能力的祖父母、外祖父母，对于父母已经死亡或无能力抚养未成年的孙子女、外孙子女有抚养义务。因此，在一定条件下，祖父母、外祖父母与孙子女、外孙子女具有一定的人身和财产关系。

二、收集家庭财产信息

(一) 客户家庭财产内容

客户的家庭财产可以是作为生活资料使用的财产，也可以是作为生产资料使用的财产，主要有以下几种分类。

(1) 合法收入：个人通过各种合法途径取得的货币收入与实物收入。持有目的是既可用于生活，又可用于生产，是个人参加商品交换取得其他财产的物质前提。

(2) 不动产：房屋是不动产的重要组成部分，个人可以通过自建、购建、继承、赠与等方式取得房屋所有权。不动产必须依法登记才能取得完全的法律效力。持有目的是可以用于生活，也可以用于生产经营，还可以依法转让。

(3) 金融资产：个人存入银行的所有货币总和。持有目的是既可以用于保障家庭生活、子女教育等诸多需求，也可以作为一种保守的理财方式用于资金的保值增值，还可以借给亲戚朋友以备不时之需。

(4) 生活用品、个人收藏古董、图书资料：生活用品是指满足个人或家庭日常生活所需的消费品，个人收藏古董主要是为了满足个人对文化艺术珍品欣赏和收藏的特殊需求，或者作为投资工具，图书资料是记载科学文化知识的物质资料。

(二) 指导客户填写客户家庭财产登记表

通过填写客户家庭财产登记表的形式，收集客户的家庭财产信息。客户家庭财产登记表如表 10-2 所示。

表 10-2　客户家庭财产登记表

财产类别	数量	价值	取得时间	备注

三、界定遗产范围，制作遗产清单

在详细了解客户财务状况的基础上，帮助客户界定可用于传承的资产，为客户制作遗产清单，并交客户核对。客户遗产清单如表 10-3 所示。

表 10-3　客户遗产清单

姓名			日期		
资产			负债		
种类	权属	价值	种类	权属	价值
合计			合计		

四、制定继承人清单

在详细了解客户家庭构成及家庭成员信息的基础上，帮助客户制作继承人清单。遗产继承人清单由客户按照自己的意愿填写，以避免在制定遗产规划时有遗漏。继承人清单如表 10-4 所示。

表 10-4　继承人清单

序号	继承人姓名	性别	年龄	与被继承人关系	身体状况	生活状况	备注
1							
2							
3							
4							

 实训活动

根据提供的客户信息，填写家庭财产登记表、资产负债清单，设计遗产清单。

任务二　选择遗产规划的工具

用于遗产规划的工具主要包括遗嘱、遗产委托书、遗产信托、人寿保险及人寿保险信托、赠与等。

一、遗嘱

(一) 遗嘱的形式

遗嘱是指一个人对于他死亡后其财产如何分配部署所做的一份书面的、有法律效力的声明。个人可以通过立遗嘱将个人财产指定由法定继承人中的一人或者数人继承。

遗嘱的形式主要有五种，包括公证遗嘱、自书遗嘱、代书遗嘱、录音遗嘱、口头遗嘱。

(1) 公证遗嘱。公证遗嘱必须采取书面形式，由遗嘱人亲自到公证机关办理。

(2) 自书遗嘱。自书遗嘱必须由立遗嘱人全文亲笔书写、签名，注明制作的年、月、日。自书遗嘱不需要见证人在场见证即具有法律效力。

(3) 代书遗嘱。代书遗嘱是指因遗嘱人不能书写而委托他人代为书写的遗嘱。《中华人民共和国民法典》规定，代书遗嘱应当有两个以上见证人在场见证，由其中一人代书，并由遗嘱人、代书人和其他见证人签名，注明年、月、日。

(4) 录音录像遗嘱。录音录像遗嘱是指遗嘱人用录音录像的形式制作的遗嘱。为防止录音录像遗嘱被人篡改或录制假遗嘱弊端的发生，《中华人民共和国民法典》规定，以录音录像形式立的遗嘱，应当有两个以上的见证人在场见证。遗嘱人和见证人应当在录音录像中记录其姓名或肖像，以及年、月、日。

(5) 口头遗嘱。遗嘱人在危急情况下，可以立口头遗嘱。口头遗嘱应当有两个以上见证人在场见证。危急情况消除后，遗嘱人能够以书面或者录音录像形式立遗嘱的，所立的口头

遗嘱无效。

在财产传承过程中，若没有设立遗嘱，则要按照法定继承的规定来实现对遗产的安排和分配。法定继承是指由法律直接规定继承人的范围、继承顺序、继承人继承遗产的份额及遗产分配原则的一种继承方式。

法定继承第一顺序：配偶、子女、父母。

法定继承第二顺序：兄弟姐妹、祖父母、外祖父母。

在法定继承中，同一顺序继承人继承遗产的份额一般应均等。

遗嘱可以直接体现财产所有人的意愿，使立遗嘱人根据其家庭成员的具体条件来确定他认为最合理的遗产分配方案，还可以完成如认领非婚生子女、为未成年的子女指定监护人等特殊的意愿，具有法定继承无法比拟的优势。

（二）遗嘱的内容

遗嘱的内容是遗嘱人在遗嘱中表示出来的对自己财产处分的意思，是遗嘱人对遗产及相关事项的处置和安排。为便于执行，遗嘱的内容应当明确、具体，一般包括以下方面。

(1) 指定遗产继承人或者受遗赠人。遗嘱中指定继承人继承的，应记明继承人的姓名。遗嘱中指定的继承人可以为法定继承人中的任何一人，不受继承人继承顺序的限制，但不能是法定继承人以外的人。遗嘱人可以立遗嘱遗赠财产，要指明遗赠人的姓名或名称，受遗赠人可以是国家、法人，也可以是自然人，但不能是法定继承范围以内的人。

(2) 说明遗产的分配办法或份额。遗嘱中应列明遗嘱人的财产清单，说明各个指定继承人可以继承的具体财产，指定由数个继承人共同继承的，应说明指定继承人对遗产的分配办法或每个人应继承的份额。遗赠财产的，应当说明赠与各遗赠人的具体财产或者具体份额。

(3) 对遗嘱继承人或受遗赠人附加的义务。遗嘱人可以在遗嘱中对遗嘱继承人、受遗赠人附加一定的义务，例如指明某财产用于某特定用途，某继承人应用某财产的收益部分抚养某人等。但附加的义务，须为可以履行的，而且不违反有关法律的规定，否则该约定义务无效。

(4) 再指定继承人。再指定继承人是指遗嘱中指定的继承人不能继承时，由其继承遗产的继承人。再指定继承人只能在指定继承人不能继承的情形下才有权依遗嘱的指定参加继承。

(5) 指定遗嘱执行人。遗嘱人可在遗嘱中指定遗嘱执行人。但因遗嘱执行人只关系遗嘱的执行而不涉及对遗产的处分，因此，指定遗嘱执行人并非遗嘱的主要内容，但有时却是必要内容。

实践中，为了保证遗嘱在遗嘱人死亡以后能得到认真切实地执行，遗嘱人会在遗嘱中指定一人或数人作为遗嘱执行人，遗嘱执行人负责按照遗嘱的内容对财产进行分割，以实现遗产的转移。遗嘱执行人通常会与法律机构、会计师、律师及所有的受益人打交道，以解决遗嘱人"身后"出现的所有法律、财务等问题。遗嘱执行人还要负责遗产的规划、增值等事务，也会依委托人的个别需要而制订具体的执行计划，达到保存财产、避免浪费、执行遗嘱、监护子女等多种目的。

二、遗产委托书

遗产委托书是财产传承规划的另一种工具，它授权当事人指定一方在一定条件下代表当事人指定其遗产的订立人，或直接对当事人遗产进行分配。客户通过遗产委托书，可以授权他人代表自己安排和分配其财产，从而不必亲自办理有关的遗产手续。被授权代表当事人处理其遗产的一方称为代理人。在遗产委托书中，当事人一般要明确代理人的权利范围，后者只能在此范围内行使其权利。

财产传承规划涉及的遗产委托书有两种：普通遗产委托书和永久遗产委托书。如果当事人去世或丧失了行为能力，普通遗产委托书就不再有效。所以必要时，当事人可以拟定永久遗产委托书，以防范突发意外事件对遗产委托书有效性的影响。永久遗产委托书的代理人，在当事人去世或丧失行为能力后，仍有权处理当事人的有关遗产事宜。所以，永久遗产委托书的法律效力要高于普通遗产委托书。在许多国家，对永久遗产委托书的制定有着严格的法律规定。

三、遗产信托

遗产信托是一种法律上的契约，当事人通过它指定自己或他人来管理自己的部分或全部遗产，从而实现各种与财产传承规划有关的目标。遗产信托可以作为遗嘱补充来规定遗产的分配方式，或用于回避遗嘱验证程序，或增强规划的可变性，或减少遗产税的支出。采用遗产信托进行分配的遗产称为遗产信托基金，被指定为受益人管理遗产信托基金的个人或机构称为托管人。

根据遗产信托的制定方式，可将其分为生命信托和遗嘱信托。

1) 生命信托

生命信托是当事人仍健在时设立的遗产信托。例如，某客户在其生前为儿女建立遗产信托，并指定自己或他人为信托的托管人，儿女为受益人。这样，客户的儿女并不拥有该信托的所有权但却享有该基金产生的收益。生命信托包括可撤销性信托和不可撤销性信托。前者具有很强的可变性，它允许随时修改，较受大众欢迎。此类信托不但可以作为遗嘱的替代文件帮助客户进行遗产安排，而且可以节约昂贵的遗嘱验证费用。而不可撤销性信托只在有限的情况下才可以修改，但它能享有一定的税收优惠，所以当客户不打算对信托中的条款进行调整时，可以采用这一信托形式。

2) 遗嘱信托

遗嘱信托是根据当事人的遗嘱条款设立的遗产信托，它是当事人去世后遗嘱生效时，再将信托财产转移给托管人，由托管人依据信托内容，管理、处分信托财产。遗嘱信托是指委托人预先以立遗嘱的方式，将财产的规划内容(包括设立信托后遗产的管理、分配、运用及给付等)详细记录于遗嘱中；等遗嘱生效时，再将信托财产转移给受托人；由受托人依据信托内容(委托人遗嘱交办的事项)管理、处分信托财产。遗嘱信托业务分为执行遗嘱和管理遗产两类。

遗嘱信托适用范围如下。

(1) 名下有可观财产，担心将来在财产分配上会有困扰的人。

(2) 有些继承人属于身心有障碍或者没有能力处理、管理财产，甚至是无法控制自己的人。

(3) 想立遗嘱，但不知如何规划，担心自己突然离开的时候，继承人没有能力处理留下来的财产的人。

(4) 对遗产管理及配置有专业需要的人。

遗嘱信托的运转流程为：被继承人生前设立个人遗嘱；受托人确立遗嘱信托；受托人编制财产目录；安排预算计划；结清税款、捐款；确定投资政策；编制会计账目；进行财产分配。

设立遗嘱信托，一方面可以按照委托人意愿分配财产，防止他人侵占，避免遗产纷争；另一方面可以让受托的专业机构对遗产进行管理运作，避免继承人任意挥霍财产，以致未来生活无法保证。此外，在征收高额遗产税的国家，还可以起到合理避税的效果。目前，由于我国信托公司综合资产管理能力较弱等原因，遗嘱信托这种财产传承工具在我国还不能很好地被运用。

四、人寿保险及人寿保险信托

人寿保险可以作为避税工具用于财产传承规划中，通过购买高额人寿保险，将受益人指定为子女等需要传承财富的个体，则该笔高额寿险财富就可以顺利传承，继承人所得的保险金，无须缴纳遗产税，也无须偿还被保险人所欠债务。

人寿保险信托，是以人寿保险金债权为信托财产而设立的信托，即被保险人作为委托人指定信托公司为保险金的受领人，于保险事故发生时，由信托公司受领保险金，将之交付给委托人指定的受益人；或由信托公司受领保险金后，暂不将保险金交付受益人，而由其代受益人管理和运用。设立人寿保险信托的目的在于使受益人免受理财之累，并能获得更多利益，保险金一旦成立信托后，原则上无论是投保人、受益人的债权人还是任何人，都不能再对信托财产强制执行，从而确保受益人依照投保人的意愿享受到保险金的利益。

五、赠与

赠与是指当事人为实现某目标将某项财产作为礼物赠送给受益人，而使该项财产不再出现在遗嘱条款中。客户采取这种方式一般是为了减少税收支出。但这种方法的缺点是，一旦财产赠与他人，当事人就会失去对该财产的控制权，将来也无法将其收回。

任务三　制定遗产规划并定期修整

由于客户的具体情况不同，每个客户的遗产规划中，工具和策略的选择也有着很大的差别。因此，我们需要根据不同客户类型来制定不同的遗产规划。这里仅针对几种不同客户类型的基本遗产规划做简单介绍。

一、不同客户类型的遗产规划

(一) 客户已婚且子女已成年

这类客户的财产通常是与其配偶共同拥有的，遗产规划则一般将客户的遗产留给其配偶，如果其配偶将来也去世了，遗产则留给客户的子女或其他受益人。采用这类规划时要考虑两个因素，一是客户的财产数额大小，二是客户是否愿意将遗产交给其配偶。因为在一些国家，对于数额较大的遗产征税很重，所以如果客户很富有，则可以考虑采用不可撤销性信托或捐赠的方式以减少税收。如果客户不愿意遗产由其配偶继承，则应选择其他适合的方案。

(二) 客户已婚但子女尚未成年

这类客户的基本遗产规划和第一类客户类似，但由于其子女未成年，所以在规划中要加入遗嘱信托工具。如果客户的配偶也在子女成年前去世，遗嘱信托可以保证有托管人来管理客户的遗产，并根据其子女的需要分配遗产。如果客户希望由自己来安排遗产在子女之间的分配比例，则可以将遗产加以划分，分别由几个不同的信托基金管理。

(三) 未婚/离异客户

对于这类客户，遗产规划相对简单。如果客户的遗产数额不大，而其受益人也已经成年，则客户直接通过遗嘱将遗产留给受益人即可。如果客户的遗产数额较大，而且他并不打算将来更换遗产的受益人，则可以采用不可撤销性信托或捐赠的方式，以减少纳税金额。如果客户遗产的受益人尚未成年，则应该使用遗产信托工具来进行管理。

二、定期检查和修改遗产规划

前面已提到，客户的财务状况和遗产规划目标往往处于变化中，遗产规划必须能够满足其不同时期的需求，所以对遗产规划的定期检查是有必要的，这样才能保证遗产规划的可变性。理财规划师应该建议客户在每年或每半年对遗产规划进行重新修订。

遗产传承通常是财产在家庭成员之间的转移，当家庭成员组成发生变化、个人财富发生变化及相关税收法律政策的出台等情况发生时，客户的遗产规划常常需要进行调整。

下面列出了一些常见的影响遗产传承的事件，主要包括：①子女的出生或死亡；②配偶或其他继承者的死亡；③结婚或离异；④本人或亲友身患重病；⑤家庭成员成年；⑥房地产的出售；⑦财富的变化；⑧有关税制和遗产法律的出台及变化。

三、向客户提示财产传承中的风险

(一) 遗嘱的效力风险

大部分遗嘱都有被推翻的可能性，也就是说，任何人只要认为自己有权继承遗产却被排除在外的，都可以到法庭申诉，由法院来裁决。除此之外，人们常利用遗嘱来指定子女的监护权归何人所有，但是这充其量只是立遗嘱人单方面意愿的表达，只能当作建议来参考，并不具有法律约束力。现实中，还存在指定的监护人不愿意充当监护人的情况及监护人侵害被监护人利益的情形，这些都背离了遗嘱人立遗嘱的本意。

(二) 设立遗嘱执行人的风险

如前所述，遗产执行人应当及时清理遗产，编制遗产清单，并妥善保管遗产，执行人不能侵夺和争抢遗产，还应当防止和排除对遗产的人为侵害和对遗产的自然侵害。遗产执行人不能擅自对遗产进行使用和处分。在数人共同继承时，遗产为继承人共同所有，对遗产的使用收益应由共同继承人共同决定。我国法院并不会主动去指定遗嘱执行人，一旦遗嘱执行人不正当履行职责被撤销资格或者不具有执行遗嘱的能力，还是要由继承人按照遗嘱人的遗嘱分割遗产。

在有遗嘱执行人的情形下，虽然遗嘱由遗嘱执行人来保管，但遗产通常还是由继承人持有，遗产极容易受到侵吞，不仅容易在继承人之间产生纠纷，而且遗嘱人的遗嘱也得不到很好执行。

除此之外，还有一些其他的风险，例如客户未将有效的遗产委任书授权于他人、遗嘱中未能反映客户实际资产的种类和价值、客户购买的人寿保险的条款未能保障当事人的利益等。理财规划师应将所有可能的风险告知客户。

案例分析

王某现在 80 岁，妻子健在，有一个女儿，两个儿子，有一个 25 岁的孙女、一个 22 岁的孙子和一个 10 岁的外孙。他想制定一份财产传承规划，希望理财规划师提供一些咨询服务。

(1) 夫妻之间权利与义务关系形成的必要条件是什么?

结婚登记是婚姻成立的形式要件，是婚姻成立的法定程序，它是婚姻取得法律认可和保护的方式，同时也是夫妻之间权利与义务关系形成的必要条件。

(2) 通常意义上的财产分配规划是针对哪种类型的财产而言的?

通常意义上的财产分配规划是针对夫妻法定共有财产而言的，是对婚姻关系存续期间夫妻双方的财产关系进行的调整。

(3) 当事人健在时，为了保证财产安全承继应设计什么样的财务方案?

当事人健在时，为了保证财产安全承继而设计的财务方案是财产传承规划。

知识拓展

夫妻法定共有财产及其分割原则和方法

1. 夫妻法定共有财产

夫妻法定共有财产是指夫妻在婚姻关系存续期间所取得的，归夫妻双方共同所有的财产。夫妻法定共有财产通常有以下几类。

(1) 工资薪金。这里的工资薪金泛指工资性收入。目前在我国，工资薪金包括基本工资，基本工资之外的各种补贴、奖金、福利，以及实物分配，这些共同构成了职工的个人收入。

(2) 生产经营收入。在婚姻存续期间，夫妻一方或双方从事生产、经营的收益，既包括劳动所得，也包括大量的资本性收入。

(3) 知识产权的收益。知识产权是一种智力成果权，它既是一种财产权，也是一种人身权，与人身不可分离。婚后一方取得的知识产权归自身专有，权利也仅归权利人行使，但是通过知识产权取得的经济利益，属于夫妻法定共有财产。

(4) 金融资产。在婚姻存续期间取得的金融资产如股票、债券、保险等，都是夫妻法定共有财产。

(5) 因继承或赠与所得的财产，但遗嘱或赠与合同中确定只归夫妻一方所有的财产除外。共有财产关注更多的是家庭，是夫妻共同组成的生活共同体，而不是个人，因此，夫妻一方经法定继承或遗嘱继承的财产，同个人的工作收入、知识产权收益一样，都是满足婚姻共同体存在的必要财产，应当归夫妻共同所有。

(6) 其他夫妻法定共有财产。

2. 共有财产的分割原则和方法

1) 分割基本原则

(1) 遵守法律原则。法律对共有财产的规定并不明确，基本上只是定义性的规定。因此，在分割共有财产时，需要特别注意遵守其他法律的相关规定，例如，需要遵守《中华人民共和国民法典》的有关规定。

(2) 遵守约定原则。共有人相互间的共有关系有约定的，分割共有财产时应遵守其约定。

(3) 平等协商、和睦团结原则。共有财产的分割直接涉及共有人的物质利益，容易引起纠纷。因此在分割共有财产时，对有争议的问题就要本着平等协商的原则来处理。

2) 分割方法

(1) 实物分割。当共有财产分割后无损于它的用途和价值时，可以在共有人之间进行实物分割，使各自共有人取得应得的份额。

(2) 变价分割。其是指将共有财产出卖换成货币，然后由共有人分割货币。

(3) 作价补偿。作价是指估算物品的价格。当共有财产是不可分割物时，如果共有人希望取得该物，就可以作价给他，由他将超过其应得份额的价值补偿给其他共有人。

实训活动

学生分组，模拟向客户提供财产传承规划咨询服务的过程。

项目小结

遗产规划的内容主要侧重遗产传承与规划问题，主要包括以下几个方面。

1. 遗产与遗产规划的基本知识。其包括遗产的概念及其法律特征、遗产的界定范围、遗产规划的目标与流程。

2. 遗产规划涉及收集客户信息、界定财产分配规划中的财产属性、确定遗产规划工具、提供财产传承规划咨询服务等。

3. 遗产规划工具。现实中主要的遗产规划工具是遗嘱、遗产委托书、遗产信托、人寿保险及人寿保险信托这几种。

项目训练

一、单选题

1. 第一顺序继承人不包括(　　)。

　　A. 配偶　　　　　　　　　　　　B. 子女

　　C. 父母　　　　　　　　　　　　D. 兄弟姐妹

2. 第二顺序继承人不包括(　　)。

　　A. 父母　　　　　B. 祖父母　　　　C. 外祖父母　　　　D. 兄弟姐妹

3. 刘刚 5 岁丧父，其母后来与继父王某结婚，刘刚与外祖母一起生活。刘刚工作后，母亲去世，继父王某年老多病要求赡养，法院判决(　　)。

　　A. 刘刚可以不用支付王某生活费

　　B. 刘刚每月必须支付王某一定生活费

　　C. 刘刚每月付王某一定生活费，王某死后遗产由刘刚继承

　　D. 刘刚对王某有赡养义务

4. 遗产规划中最重要的工具是(　　)。

　　A. 遗产委托书　　　B. 遗产信托　　　C. 人寿保险　　　D. 遗嘱

5. 陈某的生父和与陈某形成了抚养教育关系的继父于 1997 年 5 月先后死亡，依照我国法律规定，陈某(　　)。

　　A. 只能继承生父的遗产　　　　　　B. 只能继承继父的遗产

　　C. 对生父、继父的遗产都无继承权　　D. 对生父、继父的遗产都有继承权

6. 石某的父亲于 1998 年去世，石某依照法定继承权取得遗产房屋一套。2001 年石某与叶某结婚，婚后双方居住在石某的房屋中，2003 年双方因感情不和而离婚，对该房屋的权属发生争议。该房屋所有权应(　　)。

　　A. 属于夫妻共同财产　　　　　　　B. 属于石某的个人财产

　　C. 属于夫妻按份共有财产　　　　　D. 属于叶某的个人财产

二、多选题

1. 家庭财产包括(　　)。

　　A. 合法收入　　　B. 不动产　　　C. 金融资产

　　D. 生活用品　　　E. 古董、图书资料

2. 夫妻法定共有财产是指(　　)。

　　A. 工资薪金　　　　B. 生产经营收入　　　C. 知识产权的收益

　　D. 金融资产　　　　　　E. 因继承或赠与所得的财产

3. 遗产继承方式(　　)。

　　A. 法定继承　　　　　B. 遗嘱继承　　　　C. 赠予继承　　　　D. 口头继承

4. 遗嘱的形式有(　　)。

　　A. 公证遗嘱　　　　　B. 自书遗嘱　　　　C. 代书遗嘱

　　D. 录音录像遗嘱　　　　E. 口头遗嘱

5. 财产分配和传承规划的步骤为(　　)。

　　A. 计算和评估客户的财产价值　　　　　B. 确定财产分配和传承规划的目标

　　C. 制定财产分配和传承规划方案　　　　D. 定期检查和修改

6. 属于财产评估中资产类别的是(　　)。

　　A. 遗产处置费用　　　B. 共同基金　　　C. 人寿保单　　　D. 医疗费用

7. 信托用于个人理财的功能是(　　)。

　　A. 财产转移　　　　　B. 专业投资管理　　　C. 财产分割与保护

　　D. 税收筹划　　　　　E. 财产传承

8. 人寿保险信托的主要功能有(　　)。

　　A. 财产风险隔离　　　　　　　　　B. 专业财产管理

　　C. 规避经营风险　　　　　　　　　D. 更好地实现投保人的投保目的

9. 财产传承规划工具主要有(　　)。

　　A. 遗嘱　　　　　　　　　　　　　B. 遗嘱信托

　　C. 人寿保险　　　　　　　　　　　D. 财产转让合同

10. 按照法律规定,下列说法中错误的有(　　)。

　　A. 配偶优先于子女继承遗产

　　B. 丧偶儿媳或者女婿一旦再婚,即失去对公婆或者岳父母遗产的继承权

　　C. 继子女可以继承生父母的遗产,也可以继承有抚养关系的继父母的遗产

　　D. 非婚生子女不享有继承父母遗产的权利

　　E. 通常情况下,父母子女相互享有继承权

11. 常见的遗产规划目标有(　　)。

　　A. 为受益人留下足够生活资源

　　B. 为有特殊需要的受益人提供遗产保障

　　C. 非遗产性资产的继承

　　D. 保护受益人的养老金获取资格

三、简答题

1. 什么是遗产规划?

2. 遗产规划的主要内容是什么?

3. 遗产规划的原则是什么?

4. 遗产规划的工具有哪些?其各自的特点是什么?

5. 试述不同财产传承规划工具的优点及适用客户类型。

四、案例题

1. 现年 62 岁的刘先生是一位著名学者，尽管退休在家，但经常应邀外出讲学，收入颇丰。刘先生中年丧偶，其后也未再婚，多年来一直与年迈的老母亲生活在一起。刘先生自己育有二子一女，如今均已成家立业，且在各自事业上小有成就。刘先生的子女又分别育有一个孩子，全家聚会时四世同堂，十一口人其乐融融。刘先生还有一个弟弟生活在农村，由于长期患病导致家庭经济情况很差，多年以来都靠刘先生接济生活。不幸的是，今年刘先生在一次交通意外中不幸罹难，没有来得及留下任何吩咐。勤劳俭朴一生的刘先生身后留下不少财产，总值约为 160 万元。

请问：(1) 刘先生的继承人应当按照何种继承方式继承遗产？哪些人属于有效继承人？各自应取得的财产分别是多少？

(2) 如果刘先生生前请您为他起草遗嘱，您会如何安排遗产的分配？为什么？

2. 2016 年 12 月郑某与秦某结婚。婚后郑某的姑姑送给郑某一架钢琴。但郑某不喜欢音乐，从来未动过钢琴。秦某经常弹奏钢琴。秦某认为丈夫缺少情趣，不懂得生活。而郑某认为秦某思想太开放，不是理想中的妻子。双方最终协议离婚，对离婚及其他财产的处理均无争议，但双方对结婚后郑某姑姑送给郑某的价值 1 万元的钢琴归属产生分歧。秦某认为这架钢琴尽管是郑某姑姑送给郑某的，但是在婚后给的，所以应视为夫妻共同财产平等分割。郑某认为尽管钢琴是在婚后取得的，但钢琴是姑姑赠与自己的，所以应属个人财产，秦某无权分割。

请问：根据案例判断，这架钢琴该属于谁？

综合理财规划

知识目标

1. 掌握人生不同阶段理财的重点。
2. 熟悉理财规划具体案例的分析步骤。
3. 了解各类不同家庭的理财规划情况。

能力目标

1. 能够对处于不同生命周期阶段的家庭分析其理财需求及目标。
2. 能够根据个人理财规划的基本流程制定理财规划方案。

思政目标

1. 培养学生的综合辩证思维。
2. 培养学生爱岗敬业、认真严谨、精益求精、遵守法规、严守客户秘密的职业操守。

 案例导入

理财规划的时间线

就像每个人都要经历出生、成长、成熟、衰老这几个不同阶段一样，大家的个人收入、家庭财产、家庭支出，也都有这样一条时间线。刚走出校园的职场新人，随着经验、资历和职务的提升，收入水平会不断提高，但在事业达到顶峰后，又会随着年龄增长而慢慢回落。同样，一个新家庭，随着子女的出生，支出也会逐渐加大，但到子女独立时，家庭开支也将从顶峰逐渐回落。

由此看来，因收入不同、心态不同、生活方式不同、风险承受能力不同，不同年龄段的人群应该根据各自的行为特征和理财趋向，制定不同的理财规划。

因此，在制定家庭理财规划、配置家庭资产时，一定要充分考虑个人事业发展、家庭成长等多方面因素，选择适合不同家庭时期的资产组合。一般而言，风险承受能力较低时，在投资组合中应以风格稳健的投资为主，如存款、债券、偏债型基金等；风险承受能力较强时，在投资组合中可选择一些收益高、风险高的资产，如股票、偏股型基金等。

资料来源：根据中国新闻网相关资料整理而来。

综合理财规划主要涉及能够从整体考虑客户的需求与现实状况，协调各大规划之间的顺序与重要程度，最终形成综合理财规划建议书。要求理财规划师具备综合理财规划建议书的写作能力，具备制定各单项理财规划方案的能力，具备对理财方案的预期效果进行分析及理财方案的执行和调整能力。制定综合理财规划业务流程如图 11-1 所示。

图 11-1 制定综合理财规划业务流程

模块一 综合理财规划基础知识

综合理财规划建议书是指在对家庭状况、财务状况、理财目标及风险偏好等详尽了解的基础上，通过与客户的充分沟通，运用科学的方法，利用财务指标、统计资料、分析核实等多种手段，对客户的财务现状进行描述、分析和评议，并对客户财务规划提出方案和建议的书面报告。

综合理财规划建议书的内涵主要表现在它的目标指向性上，通过调查分析，指出问题所在，进而提出改正方案和积极的建议。

一、综合理财规划建议书的特点和作用

(一) 综合理财规划建议书的特点

1. 操作的专业性

操作专业性主要体现在参与人员、分析方法、建议书行文语言的专业要求上。

2. 分析的量化性

量化分析和量化对比是理财规划的主要操作方法,同时也体现了综合理财规划建议书的专业性特点。

3. 目标的指向性

综合理财规划建议书写作的目的是对未来的规划,分析客户一定时期的财务状况,为今后更好地进行理财规划获得充分、真实的决策依据。

(二) 综合理财规划建议书的作用

综合理财规划建议书能够帮助客户认识当前自身的财务状况,明确现有问题,改进不足之处,选择最优方案,从而实现家庭理财效益最大化。

1. 对于客户的作用

(1) 综合理财规划建议书是一种向客户传达理财规划建议的媒介,可以让客户有充足的时间,对方案充分考虑。

(2) 通过书面的形式,可以让客户印象更深刻。

2. 对于理财规划师的作用

(1) 以书面形式表达出来,有助于明确责任,减少法律风险。

(2) 规范的书面语言,能够增强客户对于所提方案的好感。

(3) 通过编制理财规划建议书可以建立一个良好的机制,帮助理财规划师做全面的考虑。

二、编制综合理财规划建议书的步骤

1. 制作封面、前言

1) 制作封面

综合理财规划建议书的封面一般包括标题、执行该理财规划的单位、出具报告的日期。标题通常包括理财规划的对象及文种名称两部分,如"×××家庭理财规划建议书",日期应为最后定稿并由理财机构签章的日期。

2) 制作前言

前言中主要包括以下内容。

(1) 致谢。首先列出"尊敬的××先生/女士",然后换行写致谢辞,如可以简单介绍公司的概况、执业年限和经历、下属理财规划师的资历,表达对客户信任公司的感谢,并提出希望与客户保持长期合作关系。

(2) 理财规划建议书的由来。这部分内容需要写明接受客户委托的时间,简要告知客户本建议书的作用。

(3) 建议书所用资料的来源。需要列举出理财规划师在制定理财规划的过程中收集的各种资料,如客户自己提供的资料、市场资料、政策资料等,以增加方案的可信度。

(4) 公司义务。写明公司的义务,以便将来一旦有争端,能够准确划分双方的责任。例如,讲明公司指定的理财规划师具有相应的胜任能力和勤勉尽责的工作态度、保证不泄露客户隐私和商业秘密等。

(5) 客户义务。客户的义务通常包括按约定缴纳理财服务费;提供相关的一切信息,且信息内容真实准确;客户家庭或财务状况如有重大变化,应及时告知理财规划师;理财建议书不经许可不得供第三方使用或公开发表披露;为理财规划的制定提供必要的便利条件等。

(6) 免责条款。理财规划师需周密考虑可能发生的各种情况,划分己方与客户方的责任。如理财规划的制定是基于客户提供的资料和通常可接受的假设,因此推算出的结果可能与真实情况有一定误差,这一误差非理财规划师的过错;由于客户提供信息错误而造成的损失、由于客户未及时告知客户家庭或财务状况变化造成的损失,公司不承担责任;公司不对实现理财目标做任何保证,且对客户投资任何金融工具也不做任何收益保证。

(7) 费用标准。各种理财产品的收费标准是根据客户金融或实物资产的多少为依据的,会有不同数量级别的划分,应清晰告知客户每一级相对应的费用,以及各品种的服务年限与服务内容。

2. 提出理财规划方案的假设前提

理财规划的制定是基于多个假设前提的,包括未来平均每年通货膨胀率、客户收入的年增长率、定期及活期存款的年利率、投资平均回报率、房产的市场价值、汽车的市场价值、子女教育费用的年增长率、个人所得税及其他税率、外汇汇率等。理财规划师需要在充分了解市场的基础上列出这些数值,并在理财规划中加以运用。

3. 正文分析财务状况

正文部分包括客户家庭基本情况、财务状况分析、客户的理财目标、分项理财规划、调整后的财务状况、理财规划的执行与调整、附件及相关资料。

4. 确定客户的理财目标

理财规划可分为综合理财规划和单项理财规划,因此,理财目标也相应分为综合理财规划目标和单项理财规划目标。综合理财规划目标追求的是家庭财务状况达到最优水平。按照规划内容,综合理财目标包括养老、保险、子女教育、投资、遗产等。

单项理财规划目标追求某一方面的最优。理财规划师需要与客户沟通,将单项理财规划按照轻重缓急进行排序,一般保险规划处于较为优先的地位,养老规划次之,而购房计划处于比较靠后的地位。

5. 完成单项理财规划

单项理财规划通常包括现金规划、消费支出规划、子女教育规划、保险规划、税收规划、投资规划、退休规划、财产分配与传承规划 8 项。具体规划的编制在本书的各项目中已有介绍,不再赘述。

6. 分析理财规划方案预期效果

这部分需要编制方案执行后的资产负债表、现金流量表,同时列示调整前的数字。此外,需要计算执行此方案的财务比率,同时列示国际通用的财务比率的合理范围及调整前的比率,使客户能够直观看到理财规划的效果。

7. 完成理财规划方案的执行与调整部分

理财规划师需要编制一个方案具体执行的时间计划和明确相应的人员安排,同时还需向客户说明:方案执行人员如何协助客户购买合适的理财产品;当出现新产品时,理财规划师承诺将主动提醒客户关注;理财规划师具有监督客户执行理财规划的义务;如果客户家庭及财务状况发生变动,影响理财规划方案的正确性,则应按照怎样的程序进行方案调整。

方案调整的注意事项包括:理财规划方案实施过程中的文件存档管理;理财方案实施中的争端处理等。

8. 完备附件及相关资料

其具体包括以下几个方面。

(1) 投资风险偏好测试卷及表格。

(2) 配套理财产品的详细介绍,具体包括各大银行、基金公司、保险公司、证券公司等金融机构推出的适合本理财规划建议书的理财产品目录及介绍。

三、综合理财规划建议书格式介绍

第一部分:客户财务状况分析。

第二部分:单项理财规划。

第三部分:理财规划方案预期效果分析。

第四部分:理财规划方案执行与调整。

第五部分:持续理财服务。

收集客户信息,为其制定一份完整的综合理财规划方案。

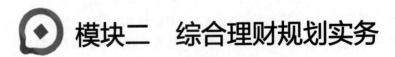

本模块选取综合理财规划案例,将个人理财规划的内容进行全过程的展示。通过对个人或家庭在人生发展的不同时期进行理财规划,帮助其实现人生各个阶段的理财目标。

任务一 个人单身期的理财规划

个人单身期的理财规划尤其重要。对于已踏入社会工作，但还未成家立业的单身人士来说，收入较低，开销较大，如果没有好的理财习惯，很可能沦为"月光族"。单身族理财最重要的就是把钱用在刀刃上，做好节流与储蓄，选择合适的投资工具和方式，均衡成本，分散风险。

一、客户基本情况

李先生 27 岁，单身，任职于某省会城市一家建筑设计研究院。目前月薪税后 6 000 元，年终奖金和其他节日补贴等收入每年税后 90 000 元。

李先生每月的支出情况：房租支出 800 元，日常生活开支 1 000 元，交通通信支出 400 元，其他支出(主要用于朋友应酬等)300 元。

李先生父母均已退休，家庭条件较宽裕，在经济上会给他一定的支持。李先生的资产分配情况：活期存款 10 000 元，股票型基金(初始投资 20 000 元)目前市值 34 000 元，股票(初始投资约 120 000 元)目前市值 115 000 元，无负债。除了单位提供的五险一金外，李先生暂时没有任何商业保险。

二、理财需求分析

李先生打算买房；从事建筑行业需要经常出差，急需补充商业意外险。

三、财务状况分析

根据李先生提供的基本信息，编制资产负债表和现金流量表。李先生的资产负债情况如表 11-1 所示，从表中可以看出李先生的净资产达到 159 000 元，目前没有负债。

表 11-1 李先生的资产负债表

单位：元

资产	金额	负债	金额
现金	0	信用卡贷款	0
活期存款	10 000	汽车贷款	0
定期存款	0	住房贷款	0
其他类型银行存款	0	消费贷款	0
货币市场基金	0	其他贷款	0
流动资产小计	**10 000**	负债小计	**0**
债券	0		
股票	115 000		

(续表)

资产	金额	负债	金额
基金	34 000		
其他金融资产	0		
金融资产小计	**149 000**		
自住房	0		
机动车	0		
其他个人资产	0		
其他资产小计	**0**		
总资产	**159 000**	**总负债**	**0**
净资产		159 000	

李先生的现金流量情况如表11-2所示，反映李先生目前的收入、支出和结余情况。

表11-2　李先生的现金流量表

单位：元

收入	金额	支出	金额
工资和薪金	72 000	日常生活支出	12 000
奖金和佣金	90 000	住房租金	9 600
自雇收入	0	商业保险费	0
养老金和年金	0	医疗费	0
其他收入	0	其他支出	8 400
总收入	**162 000**	**总支出**	**30 000**
年结余		132 000	

为了准确分析李先生的财务状况，就需要利用资产负债表、现金流量表提供的数据进行财务比率分析。李先生的财务比率分析如表11-3所示。

表11-3　李先生的财务比率分析

财务指标	计算公式	计算结果	经验数值
结余比率	年结余/年税后收入	0.81	0.3较为适宜
流动性比率	流动资产/每月支出	4	3~6
投资与净资产比率	投资资产/净资产	0.94	0.5
清偿比率	净资产/总资产	1	0.6~0.7
资产负债率	负债总额/总资产	0	0.5以下
负债收入比率	年偿还负债/年税后收入	0	0.4

从表11-3可以看出，李先生的结余较多，说明其有较好的消费习惯，没有大手大脚花钱，属于理性消费的人；流动性比率为4，在合理范围内，说明李先生在满足基本生活开支后，

留足了应急备用金，有足够的资金应对短期的失业、意外、疾病的风险；投资与净资产比率为 0.94，明显偏高，李先生的投资工具为股票和基金，较为集中，投资规模较大，面临资产损失的风险程度较高。资产负债率、负债收入比率两个指标值为 0，李先生目前没有负债，如有需要，完全可以进行合理的负债融资；清偿比率指标值为 1，说明李先生没有合理利用负债提高个人资产规模，其财务结构需要进一步优化。

四、理财目标设定

李先生目前的理财重点：分散投资风险，增加实物资产投资，制订意外、医疗、定期寿险等方面的保险计划。

五、理财规划

(一) 现金规划

首先，建议李先生申请一张信用卡，平时消费可以借助信用卡来监控，也可以作为临时应急资金来源。然后，可以将每月工资的 20%转为定期存款，进行强制储蓄，虽然现在定期存款利率低，但从长远看，可以积累一笔不小的资金。

(二) 投资规划

目前李先生持有的基金和股票总市值约为 15 万元，需要重新分配股票与基金的比例。虽然李先生目前的风险承受能力较强，但为了分散投资风险，最好不要都投入股票型基金中，同时降低股票的投资比例。建议将每月工资的 40%用于基金定投，既能积少成多，又可享受股市增长带来的收益。这笔钱以后也可用于结婚或者创业的启动资金。

虽然李先生处于个人单身期，但未来几年会考虑结婚，需要考虑购房的问题，所以建议将一部分资金转移到住房等实物资产的投资方面。

(三) 保险规划

由于工作需要，李先生经常要去各地出差，人身安全存在较大风险，应购买足够的意外伤害保险。意外险最大的特点就是保费低、保障高，花少许钱就可以保 1 年。

在人寿保险上，建议李先生为自己购买一份定期人寿保险，以父母作为受益人。在保额相同的情况下，购买定期寿险每年所需缴纳的保费约为终身寿险的 1/10，这样李先生节省出的资金可用于投资。只要这份定期寿险的收益加上投资收益的总和，超过了终身寿险保单的收益，这种选择就是明智的。不过定期寿险是一种权宜之计，随着时间的推移，李先生的收益会越来越高，等到有足够的经济实力时，还是应选择终身寿险。

至于医疗方面，因为李先生现在年轻身体好，购买费用相对较低，可考虑尽早购买重大疾病险。重大疾病险有消费型和储蓄型之分，两者的区别在于期满后是否返还本金。因为消费型重疾险保费相对比较低廉，对于刚毕业不久、事业处于成长期的李先生来说，在这个阶段应该加大消费型重大疾病险的比例，待到 40 岁以后,可考虑增加储蓄型重大疾病险的比例。

李先生每年的保费支出需控制在收入的 10%以内。

任务二　家庭形成期的理财规划

年轻夫妇刚成家阶段，处于家庭形成时期，在该阶段收入增加且稳定，客户的理财重心是负担家庭生计、清偿贷款、储备教育基金；合理控制支出，积极投资，做好现金流管理，保持资产的流动性，稳健地积累家庭资产。这一阶段应着力培养家庭理财意识，耐心做家庭理财计划。

一、客户基本情况

郑女士今年 30 岁，刚结婚不久，暂时没有子女。收支方面，郑女士和先生的月收入税后为 20 000 元，每月日常生活费用支出为 5 000 元，每月养车支出为 1 000 元，每年旅游支出 60 000 元。郑女士家庭的资产现状为：拥有活期存款 50 000 元，一年期的定期存款 50 000元，目前住房价值 500 000 元，贷款 300 000 元，已经偿还了 2 年，每月还贷 2 150 元，尚有房贷本金 280 000 元；一辆价值 100 000 元的轿车；信用卡透支了 20 000 元；股票 50 000 元(初始投资 10 000 元)。保险方面，先生的保险比较齐全，每年约缴纳 20 000 元保费，郑女士自己有社保和 200 000 元的健康险，年保费约 3 000 元。

二、理财需求分析

郑女士的理财目标为：第一，合理分配资金，提高回报率；第二，准备两年内生小孩，计划储备 80 000 元育儿费用，不希望因孩子的出生而降低生活品质；第三，计划为自己补充一些保险。

三、财务状况分析

根据郑女士的家庭财务情况，可以得知其家庭拥有的资产、负债、收入和支出情况。郑女士家庭的资产负债情况如表 11-4 所示。

表 11-4　郑女士家庭资产负债表

单位：元

资产	金额	负债	金额
现金	0	信用卡贷款	20 000
活期存款	50 000	汽车贷款	0
定期存款	50 000	住房贷款	280 000
其他类型银行存款	0	消费贷款	0
货币市场基金	0	其他贷款	0

(续表)

资产	金额	负债	金额
流动资产小计	**100 000**	负债小计	**300 000**
债券	0		
股票	50 000		
基金	0		
其他金融资产	0		
金融资产小计	**50 000**		
自住房	500 000		
机动车	100 000		
其他个人资产	0		
其他资产小计	**600 000**		
总资产	**750 000**	总负债	**300 000**
净资产			**450 000**

郑女士家庭的现金流量情况如表 11-5 所示,根据一年的收入和支出情况可以计算出年结余。

表 11-5　郑女士家庭现金流量表

单位: 元

收入	金额	支出	金额
工资和薪金	240 000	日常生活支出	60 000
奖金和佣金	0	房贷支出	25 800
自雇收入	0	汽车支出	12 000
养老金和年金	0	商业保险费用	23 000
其他收入	0	旅游支出	60 000
总收入	**240 000**	总支出	**180 800**
年结余			**59 200**

根据郑女士家庭的资产负债表和现金流量表提供的数据,可以进行郑女士家庭的财务比率分析,如表 11-6 所示。

表 11-6　郑女士家庭财务比率分析

财务指标	计算公式	计算结果	经验数值
结余比率	年结余/年税后收入	0.25	0.3 较为适宜
流动性比率	流动资产/每月支出	6.64	3～6
投资与净资产比率	投资资产/净资产	0.11	0.5
清偿比率	净资产/总资产	0.6	0.6～0.7
资产负债率	负债总额/总资产	0.4	0.5 以下
负债收入比率	年偿还负债/年税后收入	0.11	0.4

　　从郑女士家庭的财务比率来看，其家庭财务情况比较理想：有充足的流动性，结余比率在正常范围内，家庭的债务压力很小，家庭的保障较为全面。家庭的投资与净资产比率为 0.11，远低于 0.5 的正常值，说明郑女士家庭已经有了投资意识，刚刚开始投资活动，但是投资比重仍需要增大。清偿比率为 0.6，说明郑女士家庭的债务偿还能力较好，就算资产面临损失，也不会导致严重的债务困境。

四、家庭理财目标

　　根据郑女士家庭的财产状况，结合郑女士家庭的理财需求，确定其理财目标如下。

(1) 改善流动性比率，建议降到合理范围之内。

(2) 合理消费，适度减少旅游消费，一年结余 30 000 元。

(3) 两年内准备育儿费用 80 000 元。

五、分项理财规划

(一) 现金规划

　　郑女士家庭的每月开支较为稳定，包括基本生活开支、房贷、养车费用等，这些开支相对缺乏弹性。郑女士家庭的现金及其等价物有银行活期和定期存款共计 100 000 元，流动性比率约为 6.64，如果郑女士和先生工作稳定，可以适当减少流动资产，降低应急备用金的额度，调整到 50 000 元，其余的 50 000 元可以用来购买银行理财产品或者债券、基金等，以增加收益。

(二) 消费规划

　　郑女士夫妇旅游开支占全年总支出的 33%，占比较高，考虑到夫妇二人的收入水平和消费结构，建议两人认真规划每年的旅行，适度压缩旅游开支，使旅游开支占家庭总收入的 10% 左右，即每年花 3 万元左右用来旅游。每年结余的约 3 万元旅游费用，用来进行金融投资，这样两年下来，即可积攒到 6 万元左右。

(三) 育儿费用

　　建议郑女士夫妇把流动资产规划中结余的 5 万元用来购买债券基金，作为育儿的专项资金，然后从每年结余的约 3 万元旅游支出中拿出 1.5 万元追加到育儿专项资金中。这样，郑女士可以在两年之内建立 8 万元的育儿专项资金，保证生育孩子前后的营养、体检、早教、喂养等开支。

(四) 投资规划

　　对于郑女士家庭来说，投资规划也是非常重要的。目前除了股票投资，没有其他投资工具。在建立育儿基金之后，建议郑女士家庭在今后的理财活动中，采用定期定投的方式，把每一阶段(每个月)结余的资金用于投资，可以购买一些混合型基金、股票型基金或者股票。这样，若干年后，郑女士家庭将会有一笔数额较大的资金，可以用来进行子女的教育规划和自己的养老规划。

（五）保险规划

从郑女士家庭保障情况来看，丈夫的保障比较全面，郑女士的保障有些欠缺。建议郑女士可以增加一些意外险和定期寿险，提高保险的保障程度。

任务三 家庭成长期的理财规划

处于成长期阶段的家庭，夫妻双方的收入大幅度提高，已经成为职场中坚力量或是高管。随着孩子的出生，家庭开支骤然增加，而此时，父母也已经步入老年，可能退休收入锐减，也可能面临大额的医疗支出等，正所谓"上有老，下有小"的时候，如果不好好规划，很可能会面临中年危机。那么，家庭成长期应该如何进行理财规划？下面以许先生的家庭案例进行分析。

一、家庭基本情况

许先生 36 岁，研究生毕业，现为一家私企的设计总监，收入较稳定；妻子 36 岁，本科毕业，公立中学老师，有一个读小学二年级的儿子，今年 8 岁。

许先生月薪 25 000 元(税后)，年终奖金 50 000 元(税后)；妻子月薪 4 000 元(税后)，年终奖金 15 000 元(税后)。许先生有一套自有产权住房，每年的租金收入 12 000 元(税后)，市值 320 000 元；一家人目前居住的住房市值 660 000 元，许先生当年首付 200 000 元，贷款 460 000 元，从购买当月即开始还款。还款方式为等额本息，利率为 7%，还款期限为 15 年；每月还款本息为 4 134.61 元，已还款 9 年，剩余未还本金 242 513.25 元。

许先生家庭财务支出比较稳定，一家人平均每月日常生活支出为 3 500 元，家庭应酬支出平均每月 800 元；儿子一年的教育费用为 12 000 元，妻子的健身费用每年 5 000 元；每年旅游支出 8 000 元、购置衣物支出 4 000 元；每年交通费用 3 800 元及医疗费用 4 200 元。

因工作繁忙加上对理财并不在行，所以夫妻两人没有购买过股票，家里有现金 8 000 元，即将到期的定期存款 210 000 元，活期存款 30 000 元，还有价值 65 000 元的首饰。

二、理财需求分析

许先生想购置一辆价值 15 万元的轿车；为孩子在 18 岁上大学准备一笔资金。

三、财务状况分析

根据许先生家庭的基本情况，编制家庭资产负债表，如表 11-7 所示。

表 11-7 许先生家庭资产负债表

单位：元

资产	金额	负债	金额
现金	8 000	信用卡贷款	0.00
活期存款	30 000	汽车贷款	0.00
定期存款	210 000	住房贷款	242 513.25
其他类型银行存款	0	消费贷款	0.00
货币市场基金	0	其他贷款	0.00
流动资产小计	**248 000**	**负债小计**	**242 513.25**
债券	0		
股票	0		
基金	0		
其他金融资产	0		
金融资产小计	**0**		
自住房	660 000		
投资房	320 000		
珠宝和收藏品	65 000		
其他个人资产	0		
其他资产小计	**1 045 000**		
总资产	**1 293 000**	**总负债**	**242 513.25**
净资产		**1 050 486.75**	

根据许先生的家族收入和支出情况，得到家庭现金流量表如表 11-8 所示。

表 11-8 许先生家庭现金流量表

单位：元

收入	金额	支出	金额
工资和薪金	348 000	日常生活支出	42 000.00
奖金和佣金	65 000	房贷支出	49 615.32
自雇收入	0	商业保险费	0.00
养老金和年金	0	医疗费	4 200.00
其他收入	12 000	其他支出	42 400.00
总收入	**425 000**	**总支出**	**138 215.32**
年结余		**286 784.68**	

通过分析家庭财务报表，得出许先生家庭的财务比率分析表，如表 11-9 所示。

表 11-9 许先生家庭财务比率分析

财务指标	计算公式	计算结果	经验数值
结余比率	年结余/年税后收入	0.67	0.3 较为适宜
流动性比率	流动资产/每月支出	21.53	3～6
投资与净资产比率	投资资产/净资产	0.37	0.5
清偿比率	净资产/总资产	0.81	0.6～0.7
资产负债率	负债总额/总资产	0.19	0.5 以下
负债收入比率	年偿还负债/年税后收入	0.12	0.4

从许先生家庭财务比率分析表可以看出：许先生家庭的结余比率为 0.67，高于经验值，说明张先生家庭控制支出的能力较强，积累净资产的能力较强。流动性比率为 21.53，远高于正常值，说明许先生家庭在不动用其他资产时，家庭的流动性资产可以支撑家庭 21 个月的开支。投资与净资产比率为 0.37，在合理范围内，说明许先生家庭有一定的投资意识。仔细分析家庭资产结构可以发现，固定收益类金融资产占比较高，但投资性金融资产的结构不合理。清偿比率为 0.81，略高，说明即使在经济不景气时，许先生家庭也有能力偿还所有债务。许先生家庭负债率和负债收入比率都较低，属于可以负担的债务水平，财务状况极为安全。

四、家庭理财目标

根据许先生家庭的财产状况，结合许先生家庭的理财需求，确定其理财目标如下。
(1) 短期目标——许先生想在一年内购买一辆价值 15 万元左右的轿车。
(2) 长期目标——希望为孩子 18 周岁上大学准备一笔 50 万元的资金。

五、理财规划

(一) 现金规划

许先生家庭的现金及现金等价物共有 248 000 元，月度正常开支为 11 517.94 元，流动性比率为 21.53。由于许先生家庭收入较稳定，建议流动性比率保持在 3～4 即可，即预留 50 000 元流动资产。

(二) 消费规划

许先生家庭准备在一年内购买价值 15 万元左右的轿车，建议许先生把银行定期存款中的一部分作为购车的准备资金。在存款到期后，建议转为投资货币市场基金或者短期银行理财产品，这样可以灵活使用资金且不会造成利息损失。

(三) 投资规划

许先生家庭正处在家庭成长期，不可避免地会有很多阶段性的支出，但是收入也是非常可观的。许先生家庭目前的投资结构过于保守，主要是银行存款等固定收益类资产占比较高，不符合该阶段家庭收入水平和理财需求。建议许先生逐渐增加购买股票型基金或混合型基金，提高金融资产的预期收益。

（四）子女教育规划

子女教育规划的目标是让孩子能够受到良好的教育，实现家庭子女的教育期望。由于大学教育在时间上没有弹性，50 万元的教育费用总额又非常高，所以建议许先生尽早进行教育规划。许先生应从现在的定期存款中拿出 5 万元作为启动资金，假定每年投资收益率为 7.5%，10 年后该资金的终值约为 10.31 万元，剩余的 39.69 万元教育费用可以用家庭每年的结余资金进行基金定投补充。若采取相对保守的投资策略，假定投资收益率为 6%，则每年年末需要投入 3.01 万元。这样，孩子的教育费用即可准备充足了。

教育储蓄只能享受最高两万元的额度，这笔钱相比所需的巨额教育费用来说实在太低；投资于股票、债券，风险偏大，不太符合许先生夫妇的风险偏好。因此，建议许先生进行投资组合，一部分资金进行定期定投，一部分用于购买孩子的保险。

任务四 家庭成熟期的理财规划

家庭成熟期因子女已经自立，家庭支出逐渐减少，家庭债务逐渐减轻或消除，自身的能力、经验和经济状况都达到了人生顶峰，理财需求也发生了根本性的变化。由于孩子已经完成学业，教育基金不必再考虑，但一般要考虑为孩子置办婚房或者准备创业金，在此基础上，家庭理财应选择稳健方式增加投资，同时储备退休养老金。下面以王先生家庭为例，介绍成熟家庭的理财规划。

一、家庭基本情况

王先生 56 岁，妻子 57 岁，二人均有社保。孩子 3 年前已经大学毕业，在一家合资企业工作，收入比较稳定。夫妇二人拥有一套房产，市场价值约为 120 万元，另有活期存款 5 万元，一年定期存款 10 万元，五年定期存款 25 万元，股票 20 万元(5 年前投入 40万元，目前赔了一半)。夫妇二人的年收入大约为 8 万元，理财收入约为 2 万元。在支出方面，夫妇二人的月度正常开支为 3 000 元。

二、理财需求分析

王先生夫妇想为自己准备 30 万元的医疗金和 60 万元的养老金，为孩子准备结婚的费用约 20 万元。夫妇二人在股市的投资并不成功，希望得到理财规划师的指导。

三、家庭财务状况分析

根据王先生家庭的情况，编制王先生家庭的财务报表。王先生家庭的资产负债情况如

表 11-10 所示。可以看出，处于成熟期的王先生家庭没有负债，净资产较高。

表 11-10 王先生家庭资产负债表

单位：元

资产	金额	负债	金额
现金	0	信用卡贷款	0
活期存款	50 000	汽车贷款	0
定期存款	350 000	住房贷款	0
其他类型银行存款	0	消费贷款	0
货币市场基金	0	其他贷款	0
流动资产小计	**400 000**	**负债小计**	**0**
债券	0		
股票	200 000		
基金	0		
其他金融资产	0		
金融资产小计	**200 000**		
自住房	1 200 000		
机动车	0		
其他个人资产	0		
其他资产小计	**1 200 000**		
总资产	**1 800 000**	**总负债**	**0**
净资产		**1 800 000**	

王先生家庭的现金流量情况如表 11-11 所示。

表 11-11 王先生家庭现金流量表

单位：元

收入	金额	支出	金额
工资和薪金	80 000	日常生活支出	36 000
奖金和佣金	0	房贷支出	0
自雇收入	0	商业保险费	0
养老金和年金	0	医疗费	0
理财收入	20 000	其他支出	0
总收入	**100 000**	**总支出**	**36 000**
年结余		**64 000**	

通过分析王先生的家庭财务情况，进行家庭财务比率分析，如表 11-12 所示。

表 11-12　王先生家庭财务比率分析

财务指标	计算公式	计算结果	经验数值
结余比率	年结余/年税后收入	0.64	0.3 较为适宜
流动性比率	流动资产/每月支出	133.33	3~6
投资与净资产比率	投资资产/净资产	0.11	0.5
清偿比率	净资产/总资产	1	0.6~0.7
资产负债率	负债总额/总资产	0	0.5 以下
负债收入比率	年偿还负债/年税后收入	0	0.4

从王先生家庭的财务比率分析表可以看出：王先生家庭的结余比率为 0.64，高于经验值，说明王先生家庭控制支出的能力较强，积累净资产的能力较强。流动性比率为 133.33，远高于正常值，说明王先生家庭在不动用其他资产时，流动资产可以支付家庭 133 个月的开支。投资与净资产比率为 0.11，低于经验值，说明王先生家庭投资意识较保守。资产负债率、负债收入比率均为 0，说明王先生家庭没有任何负债，财务状况安全。

四、家庭理财目标

根据王先生家庭的财产状况，结合其理财需求，确定其理财目标如下。

(1) 进行合理的现金规划、消费规划和保险规划。

(2) 为王先生夫妇准备 30 万元的医疗金、60 万元的养老金，为孩子准备结婚的费用 20 万元。

五、分项理财规划

(一) 现金规划

王先生家庭的流动性比率为 133.33，远远高于经验值。考虑到王先生夫妇即将退休，建议王先生家庭的紧急备用金额度保持在 5 万元，以满足万一发生意外或疾病的紧急资金需求。

(二) 消费规划

王先生夫妇退休后，可适当提高生活品质，参加一些老年业余活动、外出旅游等。建议王先生家庭每月消费开支平均增加 1 000 元。

(三) 保险规划

在保障方面，除了社保之外，适当的商业保险补充也是必需的。由于王先生夫妇即将退休，此时购买健康险就较为昂贵，建议王先生夫妇每年拿出 2 万元，购买缴费期为 5 年、从 65 岁开始领取养老年金的养老险，并附加 2 万元的住院医疗保险。当然，王先生夫妇每人每年购买意外伤害保险也是必需的。

（四）投资规划

退休后的投资策略应相对稳健。由于证券市场的风险较大，建议王先生暂时保留 20 万元的股票，等行情回暖后，逐步降低家庭投资股票的比例。其银行存款到期后，逐步购买一些保本基金、债券基金、信托理财产品等，在保证本金安全的基础上，能有较为合理的收益。

（五）医疗准备金规划

王先生想在退休前为家庭准备 30 万元的医疗金，该想法无疑是正确的。建议王先生把 25 万元五年定期存款作为医疗准备金的启动资金，利用每年的结余继续投入。这样在退休前备足 30 万元是没有问题的。

（六）孩子结婚的费用

王先生的孩子大学毕业已经 3 年，正常情况下，孩子会在未来 5 年内结婚。届时作为父母，给孩子准备 20 万元的结婚费用，以表达父母对孩子的浓浓爱意也是可以的。建议王先生夫妇用 20 万元的股票作为孩子的结婚费用准备。

（七）养老规划

从时间上来看，准备 60 万元的养老金在短期内难以完成。由于王先生夫妇都有社保可以解决养老金的一部分缺口，其他不足的部分，建议王先生夫妇在退休之后，采用住房倒按揭的方式，将 120 万元的房产用于夫妇二人的养老。

实训活动

学生分组，对处于不同生命周期阶段的家庭进行调查，收集信息，编制财务报表，确定理财目标，为其家庭制定理财规划书。

项目小结

人的理财目标无外乎六大方面：房子、车子、伴侣、孩子、老人和自己的一辈子，处在人生不同阶段、不同层次的人群，其理财重点也各有不同。

1. 对于单身人士，应做好节流与储蓄规划，同时做好投资与保险规划。
2. 对于年轻家庭，要为育儿费用、未来购房购车等消费及生活保障做好规划。
3. 中年家庭会有子女上大学、购买新房等支出，同时需要注意未来退休养老的财务规划。
4. 老年家庭的理财规划应该主要侧重于遗产传承、储蓄和证券投资等。

项目训练

一、单选题

1. ( )旨在通过财务安排和合理运作来实现个人和家庭财富的保值增值，最终确保一生财务安全，生活舒适快乐。

    A. 理财规划   B. 旅游规划

    C. 收入规划   D. 投资规划

2. ( )不是综合理财规划建议书封面应该包括的。

    A. 标题   B. 执行该理财规划的单位

    C. 出具报告的日期   D. 姓名

3. ( )是指客户通过理财规划所要实现的目标或满足的期望。

    A. 理财目标   B. 投资目标

    C. 理财目的   D. 投资目的

二、多选题

1. 家庭生命周期可分为( )。

    A. 个人单身期   B. 家庭形成期

    C. 家庭成长期   D. 家庭成熟期

    E. 家庭衰退期

2. 个人单身期的理财需求为( )。

    A. 租赁房屋   B. 满足日常支出

    C. 偿还教育贷款   D. 储蓄计划

    E. 小额投资

3. 家庭形成期的理财需求为( )。

    A. 购买房屋   B. 子女出生和养育

    C. 建立应急备用金   D. 风险保障

    E. 积累退休资金

三、简答题

1. 制定综合理财规划建议书的工作步骤有哪些？

2. 如何撰写理财规划建议书？

参考文献

[1] 中国银行业从业人员资格认证办公室. 个人理财[M]. 北京：中国金融出版社，2008.

[2] 谢怀筑. 个人理财[M]. 北京：中信出版社，2006.

[3] 杨老金. 助理理财规划师专业能力[M]. 北京：中国发展出版社，2008.

[4] 陈雨露. 助理理财规划师专业能力[M]. 3 版. 北京：中国财政经济出版社，2007.

[5] 杨老金. 理财规划师专业能力[M]. 北京：中国发展出版社，2008.

[6] 胡君晖. 个人理财规划[M]. 北京：中国金融出版社，2012.

[7] 柴效武. 个人理财[M]. 2 版. 北京：清华大学出版社，2015.

[8] 廖旗平，刘美荣. 个人理财[M]. 北京：高等教育出版社，2016.

[9] 陶永诚. 个人理财[M]. 北京：高等教育出版社，2014.

[10] 郭平. 个人理财[M]. 成都：西南财经大学出版社，2016.

[11] 中国就业培训技术指导中心. 理财规划师基础知识[M]. 5 版. 北京：中国财政经济出版社，2013.

[12] 中国就业培训技术指导中心. 理财规划师专业能力[M]. 5 版. 北京：中国财政经济出版社，2013.

[13] 银行业专业人员职业资格考试办公室. 个人理财(2015 年版)[M]. 北京：中国金融出版社，2015.

[14] 黄祝华，韦耀莹. 个人理财[M]. 大连：东北财经大学出版社，2010.

[15] 刘宇红. 个人投资理财[M]. 北京：经济管理出版社，2014.

[16] 高泽金，郑兴. 个人理财实务[M]. 大连：东北财经大学出版社，2015.

[17] 杨立功. 个人理财[M]. 北京：中国人民大学出版社，2015.

[18] 郭秀兰，王冬吾. 个人理财规划[M]. 成都：西南财经大学出版社，2017.

[19] 刘宇红. 个人投资理财[M]. 北京：经济管理出版社，2014.